上海鲁迅研究

中国新兴木刻运动九十周年
总 第 93 辑

上海鲁迅纪念馆 编

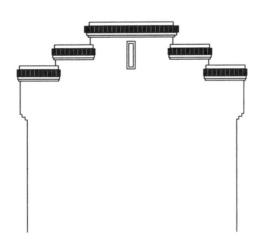

上海社会科学院出版社
SHANGHAI ACADEMY OF SOCIAL SCIENCES PRESS

目　录

CONTENTS

鲁迅对于木刻青年的培养和帮助

乐 融

众所周知,"首在立人"是鲁迅的重要思想,为此他奋斗一生。鲁迅认为青年是国家发展的希望,"只要能培一朵花,就不妨做做会朽的腐草"①,"但愿有英俊出于中国之心,终于未死"②。鲁迅先生对于青年的培养帮助数不胜数,也许大家耳熟能详的是柔石、殷夫、丁玲、萧红、萧军、孙用等一批青年作家。其实鲁迅对于青年木刻家的培养、指导、帮助也同样是呕心沥血。下面用具体事例来说明鲁迅在倡导中国新兴木刻运动中,悉心培养、帮助木刻青年成长的动人故事。

帮助·培育

鲁迅先生说:"创作木刻的绍介,始于朝花社。"③朝华社是1928 年冬天在鲁迅的带领、支持、帮助下,由鲁迅学生柔石、王方仁、崔真吾参加成立的,其中鲁迅出了一多半股本。鲁迅来到上海后,发现上海文坛缺乏"刚健质朴"的文艺,于是在编辑《奔流》《朝花周刊》《朝花旬刊》《艺苑朝华》等一系列刊物中,介绍引进欧洲创作木刻和外国优秀文学作品,弥补文坛不足。鲁迅以自己独到的眼光,总结中国美术发展历史,作出"汉人石刻,气魄深沉雄大,唐人线画,流动如生"的判断,它们比较真实地反映了那两个时代的社会生活,具有较高的对社会认识价值和审美价值。但到宋、元以后,由于受统治阶级的思想文化高压管制,作品都远离现实,反映现实生活的作品几乎绝迹。中国作为木刻的故乡,世界木刻的发源地(中国的木刻要比欧洲早500年左右),具有广泛基础,让欧洲的创作木刻回到木刻"娘家"——中国,形成中国新兴木刻,非常有需要,用鲁迅先生的话来说,木刻"是正合于现代中国的一种艺术"④,"当革命时,版画之用最广,虽极匆忙,顷刻能办"⑤。木刻版画具有广泛的影响和传播能力。

因此,为了给学习美术的青年学生以指导,"鲁迅曾围绕美术问题在中华艺大演讲,有记载的就有三次"⑥。在演讲中他多次提到木刻。据听讲者卢鸿基回忆:"不想他拿出一卷纸卷来,原来是画。这时全堂都笑起来了。但他一点不笑,不慌不忙地又摸出图钉来,把画钉到黑板上去。……指着黑白画说:这是黑白画,叫做木刻,是画家用木板自己刻,自己印的。这种画,很美,对宣传,革命都很有用;在苏联特别多。我们应该画新女性这等画,不要画这一种画(指月份牌)。最好学刻木刻。"⑦这次演讲题目为《绘画杂论》,当年一起听过演讲的刘汝醴还专门做了笔记,对照下来基本吻合。另外,鲁迅还多次拿出自己收藏的、柔石保管的美术作品借与时代美术社的美术青年办展览,来扩大影响,帮助更多的人。据中华艺术大学西洋画科主任、时代美术社发起人之一"许幸之回忆,他从柔石保管的图片中挑选了一些'最鲜明、最能反映苏联十月革命早期情况的图片,作为展览会的展品'。这次展览的地点在窦乐安路口永安坊临街的一家书店楼上,展品中包括苏联早期的宣传画、招贴画、军事画、漫画、木刻等复制品和印刷品。展期3天,鲁迅在开幕的第一天到场并募捐以示支持"⑧。这次参观在1930年7月6日的鲁迅日记有记载。

1930年,一批杭州西湖国立艺专的学生受左翼文艺思想影响,走艺术创作反映现实社会之路,与校方的教学理念相冲突而被开除，离开杭州汇聚上海，成立上海一八艺社。但是，要在上海立足，谈何容易，"他们同住在一个二楼的厢房里。里面没有桌子，也没有床，被褥都铺在地板上，墙里间凌乱地放着几本书"⑨。显然，他们的生活异常艰难，尽管如此，他们还是没有忘记自己追求，并且通过"冯雪峰经常得到鲁迅先生的指导，"⑩组织"一八艺社1931年习作展览会"，却遇到展览场地的难题，展览开幕时间一拖再拖，几易展览场地，最后在鲁迅帮助下，租借到上海每日新闻社址的房屋（今天的吴淞路哈尔滨路口），于1931年6月11日开幕，鲁迅13日来到展览现场，边看边评点，尤其对其中的几幅木刻作品，大加称赞，最后还捐款20元，青年们深受鼓舞，鲁迅撰写发表的《一八艺社1931年习作展览会小引》，更是在文艺界产生影响，鲁迅在文中写道："现在新的、年青的、没有名的作家的作品站在这里了，以清醒的意识和坚强的努力，在榛莽中露出了日见生长的健壮的新芽。"⑪也许在这次展览中鲁迅首次见到中国青年木刻家的木刻作品，尽管稚嫩，但值得欣喜，更需要培育，鲁迅邀请内山完造弟弟、日本的木刻教师内山嘉吉于1931年8月17—22日举办木刻讲习班，培训一批在黑暗中摸索、缺乏木刻基础培训的学生。其间，鲁迅冒着高温酷暑，每天来到现场教室，拿出自己珍藏的珂勒惠支等外国版画家原拓版画作品做教材，同时，为内山嘉吉的讲课做翻译。据内山嘉吉回忆，当时鲁迅讲的比他讲课还多。因为除了"内山嘉吉示范讲解木刻技法和基本知识"⑫之外，"鲁迅自己也为学员们讲解各国版画，让学员们观摩了他收藏的日本浮世绘版画和现代版画、英国木刻和德国版画家凯绥·珂勒惠支的代表作《农民战争》"⑬。最后鲁迅还拿出自己收藏的一套珂勒惠支版画组画"织工的起义"作为对内山嘉吉讲课的酬谢。这次木刻讲习班对中国新兴版画运动产生了深远影响，许多艺术青年纷纷转向木刻创作，投入左翼美术运动。鲁迅尽管不会刻木刻，但是，木刻青年们总是把鲁迅当作自己的导师，一有创作作品，首先想到是寄给鲁迅,请鲁迅评点,鲁迅放下手头的工作,总是不厌其烦地认真回信,指出作品存在的问题,往往切中要害。为了回顾总结这段时期中国版画的历程和成绩,鲁迅先生将在自己留存的木刻青年们作品中筛选出 24 幅作品结集成册,1934 年 10 月自费编印出版了中国新兴木刻的第一本选集——《木刻纪程·壹》,荟萃了一批萌芽期中国新兴版画的优秀之作,以利于木刻青年们的总结和提高。1934 年 6 月,鲁迅还精心挑选 58 幅当时中国国内较优秀的青年版画家的作品,寄送法国巴黎展览,获得热烈的反响,这也是中国木刻作品第一次到国外展览,体现了鲁迅对木刻青年们无微不至的帮助和培育。

借鉴·提高

"从《鲁迅日记》的记载中,我们可以看到:自 1927 年 11 月 30 日,他从内山书店购得日本永濑义郎所著《给学版画的人》开始,便大量搜集外国版画书刊、画集和名作的原拓。"[14]他主要是写信请在德国的徐诗荃,法国的季志仁、陈学昭,在苏联工作的曹靖华、萧三、杨志华等经常购置,他们对鲁迅都非常崇拜和热爱,"另外,还通过日本的丸善书店、版画之家、古以士帖店和我国的商务印书馆,大量购买"[15]。单给德国的徐诗荃汇款就达 1 000 元之多,所以,鲁迅搜集所得版画数量相当丰富。但是,鲁迅搜集这些版画并不是当作古董来收藏个人欣赏,更多的是复制出版、举办展览,公之于众,介绍给木刻青年,给他们以借鉴和提高。鲁迅认为"要技艺进步,看本国作品是不行的,因为他们自己还很有缺点;必须看外国名家之作"[16]。

为此,鲁迅拿出自己辛辛苦苦搜集来的外国优秀版画作品,举办展览、出版画集。据统计,鲁迅曾举办过以下展览:

(1)"世界版画展览会",1930 年 10 月 4—5 日,在上海四川北路 1982 号 2 楼举办,展出欧美名作 70 余幅。

（2）"德国（作家）版画展"，1932年6月4—5日，在上海静安寺路瀛寰书店举办，展出作品50幅。（由侨居上海的德国侨民汉堡嘉夫人出面主办，由鲁迅提供展品，并撰文介绍）

（3）"德俄木刻展览会"，1933年10月14—15日，在上海千爱里40号举办，展出作品66幅。

（4）"俄法书籍插画展览会"，1933年12月2—3日，在武进路上海日本基督教青年会举办，展出作品40幅。

为了更好、更方便地给予中国木刻青年借鉴外国的优秀创作版画，鲁迅先生还不惜资金、时间、精力，选用优良纸张、选择先进设备的印刷厂用来编辑出版版画集，共精心编印了12种外国版画方面书籍：

（1）《近代木刻选集》（一）1929年1月出版。

（2）《近代木刻选集》（二）1929年2月出版。

（3）《比亚兹莱画选》1929年4月出版。

（4）《蕗谷虹儿画选》。

（5）《新俄画选》（其中收木刻5幅）1930年5月出版。

（6）《士敏土之图》1931年1月出版。

（7）《一个人的受难》1933年10月出版。

（8）《引玉集》1934年5月出版。

（9）《苏联版画集》1936年7月出版。

（10）《死魂灵一百图》1936年4月出版。

（11）《凯绥·珂勒惠支版画选集》1936年7月出版。

（12）《木刻创作法》1937年1月出版（鲁迅生前编校，写序）。

在以上外国优秀版画集中，鲁迅介绍了德国的珂勒惠支、梅菲尔德，比利时的麦绥莱勒，苏联的法复尔斯基、克拉甫琴科等欧洲一流创作版画大师的作品。鲁迅之所以如此不辞辛劳地大量介绍外国的版画作品和技法，是为了让中国的青年版画家们"采用外国的良规，加以发挥，使我们的作品更加丰满"。但鲁迅同时还主

张,要"择取中国的遗产,融合新机,使将来的作品别开生面"。为此,他又同郑振铎合资编印了两部笺谱:

(1)《北平笺谱》1934年2月出版。

(2)《十竹斋笺谱》(第一册)1935年4月出版。

翻印这两部具有中国古代传统经典版画艺术的笺谱,不仅是"中国木刻史上一大纪念",而且,对后来新兴版画中水印套色木刻的发展也是一个有益的借鉴。这些书籍很多都是鲁迅赠送或借给木刻青年学习。

以上的展览和出版在木刻青年和社会上产生深刻影响,让中国人了解世界艺术的发展面貌。1931年参加了鲁迅举办的木刻讲习班的江丰(周熙),被捕后在监狱里托人向鲁迅借阅《凯绥·珂勒惠支版画集》,学习提高自己木刻创作能力,后来成为新中国美术界的领导。1932年夏,酷爱艺术的木刻青年罗清帧在艺术道路上遇到困难,感到彷徨和苦闷,得知另外一个木刻青年陈铁耕手上有一本鲁迅赠送的《梅菲尔德士敏土之图》,"便即刻头顶烈日,跋涉二十公里,专程去拜览。他认真读完了书前鲁迅撰写的序言,观赏了画集所展现的前苏联人民建设新生活的情景后,愁云顿消,思绪豁然,仿佛看到了光明的未来,也找到了战斗的利器"[17]。被鲁迅称为青年木刻家中刻得最好的人之一、著名木刻家刘岘也曾回忆:"三十年代,鲁迅先生介绍了许多外国木刻作品,对我个人来说,影响最大的是英国的达格力秀和苏联的法复尔斯基。"[18]版画家陈烟桥也是在参观鲁迅举办的版画展中认识鲁迅,走上木刻之路,并坚定木刻创作的信心。

指导·扶持

鲁迅在上海的最后10年中,投入"左翼"文学运动,成为"左联"的旗手,大量的文学创作和翻译,使得他几乎没有自己的业余爱好(除了看电影)。因此,当收到木刻青年及作品的信后,往往要放下自己工作,仔细审读木刻作品,给以回信,作出评价,有的还要推荐发表,联系报社出版社等。据不完全统计,鲁迅在繁忙的工作之余,共与木刻青年通信达 200 多封,花费了鲁迅大量的时间和精力。

许广平在《鲁迅与中国木刻运动》中写道:"鲁迅先生对于中国的木刻界是一手扶植、爱护备至的,他那些给木刻研究者的一批批通信,似严师,像慈父,真是如闻其声,如见其人,所以许多散处各方的青年,无间远迩,都来请教,他不啻在家里开了一个义务的木刻函授学校,而且,是不定期限的,又不时把木刻创作给介绍到刊物上。"[19]在信中,鲁迅对木刻青年严格要求,既有批评,又有鼓励。例如,针对木刻青年美术基础薄弱等问题,鲁迅 1934 年 12 月 18 日在回复金肇野信中指出:"先生寄给我的四幅,我不会说谎,据实说,只能算一种练习。其实,木刻的根柢也仍是素描,所以倘若线条和明暗没有十分把握,木刻也刻不好。这四幅中,形象的印象,颇为模糊,就因为这缘故。我看有时候是刻者有意的躲避烦难的,最显著是 Gorky 的眼睛(他的显得眼睛小,是因为眉棱高)。"[20]但对于有进步的木刻青年,鲁迅实事求是,还是不吝赞美之词予以肯定和鼓励。他在 1934 年 12 月 18 日回复李桦信中说:"先生的木刻的成绩,我以为极好,最好的要推《春郊小景》,足够与日本现代有名的木刻家争先;《即景》是用德国风的试验,也有佳作,如《蝗灾》《失业者》《手工业者》;《木刻家》中有好几幅又是新路的探险,我觉得《父子》《北国风景》《休息的工人》《小鸟的运命》,都是很好的。不知道可否由我寄几幅到杂志社去,要他们登载?自然,一经复制,好处是失掉不少的,不过总比没有好;而且我相信自己决不至于介绍到油滑无聊的刊物去。"[21]

广州的"现代创作版画研究会"和"平津木刻研究会"寄来的木刻版画展览刊物,感受到木刻版画在中国南北已经兴起的格局,鲁迅冷静地指出其中需要注意的问题:"木刻确已得到客观的支持,但这时候,就要严防它的堕落和衰退,尤其是蛀虫,它能使木刻的趣味降低,如新剧之变为开玩笑的'文明戏'一样。"[22]"关于木展的刊物,也都收到,如此盛大,是出于意外的,但是在这时候,正须小心,要防一哄而散,要防变相和堕落"[23]。同时,鲁迅对展览中木刻作品的创作和选取时指出:"'连环图画'确能于大众有益,但首先要看是怎样的图画。也就是先要看定这画是给那一种人看的,而构图,刻法,因而不同。现在的木刻,还是对于智识者而作的居多,所以倘用这刻法于'连环图画',一般的民众还是看不懂。"[24]

为什么鲁迅会如此辛苦的一封封信地去回复,因为鲁迅深知木刻版画要向着艺术的深度和广度去发展,没有一支坚实壮观的队伍是不可能的,要像左翼文学那样,"应当造就大群的新的战士",为此,鲁迅还与许多木刻社团保持密切联系,如时代美术社、一八艺社、现代木刻研究会、MK 木刻研究会、春地画会、野风画会、野穗木刻社、无名木刻社、平津木刻研究会、现代版画研究会等社团,经常去演讲,为这批木刻青年在黑暗中的摸索,指点迷津。"野风画会在江湾公园坊(现在的西江湾路 476 弄),相距不算远,步行约 10 多分钟,从时代美术社、一八艺社开始,美术青年的活动地点主要集中在四川北路江湾路一带,包括长春路上郑伯奇创办的日语学校(1931 年木刻讲习班的场所)及白鹅画会等,均在虹口,因而聚集在这里的美术青年能时常得到他的当面指点。"[25]在野风画会"成立时,鲁迅捐资 20 元,以作活动经费,成立后,鲁迅两次赴该会交谈或演讲,就如何深入生活、提高技艺、实现木刻艺术的大众化以及注意对敌斗争的策略等问题予以指导"[26]。1932年 10 月鲁迅应邀前往野风画会演讲,陪同鲁迅前往的叶以群回忆:"到画会里,在五六十多位青年画家之前,他精神奋发地一面写(黑板上),一面讲,足足讲了一点多钟,还是没有一点倦意。接着还详详细细地回答了那些热情的青年们许多问题。"[27]

以上的事例,说明鲁迅之所以对于青年如此无微不至的关心帮助,一直把木刻青年的困难放在心上,宁可自己累一点,自己少写一点文章,也要多花点时间帮助青年,这一方面固然是鲁迅的爱好;另一方面,也是出于鲁迅的初心和精神,他希望青年们尽快的成长,作品更加有艺术影响力,对中国社会的进步和国民精神的提振起到作用。这批青年中的大多数,后来都成为中国革命文艺的中坚力量,在中国各个历史阶段发挥了重要作用,鲁迅功不可没,他不愧为中国新兴木刻运动之父。因此,在今年鲁迅诞辰140周年,中国新兴木刻运动90周年之际,更加深切地缅怀鲁迅,目前在"两个一百年"奋斗目标的历史交汇期,更加感到鲁迅精神的弥足珍贵,更需要我们继承和发扬鲁迅思想和精神。

注释

① 《鲁迅全集》第四卷,人民文学出版社2005年版(本文所引《鲁迅全集》各卷皆为此版,不另注),第134页。

② 《鲁迅全集》第十二卷,第226页。

③ 《鲁迅全集》第六卷,第49页。

④ 《鲁迅全集》第四卷,第626页。

⑤ 《鲁迅全集》第七卷,第363页。

⑥ 乔丽华:《"美联"与左翼美术运动》,上海人民出版社2016年版,第8页。

⑦⑧ 乔丽华:《"美联"与左翼美术运动》,上海人民出版社2016年版,第9、10页。

⑨ 《"美联"与左翼美术运动》,上海人民出版社2016年版,第55页。

⑩ 《"美联"与左翼美术运动》,上海人民出版社2016年版,第56页。

⑪ 《"美联"与左翼美术运动》,上海人民出版社2016年版,第54页。

⑫⑬ 《"美联"与左翼美术运动》,上海人民出版社2016年版,第59页。

⑭⑮ 李允经:《鲁迅与中外美术》,书海出版社2005年版,第12页。

⑯ 《鲁迅全集》第十三卷,第305页。

⑰ 李允经:《鲁迅与中外美术》,书海出版社2005年版,第13页。

⑱ 刘岘:《我怎样刻起木刻来的》,《版画艺术》第五期。

⑲ 上海鲁迅纪念馆编:《回忆鲁迅在上海》,上海书店出版社 2017 年版,第 215 页。

⑳《鲁迅全集》第十三卷,第 305 页。

㉑㉒《鲁迅全集》第十三卷,第 303 页。

㉓《鲁迅全集》第十三卷,第 349 页。

㉔《鲁迅全集》第十三卷,第 493 页。

㉕ 乔丽华:《"美联"与左翼美术运动》,上海人民出版社 2016 年版,第 115 页。

㉖ 李允经:《中国现代版画史》,山西人民出版社 1996 年版,第 20 页。

㉗ 叶以群:《忆鲁迅先生》,《中流》第 1 卷第 5 期(1936 年 11 月 5 日)。

一木一石

——鲁迅倡导中国新兴木刻运动中的赖少其

李 浩

鲁迅在 1934 年 6 月的《〈木刻纪程〉小引》中言:"创作木刻的绍介,始于朝花社,那出版的《艺苑朝华》四本,虽然选择印造,并不精工,且为艺术名家所不齿,却颇引起了青年学徒的注意。"①

1929 年 1 月 20 日,鲁迅在《〈近代木刻选集〉小引》中,谈及近代木刻对于人类文明的重要作用,认为源于中国的木刻艺术,在欧洲大陆"成了他们文明的利器的印刷术的祖师了"。鲁迅很希望兴盛于英国的创作木刻能够回国,因为木刻是"力之美"的艺术,其"放笔直干"所形成的图画,能够使人摆脱颓唐的氛围,带来刚健的艺术。而这正是中国现代社会所必需的。然而,1929 年鲁迅所编的外国木刻选集"艺苑朝华"丛书,尽管鲁迅多方推广,由于受众寥寥,入不敷出难以为继,在编完第五辑《新俄画选》之后,原每期 12 辑的不算很大的计划不得不终止。

鲁迅引木刻回国之愿,并没有因此挫折而中止。1930 年 9 月,鲁迅自费出版了《梅斐尔德木刻士敏土之图》,鲁迅在序中介绍说:"这十幅木刻,即表现着工业的从寂灭中而复兴,由散漫而有组织,因组织而得恢复,自恢复而至盛大。也可以略见人类心理的顺遂的变形,但作者似乎不很顾及两种社会底要素之在相克的斗争——意识的纠葛的形象。我想,这恐怕是因为写实底地显示心境,绘画本难于文章,而刻者生长德国,所历的环境也和作者不

同的缘故罢。"②需要特别指出的是鲁迅用中国传统方式装帧了
《梅斐尔德木刻士敏土之图》:正文用宣纸,玻璃版印刷图案,磁青
宣纸做封面,书名写在书签上,贴于封面上。在书籍西式装帧法已
经普及的当时,鲁迅用传统方式装帧欧洲版画的书籍,不仅是告知
木刻青年宣纸能够更好的表达木板的细节,更在于告知正在从事
木刻创作的青年艺术家们,可以大胆地借鉴欧洲木刻:"由我看
来,所谓'洋气'之中,有不少是优点,也是中国人性质中所本有
的,但因了历朝的压抑,已经萎缩了下去,现在就连自己也莫名其
妙,统统送给洋人了。这是必须拿它回来——恢复过来的——自
然还得加一番慎重的选择。"③《梅斐尔德木刻士敏土之图》初印
250部,费资"泉百九十一元二角",1931年2月印成。④不过,这本
画册仍然有"艺苑朝华"丛书那样的遭遇。数月后,1931年6月
13日鲁迅在致曹靖华的信中说:"但至今为中国青年所买者,还不
到二十本。"⑤几乎在编辑《梅斐尔德木刻士敏土之图》的同时,鲁
迅在内山完造的促动下,拿出所收藏的"德国和俄国版画大小共
七十余幅",两人共同布置展场于北四川路的狄思威路(现溧阳
路)角的上海购买组合⑥的第二层的日语夜校的教室,展览10月
4—5日两天,据内山完造的记录两天展览的观众约400人。⑦这是
中国第一次版画专题的展览会。

　　1931年8月,在机缘巧合之下,鲁迅遇到了正在上海度假的
内山完造的弟弟内山嘉吉。内山嘉吉那时正担任小学的美术老师
指导着学生们创作木刻。于是,鲁迅邀请内山嘉吉担任讲师,请他
为一八艺社等研习木刻的美术专科生上课,鲁迅自任翻译,这便是
开启中国新兴木刻运动的暑期木刻讲习班。1931年8月的讲习
班共六天:17日讲授版画简史及创作版画基本知识;18—20日讲
授黑白木刻制作法;21日讲授套色木刻制作法;22日对学员习作
进行讲评。这是中国第一次专门讲授木刻创作的讲习班。现在,
我们将这次暑期木刻讲习班视为中国新兴木刻运动的开端。在此

之后,除了继续举办外国版画展外,1933 年底鲁迅与郑振铎合编的《北平笺谱》印成;1934 年 3 月鲁迅编辑的苏联版画集《引玉集》印成,1934 年 10 月所编的中国第一本现代木刻集《木刻纪程》(壹)印成。以上 3 种书的印费皆由鲁迅自筹。

据目前的资料显示,鲁迅最早收藏中国现代木刻作品是在 1932 年,该年 6 月 26 日《鲁迅日记》写道:"同广平携海婴往青年会观春地美术研究所展览会,买木刻十余枚,捐泉五元。"[⑧]而陈铁耕是木刻青年中最早寄木刻作品给鲁迅,请鲁迅给予指导的一位。据《鲁迅日记》,他于 1932 年 7 月寄鲁迅泥刻版画 5 幅,又于同年 12 月寄鲁迅木刻 8 幅。鲁迅在收到后立即回信给陈铁耕——鲁迅正是通过书信评点木刻青年寄赠的作品,激起了许多木刻青年的兴趣,促使他们将作品寄赠鲁迅,请鲁迅指导。通过鲁迅细致的指导,提升中国第一批木刻创作者的艺术水准,为中国现代木刻的发展奠定了坚实的基础。赖少其正是通过这种方式而成为中国新兴木刻运动中重要一员。

1934 年春,广州市立美术学校西画科教授李桦投身于新兴木刻运动,并于这一年 6 月 23 日举办"李桦创作版画个展"。在筹备展览期间,李桦于 6 月 19 日在广州市立美术学校创立现代创作版画研究会(简称"现代版画会"),会员皆为其学生,计有唐英伟、赖少麒、刘仑、陈仲纲、胡其藻、张影、潘业、张在民等 27 人。[⑨]该会规定,每周举行一次内部习作观摩,称为"周展"。每四周选出较优秀的作品在校内展出,称为"月展"。每半月或一月,评选佳作汇印木刻专刊,这就是连续出版了 18 期的《现代版画》丛刊(1934 年 12 月出版第一辑)。

善于学习与探索的赖少其加入木刻创作队伍后,如他的老师李桦那样,很快将自己的学习成果公之于众。这成果不是如李桦那样的个人展,而是编译了一本介绍木刻创作技法的工具书《创作版画雕刻法》。在该书的序中赖少其谈了关于木刻"回国"的思考：

> 中国的木刻术，在世界上是占有最古的位置的……可是祖先的光荣，并不是二十世纪现在的子孙的光荣呀！
>
> ……
>
> 日本的木刻术，多半是从我们中国传进去的；但是经了千百年的努力和奋斗，其发扬光大的结果，正是我们望尘而莫及呢！
>
> 年来世界经济大恐慌，全球都呈现一种不景气的现象；惟独木刻画有蒸蒸日上之势……中国的木刻画好像蠢蠢欲动的了；这固然是鲁迅先生等有意鼓吹，破天荒的出版了四种麦绥莱勒作的连环木刻画，不久又出现俄国作家的《引玉集》，但，这也不可不说是世界艺术思潮所及的涟漪。
>
> 介绍外国的作品，我们是很赞成的；但我敢大胆的说：这不是命脉哪！我们只能将那外国的作品，来做我们的借镜；然后自己加以不断的努力，创造出新的艺术来，这才是我们最大的目的，民族的光荣！⑩

以上思考对于当时的在校生，且从西画专业转向木刻创作仅一月余的赖少其来说是难能可贵的，⑪他投入木刻创作伊始就编译这样一本介绍木刻创作技法的书，并使之公开出版，解决了困扰很多初入木刻创作的青年所遇到的技术问题。⑫

1934 年 11 月，他在同学张影的《张影木刻画集》作序时承续了几个月前的思考：他认为诞生于中国的木刻，差不多都是复制版画，即由专业刻工刻画家画者，而"现在所冀求的"创作版画，则是画家在木板上"能刻出非笔墨所能为功者，强调的表现木刻的本性"。"中国年来木刻画运动，大大能够引起一般人的注意"，"就已经公开的作品来说,好的少得很","这些作品,恰有两种相反的倾向:一种是日本的以圆刀为中心的趣味的倾向,一种是以俄国的三角刀为中心的富有社会意识的倾向;至于绝对的保持中国的特性的木刻画,绝少绝少"。"我们现在虽不能达到表现民族精神的具有特性,若果再到相当的时间以后,也许可以达到也未可知;不过我们想达到这一点,最好不要绝对的模仿日本和俄国的木刻画,我们拿他来参考是可以的,但不要忘记独创啊!"⑬

赖少其在研习木刻半年不到的情况下,不仅编译出版木刻基础知识的书,在木刻创作的同时有对木刻现状与发展进行思考,这是他的独异之处。

鲁迅首次接触赖少其的作品应是他的个人集《诗与版画》和《张影木刻画集·代序》,因为《诗与版画》与《张影木刻画集》是一起由他们的老师李桦寄赠鲁迅,并请求给予指导的。鲁迅日记:"1934年12月25日 午后得李华信并赖少其及张影《木刻集》各一本。"⑭

也许仅仅是为了回应指点木刻作品的要求吧,在1935年1月鲁迅回复赖少其的第一封信内,鲁迅没有回应赖少其《张影木刻画集·代序》中的言说,而直接对他的作品集《诗与版画》进行了点评。

赖少其的《诗与版画》是当时少有的、将文学与木刻两种创作合璧的个人集。现在没有资料能够说明赖少其在研习木刻之前,也就是他于1932年秋考入广州市立美术学校西画科后至研习木刻之间是否出版过诗画合一的作品集。因此可以说《诗与版画》这个集子不仅是赖少其第一本个人作品集,而且是标识他的艺术生涯转折点的重要作品(文献)。从西画转向木刻研习后,他更为大胆地将自己的艺术思考付诸行动。当然,他能够这样,不能忽视带领他进入木刻领域的老师李桦的热忱支持。赖少其在研习木刻之后,他既在思考木刻的中国化,也在创作实践中探索着木刻的中国化。赖少其在他的第一本个人作品集中将文学创作和木刻创作结合起来,以期实现新文学——诗歌和新美术——木刻的融合,进而尝试诗书画合一的新"文人画"的可能性。作为探索性质的尝试,《诗与版画》在形式上手印木刻作品25幅与手书在艺术纸上的10首诗分居于前后,合编在一本集子中。在内容以及表达上两者也是密切联系在一起的,正如鲁迅所言:"那一本里的诗的情调,和版画是一致的,但版画又较倾于印象方面。"⑮

鲁迅未对赖少其《诗与版画》中的诗文进行评论,而是直接评论其木刻作品。他将赖少其的作品分作两类。一是绝顶之作:"我在那里面看见了各种的技法:《病与债》是一种,《债权》是一种,《大白诗》是一种。但我以为这些方法,也只能随时随地,偶一为之,难以多作。例如《债权》者,是奔放,生动的,但到《光明来临了》那一幅,便是绝顶(也就是绝境),不能发展了。"还有一类是有前提之作:"所以据我看起来,大约还是《送行》,《自我写照》(我以为这比《病与债》更紧凑),《开公路》,《苦旱与兵灾》这一种技法,有着发展的前途。"此外,"小品,如《比美》之类,虽然不过是小品,但我觉得幅幅都刻得好,很可爱的。用版画装饰书籍,将来也一定成为必要,我希望仍旧不要放弃"。⑯

从赖少其后来的木刻作品中,很难明显地看到鲁迅指导的影响。在他第二本个人集《自祭曲》中继续着现代木刻中国化的探索。他以一画一诗的形式,将木刻作品和诗歌放在同一页面上了,如此,中国传统文人画的画诗合一的形式在木刻领域得到了呈现。虽然木刻作品所呈现的风格是西方表现主义的,诗歌也是极其西方现代因素的。可惜的是,不同于《诗与版画》中的手写的诗歌,在《自祭曲》诗不再是手录,而是预先印在页面上,然后再黏上手工印制的木刻作品。因此,从书的形式方面说,有现代机器制造的现代性印痕,却也少了传统文人画的"诗书画"合一的趣味。1935

年 5 月,赖少其将《自祭曲》寄赠鲁迅。不过目前未发现鲁迅评述《自祭曲》的文字。

《自祭曲》所呈现的是借助于西方现代艺术手法的极具个人化的表达,应如李桦所言是"现代的'人生苦'已成为不可救药的症候"的一个标本。关于《自祭曲》,李桦进一步说:"我以为过去的创痕不该老刻在脑膜上,忧郁,彷徨,自怯才是堕落者之所为。面着苍茫的前途,锋芒未挫的人们啊,应该把握先生,去找寻人生的真价……过去让它埋葬,'自祭'去罢,勿堕落颓废的深渊!"⑰赖少其所呈现的这种艺术趣味以及思想倾向并非是他所独有的,"现代版画会"会员专刊《现代版画》就呈现了这种趣味和倾向,李桦警醒于"堕落颓废的深渊",并就此写信求教于鲁迅。鲁迅回复道:"所说的《现代版画》的内容小资产阶级的气分太重,固然不错,但这是意识如此,所以有此气分,并非因此而有'意识堕落之危险',不过非革命的而已。但要消除此气分,必先改变这意识,这须由经验,观察,思索而来,非空言所能转变,如果硬装前进,其实比直抒他所固有的情绪还要坏。因为前者我们还可以看见社会中一部分人的心情的反映,后者便成为虚伪了。"⑱鲁迅的态度是很明确的,就是告诫李桦及其同志不必过多担心,只要真诚的、坚实的进行实践,就可避免于此。从赖少其以后的木刻创作和文章来看,在木刻创作方面,他遵循鲁迅的教诲,面向社会现实,木刻作品逐渐地飞出"这个幽灵的世界"⑲而走向大众。

1935 年 6 月 15—25 日,"现代创作版画研究会第二回半年展"在广州展出,展出会员作品 286 幅。在这次展览的广告册上,除了展品目录、代表作品等内容外,其最后一面还印有面向观众提问,其中核心的提问是:"你为什么喜欢木刻?"这可以说是展览组织者对观众的"灵魂拷问"。可惜笔者未见当年的观众对于这个核心问题的回答,却在这个展览一年后出版的《木刻界》杂志上看到了几位"现代版画会"成员的回答。

胡其藻回忆说:"在现代创造版画会未成立以前,我对于木刻,已感着浓厚的兴趣了,那是尚未明了木刻的工具是怎样的,只拿着一把学生所用的斜刀,就很有趣味地尝试刻下了;出我意料之外,自己鉴赏起来,觉得成绩倒也不错,有相当的收获,于是由一而再、再而三地刻……"[20]

刘伦回忆说:"我最记得的是1934年日光下闪着的鹤嘴锄,和铁锹开石的强调,一群流汗的学生的脸上,画起深刻的笑纹。但那时,秃头秃脑,无师独行的艺术冲动力,在六个月工夫,收起廿四帧石刻画来了。这可我从事木刻的导火线。1935年,加入现代版画会,才正式开始木刻新途径。"[21]

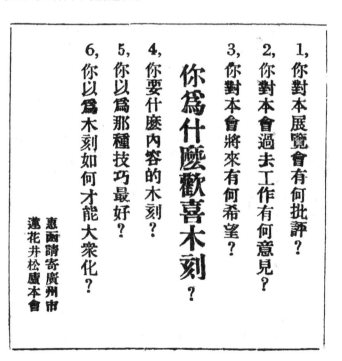

图1 "现代创作版画研究会第二回半年展"宣传页上面向观众的问题

唐英伟回忆道："是在 1933 年,我便开始刻木刻了,那时正是《现代杂志》介绍木刻最热烈的时候。我受感动了,当时广州的艺术界很沉静。更找不出一粒木刻的种子;所以我开始在黑暗中摸索木刻的道路了。"[22]

李桦回忆说："廿三年(1934)春我才开始习木刻。又是逆溯上去,六七年前我就把爱情寄付与版画了。……虽说我爱好版画是由趣味的引诱,但那个时候,国内尚未有人介绍木刻过来。我好几回托人去日本买工具,都没有结果,为热心所驱使,以前就用土刀制作,弄得指破血流。到有理门径,我曾涉猎及版画的全领域。……此后,对版画的认识更深切了,在国内木刻运动退潮的时候与同志组'现代版画会'。"[23]

看来,他们喜欢并进而参与木刻创作的理由都很简单,即趣味所使。不过在今天来看,这趣味基本都改变了他们的艺术道路。其中,从西画转向的李桦在研习木刻之初就"涉猎及版画的全领域",从上海鲁迅纪念馆所藏《李桦创作版画个展》(1934 年 6 月 23—30 日)宣传页上的作品目录来看,展览的他的版画作品中有木刻、铜版、石版、写印版(Monotype)等类型,是当时中国木刻创作者中的翘楚。也许有了这样"全领域"的实践,李桦及其"现代版画会"会员们对于木刻的思考、求索远超当时的其他木刻团体。

除了"你为什么喜欢木刻?"这个核心提问,"现代版画会"会员们通过"现代创作版画研究会第二回半年展"还向观众提出了其他 6 个问题,其中 3 个是关于"现代版画会"的提问:1.你对本展览会有何批评? 2.你对本会过去的工作有何意见? 3.你对本会将来有何希望? 还有 3 个是关于木刻本身的提问:4.你要什么内容的木刻? 5.你以为那种技巧最好? 6.你以为木刻如何才能大众化? 从 1935 年 6 月 29 日鲁迅回复赖少其信的内容,我们可以推知,赖少其参与设计这些面向观众的问题后,又进一步向鲁迅设问了两个问题:其一,木刻怎样表现这个时代;其二,怎样让大众接受木刻(或木刻如何才能大众化)。对于第一个问题,鲁迅的回答已经为很多人所知:"太伟大的变动,我们会无力表现的,不过这也无须悲观,我们即使不能表现他的全盘,我们可以表现它的一角,巨大的建筑,总是一木一石叠起来的,我们何妨做做这一木一石呢?"鲁迅对于第二个问题的回答则不太为人所重视:"看画也要训练。十九世纪末的那些画派,不必说了。就是极平常的动植物图,我曾经给向来没有见过图画的村人看,他们也不懂。立体的东西变成平面,他们就万想不到会有这等事。所以我主张刻连环图画,要多采用旧画法。"亦即利用普通人所习惯的旧形式,加以改造,并注入新的艺术精神和内容,以最终提高普通人的欣赏水平。[24]

鲁迅的指示应该说对当时的赖少其极具启迪性。一年后,赖少其在《木刻与大众》一文中已明确将木刻与中国命运联系在一起了,他认为木刻的历史使命是"作为推动'文化'的一枝主力军!""为着人道,为这民族的生存,是要不容情的暴露敌人的阴谋与丑恶,深刻指摘帝国主义者本身的矛盾",同时木刻创作者"要磨炼着发光的木刻技巧来激发大众的民族意识,要紧紧的把他们团结起来,成为洪涛版的狂流,做成时代伟大的任命"。"在这患着沉重的贫血病的中国大众,他们的精神已全然被这种病菌所侵蚀,已没有多大时间来吸取养料的了,那木刻便是最适宜于这种条件的东西!我们有了这种自信还是不足的,我们要更坚决的把木刻开展来,使大众接近的机会更多!总之,木刻与大众连结起来才会使它成为有生命的艺术。"[25]两个月后,赖少其在《我是怎样刻'木刻'的》一文中,谈及"我为什么要刻'木刻'"时再次强调:"那便有对于整个社会认识的必要。譬如我们所处的社会,是怎样受帝国主义直接间接的压迫,而最大多数的民众有时怎样受最少数的人剥削?明了了这种矛盾的关系,很容易的会看穿了社会的黑幕,于是便很容易抓住了题材。"[26]

回顾赖少其参与木刻创作的最初几年,他在木刻艺术方面的思考,从相对简单的技术性思考,即怎样使木刻"回国",逐渐面向木刻的社会性思考,即木刻怎样为社会服务。1936 年,文艺界抗日民族统一团体相继组成后,身处其间的赖少其认为艺术创作中的"怎样去实践集体创作与研究"问题便被提出,于是在这年 9 月 10 日写信求教于鲁迅。在信中赖少其详述了提出这个问题的原因:"(一)还没有实践真正的集体创作 我们在《光明》上可以看到洪深先生等的集体创作的戏剧,在其他杂志上也同样可以看到所谓集体创作的产生;但我们看不到他的特点,若果将集体创作这几个字抹去,我们永不会估到这是用集体的力量产生出来的。""(二)还没有把集体创作的范围扩大,我们觉得集体创作不仅是局限于某一部门本身的集体创作,而是有可能的把各部门都联合起来。我们写一篇集体创作的小说固然可以和插画家集体创作,就是诗歌,戏剧,音乐……仅是觉得一种'力'的表现,它包括了声,色,形各方面。因要解决上面这个问题,所以必然的要有充分的能够容纳这种表现的方法。"㉒从今天来看,赖少其所提的这个问题是在 1936 年后一直存在于中国艺术创作的各历史阶段中,可惜 1936 年 9 月鲁迅身体状态很差而未能回复赖少其的求教。

1939 年赖少其发表《木刻运动的发展》一文,从他个人的视角比较全面地回顾和阐述了中国新兴木刻运动。这篇文章应是赖少其在接受鲁迅的指导后,木刻创作和木刻思考的一个阶段的总结,从中我们可以看到木刻青年中一员对中国新兴木刻运动的深入思考和总结,是今天我们探讨鲁迅所倡导的中国新兴木刻运动的一份重要的文献。

文章分成 6 个部分。在"一、木刻是怎样产生出的?"中他认为中国的木刻兴起于"反动势力还未能完全消除,抗日还未得到自由,因此,救亡运动便成为对内团结对外抵抗侵略的吼声!在这种背景低下的中国,很需要斗争艺术,借助艺术的武器,最为扩大

图2　左:赖少其《鸡贼》,刊《现代版画》第11辑;右:李桦《怒吼吧！中国》,刊《现代版画》第14期㉓

宣传,争取自由,与打击敌人,促成了以后的伟大的团结的局面,但就是在这个的时候,木刻因了他的有力的黑白对照的表现和可多量的印刷而被选取了！""中国印刷术虽然已经发达,但价值太高,广大民众无法过问;中国的绘画又这样执迷不悟的画大腿的画大腿,画山林的画山林,木刻却便做了大众的朋友,他描写他的斗争,他的饥饿,和他的光明！"在"二、鲁迅先生与现代版画会"中云"说到现代木刻运动的发展,都会记起鲁迅先生的育养的功绩"。鲁迅对木刻青年们的指导大致有:1.素描,鲁迅希望木刻青年能够掌握素描基础,以便有更好的表现力。2.印刷,鲁迅认为木刻不仅要刻得好,还要印刷得好。3.艺术,"一种能感动人的作品,一定是要艺术的",鲁迅希望木刻青年不仅要接受"世界最高的木刻艺术"也应"采取中国的精英"。4.通俗不易,鲁迅认为"使艺术通俗并不容易","现代版画会"会员在鲁迅的指示下,最终尝试"采取民间流行的艺术"形式展开新创作,结果获得了成绩。"三、在木刻

图3 此幅作品首先以《抗战年画（彩色木刻）》刊于《文献》第2卷第6期（1938年）为黑白,后以《抗戰門神（彩色木刻）》刊于《良友》第141期（1939年）为彩色[29]

上所表现的社会”,“我们从社会的发展中可以了解艺术的演变。同样,在艺术品种也可了解社会的”。“自从经过了‘一二八’的上海抗战之后,中国的救亡运动已流到全中国的每一个细胞,团结一致对日抗战已成为最高的题材,木刻作战特别发现了他对于救亡运动的敏感,不但以木刻作为宣传,在群众中发生了很大的影响,尤其所有的刊物,木刻封面便是做了救亡的标记,而很多的木刻者也便投身于这运动中!”“四、抗战以后的木刻界”,“神圣的抗战使青年的中国活跃起来了,每一个青年都丝毫不踌躇的站好了他的岗位"。木刻青年站了岗位并思考怎样更好的服务于这个时代。当然,在实践中难免发生问题,在与漫画的联合过程中,影响了木刻本身的创作;木刻青年直接参与军队政治部的宣传工作,却因为经常行军的缘故,直接绘画反而比木刻创作更便捷等。不过,木刻青年仍能从抗战中得到体验,得到"许许多多的教训",最后尽管有种种困难,散居各地的木刻青年们都"紧握着木刻"为木刻而奋斗,他们"从血的战斗中得到体验"以"为着更大的艺术的产生"而努力着。"五、木刻入了最重要的新阶段",抗战的推进也给木刻发展带来了新阶段,怎样使木刻"接近大众",在利用民间流行艺术的时候,"应该纳入新的适合抗战建国的内容,并且应该把新兴的艺术移了进去,使民间艺术变了质,一方面要在宣传得到效果,而另一个任务还要提高民间艺术,使与新兴的世界艺术发生了关系,达到普遍的提高艺术的水准,这是目前最为必要的。""六、木刻将走上什么道路",在抗战过程,木刻要"更接近民众,更多量的生产"。因此,第一应组织起木刻人才,在政府的领导下配合一切宣传上的需要开展木刻创作;第二应更多量地生产木刻宣传作品;第三应该开展流动展览会;第四改良民间艺术,"这是非常重要的,而力量也比任何宣传方式来得大";第五"利用一切的形式,这包括了改良的商人的商标,和书店的包纸,以及封面、插画"以扩大宣传;第六是鉴于单独宣传的影响力,要"配合一切的宣传方法",如配合演讲或歌曲的图片展示或电影院商业设施的装饰中;第七要加强"全木会"㉚组织,举行集体的批评及集体的创作,举办大规模的木刻展,将中国木刻介绍到国外等等促进木刻发展的工作。㉛

在这篇文章中,赖少其将鲁迅的指导融会在木刻创作与思考中,尤其是木刻如果面向大众方面,即利用民间形式,加以内容和形式上改造,在将木刻扩展到民众中的同时提高民众的艺术水准。在这篇文章中已经看不到赖少其对于集体创作的疑惑了,认为团结一切木刻力量为抗战服务,集体创作以及集体的批评是必须的工作。在社会大变局中,只要投身于这个大变局"一木一石"的思考和创作,那么创作问题只有是如何将这社会变局以及作者的思想表现出来,以及设法使作品有能力获得最大范围的欢迎。

1934年6月,在李桦的影响下,赖少其从学习西画转向木刻研习。在木刻研习过程中,赖少其首先研究技法,编译出版了中国第一木刻技术工具书《创作版画雕刻法》。在对木刻的中国化问题展开思考的同时,将这些思考付诸他的一本作品集《诗与版画》,意图以中国传统的诗书画合一的形式整合全新的木刻艺术。在鲁迅的启迪下,赖少其在木刻研习过程中"一木一石"地面向社会并投身其中。在积极参与中国抗战与革命这伟大的社会实践过程中,赖少其木刻创作最终不再拘泥于形式上的中国化,而是与社会实践结合在一起,并通过这种结合,使他的木刻创作呈现出现代中国艺术的面貌。成为鲁迅倡导的中国新兴木刻运动中的重要木刻作者之一。在抗战期间,赖少其创作出广为传播的作品《抗战门神》。这幅作品借鉴了中国年画的特点,但在内容以及形式上进行了完全的创新,达到了木刻为社会服务的同时,"提高民间艺术,使与新兴的世界艺术发生了关系,达到普遍的提高艺术的水准"的目的。

图4 赖少其为大型文献纪录片《民族魂》摄制组手书②

注释

① 《鲁迅全集》第六卷,人民文学出版社 2005 年版(以下《鲁迅全集》皆为该版,不另注),第 49 页。

② 《鲁迅全集》第七卷,第 381 页。

③ 《从孩子的照相说起》,《鲁迅全集》第六卷,第 84 页。

④ 《鲁迅全集》第十六卷,第 242 页。

⑤ 《鲁迅全集》第十二卷,第 266 页。

⑥ 20 世纪 30 年代日语"购买组合"即今之购物中心。

⑦ 原刊内山完造:《上海漫语》(1938 年)。引自《内山完造对鲁迅的回忆》,山东聊城师范学院编:《鲁迅在上海(三)》,1979 年,第 13—14 页。

⑧ 《鲁迅全集》第十六卷,第 16 页。

⑨ 李允经:《中国现代版画史 1930—2000》,湖南美术出版社 2017 年版,第 37 页。

⑩ 赖少其编译:《创作版画雕刻法》,形象艺术社 1934 年版,《序》第 1—3 页。

⑪ 赖少其于 1934 年 6 月 19 日加入"现代版画会",《创作版画雕刻法》序言所署日期为 1934 年 7 月 22 日,推测序言写成的时间即为该书编译完成的时间。两者相距一月余,这年底该书即初版,赖少其的行动力令人惊叹。

⑫ 1933 年 11 月 9 日,鲁迅为白危编译的《木刻创作法》作序,该书迟至 1937 年 1 月才由上海读书生活出版社初版。

⑬ 《张影木刻画集·代序》,《张影木刻画集》,1934 年版,上海鲁迅纪念馆藏。

⑭ 《鲁迅全集》第十六卷,第 492 页。

⑮⑯《鲁迅全集》第十三卷,第 352 页。

⑰ 李桦:《〈自祭曲〉序》,"现代版画丛刊十一"《自祭曲》1935 年 5 月。

⑱ 《鲁迅全集》第十三卷,第 481 页。

⑲ 赖少其:《自祭曲》第十。

⑳ 胡其藻:《我创作木刻的经过》,《木刻界》第三期,1936 年 6 月 15 日。

㉑ 刘仑:《我创作木刻的经过》,《木刻界》第三期,1936 年 6 月 15 日。

㉒ 唐英伟:《我创作木刻的经过》,《木刻界》第三期,1936 年 6 月 15 日。

㉓ 李桦：《我与木刻》，《木刻界》第三期，1936 年 6 月 15 日。

㉔ 从抗战开始到 20 世纪 80 年代，不仅是木刻，其他艺术形式也在探索这样的道路，但最终效果如何，是否提升了普通人的欣赏水准，笔者未见相关学术探讨。

㉕ 赖少其：《木刻随笔·木刻与大众》，《木刻界》创刊号，1935 年 4 月 15 日。

㉖ 《木刻界》第三期，1936 年 6 月 15 日。

㉗ 《赖少其致鲁迅（1936 年 9 月 10 日）》，张杰编著：《鲁迅藏同时代人书信》，大象出版社 2011 年版，第 470—471 页。

㉘ 李桦早期木刻的表现主义手法对赖少其等极具影响（类似如陈仲纲的《不幸者》），李桦给予的影响不限于表现手法，同时也包括对木刻艺术的探索和思考。在这过程中，师生之间又是相互生长的，这两幅创作于 1935 年的作品是一个见证。1930 年代，痛恨于帝国主义对中国的政治干涉、经济压榨、军事侵略，相当多的中国画家以《怒吼吧！中国》为题作画，赖少其也创作《怒吼着的中国》（群像类型）刊于《木刻界》第 2 期（1936 年）。

㉙ 《良友》编辑按语曰："中国木刻艺术，自抗战兴起后，已进入一簇新阶段，利用旧有形式，灌输抗战内容，此种通俗艺术，极合民众心理，赖少其君近刻抗战门神乃此中杰作。"

㉚ 疑指中华全国木刻界抗敌协会。

㉛ 参见赖少其：《木刻运动的发展》，《文艺阵地》1939 年第 3 卷第 2 期。

㉜ 赖少其在其革命与艺术道路路途中始终未忘鲁迅的指导，服膺鲁迅，将自己的书房名为"木石斋"以自励。不断探索中国传统艺术的现代化之路，1964 年他整理编辑的《套版简帖》是研究中国古代实用木刻艺术的重要资料。1999 年初夏，上海东方电视台、上海鲁迅纪念馆合作大型文献纪录片《民族魂》（6 集）摄制组采访时，已经无法言语的赖少其，手书"鲁迅""锲而不舍"。笔者参与该片撰稿、采访、编辑等工作，剧本参见王韧《望古格》，上海人民出版社 2007 年版。

简论陈烟桥版画作品中的鲁迅形象

汪雪冬

陈烟桥是我国第一代著名版画家,也是一位革命艺术家,曾用名陈炳奎,笔名有李雾城、米启郎等。1911年生于广东,幼时对美术产生极大兴趣并开始学习创作,17岁入广州市立美术学校西画科学习,后转入上海新华艺术专科学校西画系,毕业后一直从事木刻创作和宣传活动。1930年代为其创作高峰期,代表作品有《拉》《窗》《风景》等。1940年代后陈烟桥逐渐从版画创作转向艺术理论研究,著有《鲁迅与木刻》《鲁迅论木刻版画》等。抗战胜利后,陈烟桥留在上海从事美术活动。1958年陈烟桥前往广西南宁,投身美术教育工作长达12年。广西南宁是陈烟桥人生的最后一个站点,别妻离子孤身一人的他在"文革"中遭受摧残不久便含恨离世。直到1979年陈烟桥方得到平反,然而已无法弥补一位伟大的木刻艺术家早早逝去的遗憾。在陈烟桥看来,艺术是革命战斗的武器,革命战斗反过来也推动艺术的发展。给予陈烟桥这样的启示以及不断鼓励其前进的便是推动中国木刻艺术发展的第一人——鲁迅。

一、陈烟桥与鲁迅的交往

鲁迅与陈烟桥的交往始于19世纪30年代。1930年10月,陈烟桥从广州市立美术学院转到上海新华艺术专科学校不久,得知鲁迅先生与日本友人内山完造在上海北四川路举行"世界版画展览会",便和其他几位青年木刻家一起慕名参加,并在会上第一次见到鲁迅。鲁迅在展览会上为这些对艺术有着极大兴趣和向往的青年们亲切详细地讲解着自己收集、挑选木刻作品的过程,也就某一国家版画作品的特点同他们进行了深入交流,同时也为他们提出艺术创作既要博采众长也要保持民族特色和个人风格的建议。通过这次展览会,青年木刻家们在思想上深受鼓舞,决心认真投入木刻艺术事业。这便是鲁迅与陈烟桥的第一次交往。之后,陈烟桥陆续创作出一些作品,但苦于自己对作品中存在的问题无从知晓进而无法修改也得不到进步,便想到倡导木刻艺术创作且学识渊博的鲁迅先生,于是写信请其指导作品,鲁迅很快回复并且欣然应允。从此,陈烟桥便正式开始了与鲁迅在艺术和思想上的交往。

1934 年之前,陈烟桥多是将作品带给鲁迅当面请教,后由于战争环境恶劣,鲁迅常被国民党反动派监视,行动不便,又因青年木刻工作者们多是地下共产党员,他们的组织和创作活动也在不断遭受破坏。在这种情况下,为了保证安全和顺利开展活动,青年木刻家们自觉采取写信这一方式来与鲁迅保持联系。不过寄信过程也相当曲折,先是将信件寄给日本友人经营的内山书店,再等鲁迅到书店收取,回信也是如此。尽管这样,鲁迅和陈烟桥始终保持着十分密切的联系直至鲁迅逝世,由此也可见其对于培植青年的重视。

从 1934 年至 1936 年,鲁迅和陈烟桥来往信件数十封。通信内容主要集中两个方面:一是对于木刻创作技艺的指导;二是关于木刻运动工作的开展。

在创作指导上,鲁迅常为陈烟桥提出其存在的缺点和一些切中肯綮的建议,比如 1934 年 4 月 5 日,鲁迅在致陈烟桥的信中写道:

"这一幅构图很稳妥,浪费的刀也几乎没有。但我觉得烟囱太多了一点,平常的工厂,恐怕没有这许多;又,《汽笛响了》,那是开工的时候，为什么烟囱上没有烟呢？又，刻劳动者而头小臂粗，务须十分留心，勿使看者有'畸形'之感，一有，便成为讽刺他只有暴力而无智识了。但这一幅里还不至此，现在不过偶然想起，顺便说说而已。"①

在此期间，陈烟桥不仅在艺术创作也在人生思想上深受鲁迅先生的教诲和影响。比如，鲁迅在信中说："做一件事，无论大小，倘无恒心，是很不好的。而看一切太难，固然能使人无成，但若看得太容易，也能使事情无结果。"②

对陈烟桥来说，鲁迅亦师亦父亦友，同时对鲁迅来说，陈烟桥是晚辈，是学生，也是志同道合一起战斗的知己。

在开展木刻运动工作上，鲁迅不仅提供经济支持，而且积极策划、亲力亲为。在信里鲁迅先是提出征集青年们的木刻作品，在法国、苏联举办中国革命美术展览会即"革命的中国之艺术展览会"，以扩大中国新兴版画的影响，让新兴版画走向世界。之后鲁迅还将展览会成果分享给陈烟桥，1934 年 6 月 20 日在信中写道："一个美国人告诉我，他从一个德国人听来，我们的绘画（这是北平的作家的出品）及木刻，在巴黎展览，很成功；又从一苏联人听来，这些作品，又在莫斯科展览，评论很好云云。"③

后为进一步推动木刻运动的发展，鲁迅又着手出版一种专门的木刻艺术创作刊物，以保存"革命的史料"，即《木刻纪程》。据陈烟桥回忆：

"他对送画报去的美术青年说过如下感动的话：'这些东西，过二十年后，再拿出来看看，就觉得宝贵了！而你们在今天不知明天事的环境，却是无法保存的，所以我来替你们保存这革命的史料罢。'从这件小事中，可以看见他对于中国整个新兴艺术和中国革命的关心的程度了。"④

后来，鲁迅自然又将刊物印送至国外以扩大宣传，并写信告知陈烟桥：

"去年曾以《木刻纪程》一本寄给苏联的美术批评家 Paul Et-tinger(看这姓,好像他原来是德国人),请他批评,年底得到回信,说构图虽多简单,技术也未纯熟,但有几个是大有希望的,即:清桢,白涛,雾城(他特别指出《窗》及《风景》),致平(特别指定《负伤的头》)云云。"⑤雾城即陈烟桥。

由此可见,鲁迅对青年木刻家的培养不遗余力,对推动中国新兴木刻艺术的发展耗费心血,这种坚韧的战斗精神一直持续到1936年。1936年夏,陈烟桥同青年版画家一起筹备第二次全国木刻巡回展览会,他们设法将展出日期、地点告知鲁迅,"以慰培植之劳,也是人之常情至理"⑥,因为知道先生被病魔缠身日久,所以并不过分期待其到场,但鲁迅最后还是来了。陈烟桥事后回忆:

"是十月八日那一天,也是第二回全国木刻流动展览会的最后一天,先生终于扶病前来参观了。他的来,不论对我们说是意料之内也好,还是意料之外也好,总是使人感到惊奇和突然,以致使会场内有一阵儿肃然无声,大家都感动地凝视着他。"⑦

这便是鲁迅与陈烟桥的最后一次见面,11 天后,鲁迅与世长辞。但这并不意味着鲁迅与陈烟桥的联系终结,可以这样说,他们的交往对陈烟桥产生了长久深刻的影响,这种影响体现在他的艺术创作和战斗思想上。其中最为突出的便是凝聚着坚韧战斗精神的艺术典型,即陈烟桥版画作品中的鲁迅形象。陈烟桥创作的版画题材主要分为三类:一是工农系列,揭露社会现实;二是抗战系列,鼓舞人民救亡图存;三是鲁迅形象,这也是其在艺术史上最为著名的部分。

二、鲁迅形象之简析

从 1937 年至 1954 年,陈烟桥共创作 14 幅鲁迅形象题材的版画,1937 年刻有《光明的指导》《鲁迅与青年运动》《鲁迅提倡木刻》《鲁迅与高尔基》,1947 年刻有《播种》《鲁迅先生》《善射》《跳出高墙》《唯有无产者才有将来》《鲁迅送书》《作家》，1948年刻有《鲁迅》《阻挠》，1954年刻有《鲁迅与他的战友》（据上海人民美术出版社1988年出版的《陈烟桥木刻选集》）。

鲁迅形象是陈烟桥版画作品中的艺术典型。所谓艺术典型，是艺术家运用典型化方法创造出的具有鲜明个性且体现出普遍意义的艺术形象，也是艺术家对现实生活能动反映的结果，有着鲜明的独创性、深刻的思想性、高度的审美性和强烈的艺术感染力，能给欣赏者留下经久难忘的印象，产生悠远的社会影响。陈烟桥版画作品中的鲁迅形象按照创作时间和创作主题主要分为以下三类。

（一）作为艺术推动者的鲁迅形象

这类作品主要集中于1937年，此时鲁迅逝世不久，陈烟桥为了缅怀鲁迅并纪念其为中国新兴艺术所做出的努力，于是创作了4幅版画作品，即《光明的指导》《鲁迅与青年运动》《鲁迅提倡木刻》《鲁迅与高尔基》。在《光明的指导》中，鲁迅处于画面中心，背手挺胸屹立在人群中央的高台上，神情严肃坚定地对着群众演讲。群众抬头仰望鲁迅的姿态、鲁迅与他们的高低对比以及其背后的白色光芒都象征着这样一个含义，鲁迅是为他们指引方向的灯塔也是带领他们前行的哨兵。《鲁迅与青年运动》也运用了强烈的对比的手法，穿着长衫的鲁迅占据画面的1/3，他抬起一只手为举着旗帜的青年战士们指明方向。鲁迅眼睛里透露着一丝欣慰，嘴唇微张，似乎在喊着口号或是在向青年战士们进行指导。《鲁迅提倡木刻》表现的是鲁迅手执木板与刻刀宣传木刻的场景，齐举到头的双手是对木刻要放刀直干的暗示，画面下方的青年木刻家们也举起手来，纷纷表示对鲁迅宣传木刻的热烈回应。

《鲁迅与高尔基》刻画的是鲁迅和高尔基的交谈场景。除了鲁迅曾翻译过高尔基的作品外，两人并无交集，但是这幅作品将现实主义手法与浪漫主义手法相结合，在艺术的想象中实现了两个

图1 《鲁迅与高尔基》

国家的伟大学者的见面。他们互相欣赏并进行着深入交流,在这些交流中又会诞生出多少深刻的思想和作品。鲁迅与高尔基都于1936年逝世,陈烟桥的这幅作品既表现了对两位伟人的深沉纪念之情,也弥补了他们未曾见面的遗憾,同时留给观者们无限的遐想空间。另外,这幅作品有别于之前主次分明、对比强烈的构图,画面中鲁迅与高尔基一左一右相对,各居一半,他们都向对方举起一只手体现出交流的热切,认真投入的神情也显示出对对方的尊重。在刻画这类鲁迅形象时,陈烟桥多使用现实主义手法,把致力于推动艺术发展的鲁迅从现实中完整的鲁迅单独抽离出来,然后加以修饰或想象,便塑造出一个为推动中国艺术发展不遗余力的鲁迅形象。

（二）独具一格的成为"劳动者"的鲁迅形象

这里的"劳动者"并非指现实中从事劳动活动的人的统称,而是指行动的学者。此类作品创作于1947年,有《播种》《鲁迅先生》《善射》《跳出高墙》。此时在国统区颠沛流离的陈烟桥一边投入艺术理论研究;一边以木刻为武器坚定地投身于爱国民主运动。

他之所以创作出这类鲁迅形象,是因为他认为在国家处于内忧外患之际,爱国人士不应安于一隅,而应以切实的行动鼓舞民众救亡图存。在《播种》中,鲁迅身穿农民的短衫和布鞋,一手执篮,一手播种,双膝向前弯曲,走在坑洼的田地上,脸上眉眼下垂,透露着无言的辛苦与疲惫,已不再是熟悉的头正背直、稳重有力的模样。在《鲁迅先生》里,鲁迅依然着短衫,左手拿剑鞘,右手紧握剑柄正有力的将其抽出,双腿呈现向前跨越的姿态,而右下方的一只精瘦恶犬正在对着鲁迅吼叫,整个画面充斥着剑拔弩张的危机感。《善射》中,鲁迅再次身着短衫短裤,袖子堆至手臂中段,露出一截粗壮小臂,侧身拉弓,以笔为箭,蓄势待发。在《跳出高墙》里,鲁迅高举着象征希望和光明的火把走在前方,指引着青年战士们奋力跳出代表着艰难险阻的高墙。这类作品多采用传统诗歌中的比兴手法,将"横眉冷对千夫指"的鲁迅具化为一个不畏险恶、辛勤勇敢的"劳动者",使观者能直接体会鲁迅坚韧的战斗精神。

(三) 作为战斗先行者的鲁迅形象

鲁迅不仅是行动的学者,也是思想的巨人。此类作品有1947年的《唯有无产者才有将来》《鲁迅送书》《作家》,1948年的《鲁迅》《阻挠》和1954年的《鲁迅与他的战友》。

《唯有无产者才有将来》构图巧妙,众人聚集在一起对着远处的红五星高举着手,表达着他们对新社会、新未来的美好向往,但这时鲁迅却被赋予旁观者的角色,不再处于画面的中心,而是在后面做出托腮沉思的表情,这在满怀希望的群众的衬托下是如此的格格不入。也正因为这样的对比,更能凸显出鲁迅超出普通民众的智慧。专注的眼神及睿智的表情都暗示出鲁迅透过表面观察到的本质即"唯有无产者才有将来",前路还很漫长仍要继续战斗。《鲁迅送书》画风质朴,描绘了被众人围绕的鲁迅给民众送去书籍的场景,这象征着鲁迅对从思想上启蒙群众的希望和努力。在

图 2 《鲁迅与他的战友》

《作家》中,鲁迅站在堆满纸书笔墨的书桌前,手指向前方,背景里是一群跟随方向高举双手奋力跳跃的人。这幅作品和《跳出高墙》都描绘了为群众指明方向的鲁迅形象,不同之处在于《跳出高墙》中的鲁迅是高举火把走在前面,以行动引领众人前行,而在《作家》中的鲁迅是在思想上指明方向,余下长途和困难则需要众人亲身经历和克服,这样方能不断成长为坚定的战斗者。从行动到思想,是启蒙的不断递进,也是战斗精神的不断深入。《鲁迅》构思独特,充当背景的是各类以鲁迅为原型的人物形象,有的在播种,有的在执枪战斗,除此之外,画面中还出现了一头卧地的牛和两条凶神恶煞的犬,这俨然是对"横眉冷对千夫指,俯首甘为孺子牛"的所指。而这些"劳动者"鲁迅又汇聚成一个睿智坚定、沉默稳重的"战斗先行者"鲁迅,立于画面的中心。所谓播撒希望、抨击敌人等行动都是战斗思想的外化体现，没有战斗思想的支撑，行动便失去了力度和意义。《阻挠》画面由两部分构成，一部分是处于右下方的鲁迅侧面像，他单手撑头，俯首沉思；另一部分是后方一个张牙舞爪的人被制住的场景。陈烟桥对反动派的刻画进行了夸张处理，怪诞凶狠的表情和胡乱挥舞的双手都体现了反动派的不可理喻，而鲁迅的低头凝思则表现了对阻挠的不甚在意，但画家以阴刻技法表现出的白发又透露了鲁迅内心的忧虑和无奈。题为"阻挠"既意味着反动派爪牙对鲁迅宣传思想启蒙的阻挠，也意味着鲁迅不畏"阻扰"的反抗和战斗。《鲁迅与他的战友》刻画的是鲁迅和瞿秋白等"左联"代表成员并肩作战的场景，肖像下方也刻有"左联"标志。这是陈烟桥对战斗先行者们的纪念，同时也希望民众借此了解鲁迅的战斗精神并将其继承下去。

陈烟桥对于鲁迅形象的刻画，在手法上，以现实主义为主，以浪漫主义、象征主义为辅，将现实与想象结合，弥补了传统木刻版画内容单一的缺陷，使鲁迅形象在符合现实生活的同时增添了几分全新的意义。在构图上，陈烟桥根据创作主题选用合适的构图法，如中心构图、三分构图或对比构图等。在色彩上，陈烟桥以黑白木刻为主，画风质朴，刀法凝练。"木刻的黑白处理，绝不是作者主观臆造，而是凭借于客观的现实生活，经过作者提炼概括而成。"[8]陈烟桥正是如此，他在仔细观察现实鲁迅的基础上加以自己的理解和提炼，方能在作品中通过对黑白的巧妙处理来构成强烈的对比，从而塑造出具备饱满的艺术魅力的鲁迅形象。

三、鲁迅形象之蕴含

陈烟桥版画作品中的鲁迅形象蕴含了其对鲁迅思想的理解以及在此基础上不断形成的艺术特点和革命战斗思想。

陈烟桥认为，鲁迅思想的中心为坚韧的战斗精神。在陈烟桥看来，鲁迅提倡木刻"不是为了个人的高雅"[9]，而是为了将其作为

"解放受压迫民众的武器"⑩。"中国文字太难,只得用图画来济文字之穷;他常说:倘要启蒙民众,图画乃是一种利器,因为它就是不认识字的人也能看懂。鲁迅先生所要提倡的木刻,是具有战斗性的木刻,这是与他的整个艺术思想的出发点相一致的。战斗性在他看来,是艺术家的必要条件;唯有能战斗,才能把握动的现实。也唯有能战斗,才能接近历史的社会的真实。"⑪基于这样的理解,陈烟桥版画作品中的鲁迅形象也呈现出一种战斗性,他塑造了一个为推动中国新兴艺术发展耗尽心血且毕生都在坚定战斗的鲁迅形象。

说到底,版画作为一门艺术,战斗性和宣传性的表现都是以其具备艺术性为前提,没有艺术性,版画便沦为政治传声筒,也就不具备感染群众的艺术魅力。陈烟桥的版画作品在呈现出战斗性的同时,并不失其艺术性。其作品以写实为主,画风朴素,比较突出的艺术特点为充满力之美,这也是受到鲁迅思想的影响。鲁迅认为放刀直干的木刻和曲折写意的山水画不同,它是一种极具力度的艺术形式。因此鲁迅提倡木刻版画要充满"力之美",这样才能充分展示其所蕴含的战斗性。陈烟桥版画作品中的鲁迅形象便是"力之美"的典型体现,"用刀笔刻画,一笔一画都在木质版面上用刀刃推削,包含着强烈的情绪意味"⑫,"打破了中国画长久以来士大夫那种从容不迫、作壁上观,与现实事态隔离的傲慢感,最能把动荡时代青年人的激情、躁动和憧憬,用刀刃斧凿出来。"⑬陈烟桥版画作品中的鲁迅形象正是艺术性与思想性完美统一的体现。

此外,陈烟桥版画作品中的鲁迅形象也体现出其在鲁迅思想影响下不断形成的革命战斗思想。作为一个心怀志向的年轻人,陈烟桥接受鲁迅思想上的指引,自觉借助于木刻宣泄自己的爱国热情,利用木刻宣传民族战斗思想,在作品中歌颂英勇的战士,抨击凶狠的敌人,鼓励群众参与爱国救亡运动。在版画作品外,他也从事艺术理论研究,尤其是关于鲁迅与木刻,他整理鲁迅的思想遗产并接过那象征光明和希望的"火把",在前人鲁迅的照耀下引领更多有志青年前进,并在推动中国木刻蓬勃发展的道路上做出了巨大贡献。另外,中华人民共和国成立后,他更是传承鲁迅的育人精神,以坚毅的拓荒精神开辟广西美术这块田地,无怨无悔奉献12年。"一个好的文艺工作者,我们应该称呼他为一个行动的学者。"[14]可以这样说,革命战斗思想贯穿了陈烟桥艰苦奋斗的一生。

以陈烟桥为代表的一批青年木刻家处于这样一个内忧外患的动荡年代,精神的苦闷和生活的穷困让他们难以实现自己的爱国理想和人生抱负,在这种情况下,鲁迅的出现就像一面引领方向的旗帜,既给予他们艺术上的引导和支持,又给予他们精神上的慰藉和鼓励:

> 在中国,能了解青年,相信青年,尊重青年,帮助青年与鼓励青年的,恐怕没有一个人像鲁迅先生那样深切与诚恳的吧。鲁迅先生的努力是完全为着青年的,他的一生事业可以说是替青年铺平一条康庄的朝向光明的大道。他认为青年是向恶势力袭击的先锋,因之他相信青年,尊重青年,帮助青年与鼓励青年。[15]

鲁迅早已逝世,但其思想和精神具有永恒的意义和价值,陈烟桥正是知晓这点,于是创作了如此丰富的鲁迅形象。陈烟桥笔下的鲁迅形象具有现实主义与浪漫主义融合、朴素典雅与鲜明强烈兼备、内涵性与艺术性完美统一的特点。这些作为"艺术推动者""劳动者""战斗先行者"的鲁迅形象具有以下意义:首先,对陈烟桥来说表达了其对鲁迅的纪念与崇敬,也是其为推动中国木刻艺术发展的重大贡献,同时表现和承载了陈烟桥的艺术特点和战斗思想;其次,是对历史上鲁迅形象的补充。大众所熟知的鲁迅形象一般为敏感多疑又精神坚定的文学家、哲学家,文学史上也鲜少记载其为推动中国木刻艺术兴起所做出的努力,陈烟桥版画作品中的鲁迅形象让历史上的鲁迅更多面、更完整。最后,是对鲁迅思想精髓——战斗精神的揭示,陈烟桥利用木刻的生动写实、朴素易懂使抽象的思想和精神具体可感,鼓舞着人们要跨越历史的长河,将鲁迅思想永远传承下去。

(上海师范大学人文学院)

[基金项目:国家社科基金重大项目"中国现代文学图像文献整理与研究"(16ZDA188)]

注释

① 《鲁迅全集》第十三卷,人民文学出版社 2005 年版(以下各卷同此版,不另注),第 63—64 页。

② 《鲁迅全集》第十三卷,第 80 页。

③ 《鲁迅全集》第十三卷,第 154 页。

④ 陈烟桥:《鲁迅与木刻》,开明书店 1949 年版,第 13 页。

⑤ 《鲁迅全集》第十三卷,第 406 页。

⑥⑦ 陈烟桥:《最后一次的会见——回忆鲁迅先生》,《美术》1961 年第 5 期,第 42—44、15 页。

⑧ 俞启慧,薛笙:《黑白木刻技法述要》,《新美术》1982 年第 1 期。

⑨⑩⑪ 陈烟桥:《鲁迅与木刻》,开明书店 1949 年版,第 2 页。

⑫⑬ 简圣宇:《对鲁迅"战斗精神"的追慕与偏执——20 世纪 30 至 40 年代陈烟桥的文艺批评研究》,《南方文坛》2018 年第 3 期。

⑭ 陈烟桥:《由自己想到别人》,《文艺青年》1946 年第 6 期。

⑮ 陈烟桥:《鲁迅与木刻》,开明书店 1949 年版,第 15 页。

木刻"怪人"的执着耕耘
——北京鲁迅博物馆藏马达抗战木刻作品与马达其人其事

常　楠

在北京鲁迅博物馆胡风文库所收藏的美术作品中,含有著名版画家、美术教育家马达所创作的 17 幅抗战木刻版画(含 16 幅原作和 1 幅印刷品)。这些版画线条细腻、造型大方,带有鲜明的现场感和动态冲击力,表现出强烈的时代气息。这是版画家马达在战火纷飞的艰难岁月中留给后人的一份馈赠,他以刀为笔,忠实记录下整个民族在国难当头之际的种种伤痛、愤怒和不屈不挠的反抗。

马达,原名陆诗瀛,1904 年 5 月 9 日出生在广西省北流县的一个普通农民家中,自幼性格沉默,但酷爱美术,即便在放牛时也还是拿着小刀和木头雕刻各种艺术形象。1922 年,陆诗瀛进入北流中学进行学习,在学校里,他勤奋努力,并表现出了出众的美术才华,引起了家族亲友们的注意。1925 年,在伯父和众多亲友的资助下,陆诗瀛进入广州市立美术学校学习西画。在广州,陆诗瀛结识了一些共产党人,并开始接受马列主义的思想。大革命时期,由于陆诗瀛富于正义感、具有进步思想且身负美术专长,很快便成为学生运动的骨干,投入各种革命活动中。大革命失败后的 1927 年 12 月 11 日,陆诗瀛参加了由张太雷、叶剑英等人领导的广州起义,担负起抄写标语、暴动宣言、文告和传单等宣传工作,并直接持枪投入起义战斗中。在一次巷战当中,陆诗瀛腹部受了枪伤,不得不撤退转移至汕头隐蔽，在赤卫队的帮助下就医疗伤。广州起义失败后，反动当局大肆捕杀参加起义的民众，为了躲避追捕，陆诗瀛和堂弟陆诗津按照地下党的指示化装乘船前往上海。抵达上海后，陆诗瀛正式启用了"马达"这个名字，开始了新的革命艺术人生。

1928年，待枪伤痊愈，马达考入上海新华艺术专科学校专攻西画，这所艺术学校精英荟萃，黄宾虹、张善孖、王个簃、吴湖帆、唐云、关良、倪贻德、诸乐三等著名画家先后在此任教。在新华艺专，马达质朴依旧，他对学校中醉生梦死的纨绔子弟和热衷小情小调的鸳鸯蝴蝶派不以为然，终日衣着简朴，以饱满的政治热情深入社会底层，并于1928年冬天加入了中国共产主义青年团。1930年2月，马达参加了鲁迅领导的中国自由运动大同盟，之后又于当年7月参与了中国左翼美术家联盟（简称"美联"）的组织创建工作，且出席了"美联"的成立大会。"美联"以许幸之、沈西苓等人创建的时代美术社为基础，联合上海美专、新华艺专、杭州艺专、中华艺专等学校和白鹅绘画研究所（原白鹅画会）的进步美术家们所组成，接受中国左翼文化界总同盟的领导，内分几个活动小组，以飞行集会、散发传单、秘密印刷画报及绘制宣传画等方式进行革命舆论工作。1931年，马达加入了中国共产党，且一度出任"美联"的党团书记。这一年，马达从新华艺专西洋画系毕业，开始用木刻的方式参与鲁迅所倡导的新兴版画运动。当时的国民党反动政府实行"文化围剿"，"美联"活动不得不转入地下，以一般美术社团的名义开展活动。1932年5月22日，马达、胡一川等人在鲁迅的帮助下成立了"春地绘画研究所"，又称"春地画会"。"美联"的地下活动，最初以"一八艺社"为据点，之后便以"春地画会"为掩护。但仅仅两个月后，"春地画会"遭到查封，艾青、江丰、力扬等10余人被捕并被判刑。同年8月，马达联络了一批没有被捕的"春地画会"会员，成立了"野风画会"，该画会以鲁迅为掩护，请蔡元培为画会题写了匾额。1932 年 10 月 26 日,"野风画会"邀请鲁迅到画会作了题为"美术上的大众化与旧形式问题"的著名演讲,之后又在当年的 12 月 21 日再次邀请鲁迅来画会进行演讲和座谈。1933 年 2 月,马达联合北京、苏州、无锡、杭州等地美术学校的学生举行"为援助东北义勇军联合画展",以义卖展品的方式为东北义勇军募款。鲁迅参观了此次展览,定购了展出的许多木刻作品,并选出一部分作品,交给法国友人送到巴黎进行展览。两个月后,"野风画会"搬家后更名为"大地画会",马达经常来到画会,在主持美联工作的同时对每个会员的艺术创作予以具体指导,并向会员们介绍普罗艺术理论,还经常带着会员们去工厂和棚户区写生,搜集素材。1933 年 7 月,马达参加在黄浦外滩举行的欢迎法国巴比塞调查团的群众集会,因叛徒告密而不幸被捕,在狱中受到严刑拷打,但始终严守党的机密。出狱后的马达无正式职业,生活窘迫,经常穿着一身带着汗渍的旧蓝布长衫,宛如小杂货铺中的穷店员,但他仍然坚持留在上海帮助进步青年学习木刻,同时坚持进行漫画和木刻创作,以微薄的稿酬支撑自己的日常生活。1933 年 11 月,马达又发起组织了"涛空画会"。画会成立后,即与上海进步美术团体联合筹备宣传抗日的"国难画展",不幸又被国民党当局察觉,青年木刻家夏朋(姚馥)、钱文兰等人因此被捕,画会又遭查封。1934 年,马达又和沃渣等人发起组织了"暑期绘画研究会",因为当局的阻挠,这个研究会仅仅存在了一个多月就不得不终止活动。此时,上海的进步木刻团体已经被查封殆尽,马达不得不困守于亭子间,全身心地投入木刻创作中。然而,由于不得不停止了各种社会活动,马达的精力反而得以集中,进而释放出积累沉淀已久的艺术才华。因为艺术水准的不断提升,马达的木刻作品开始越来越多地发表在《读书生活》《现代杂志》《申报》《永生》及《文学》等进步报刊上,逐渐打出了自己在木刻界的一席之地,有了自己的声望和风格。1935 年春,马达携带自己的木刻作品,到内山

书店面见鲁迅,请求鲁迅的指教,马达后来在回忆文章中这样提及这次会面:

　　……记得一九三五年的春天,我性急地把十几张刻的还不怎么像样的东西收集在一起,企图拿去找地方出版。可是人家不肯印,要印就得请鲁迅写序文或题字。这使我感到局促,像那样的东西怎好找鲁迅先生写序题字呢?犹豫了好些天,由于发表欲的冲动与伙伴们的从旁鼓励,我终于鼓起勇气找鲁迅先生去了。我夹着木刻集的样本避过坏人的眼睛,徒步绕了几段弯路,走了半天到了北四川路内山书店。恰好碰到鲁迅先生在。鲁迅先生与内山先生分坐在一张桌子的两旁,好像在闲谈什么。坐在旁边的还有内山夫人,我走近鲁迅先生跟前即与打招呼,同时把木刻本子递给他。他还来不及接本子便站了起来。他把本子接过去并不坐下,也没有叫我坐下,因为旁边没有多余的椅子。他一直站着和我谈话,同时把木刻本子一页一页地打开看,看得很仔细,从内容到技法凡有缺点的地方都给我指了出来。他看完了,又一页一页地翻给内山先生看。他们边看边说笑,但不知道说的什么、笑的什么。他们说的是日本话,我一句也听不懂。我只注意他们的神色,看看他们有没有鼓励我出版的意思。这时,内山夫人乘机把糖果递过来,但我没有兴趣吃糖果,只愿意听见鲁迅先生说一句让我出版木刻集的话。我虽然没有直说要出版及请他写序文,但那明明是一本准备出版的样子,谁一看就知道是什么意思。样本拿给他看,他自然也会意会到要找他写序文。可是鲁迅先生终于没有这个表示。我该失望了吧,不,我被他的真诚感动了。不鼓励我出版,我并不感到失望,我只埋怨自己太性急,没有很好地遵照他的意旨耐心地学习。他双手捧着本子还给我,他已经发觉了我的急性病吧。他最后慈祥地嘱咐一句:"慢慢刻,不要忙。"我点头告辞了。出了门,那"慢慢刻,不要忙"的声音,一直缭绕在我的耳边,久久地,久久地,在我耳边回响着……①

1936 年 8 月,陆地、陈可默发起组织了"刀力木刻研究会",马达担任了这个研究会的艺术指导,培养了杨可扬、孙风、王漫恬等木刻新人。1936 年 10 月 19 日,当马达准备再度拜访鲁迅受教的时候,却得到了鲁迅逝世的噩耗:

> 一九三六年,正是我搞木刻最兴奋的时候,我以常想什么时候把作品收集收集,再送给鲁迅先生看看。但又觉进步不大,有点不好意思去找他。终于有一天我鼓起勇气去找了。这一天我永远也不会忘记:这一天是一九三六年十月十九日。
> 十月十九日早晨,我夹着一卷木刻走在了施高塔路上,我心中起着各种复杂的感情。我在设想着我和他见面时的情况。在离鲁迅的住处不远的地方,远远地看到了力群拖着沉重的脚步迎面走来。平时大家见了面,远远就要打招呼的,可是这次却例外。我心里想:出了什么事吧,我想不到会发生什么重大的不幸,以为是遭到了坏人的迫害。因为当时木刻家时时刻刻都有遭坏人迫害的可能。我们走近了,力群用低沉的声音说:"正要找你。"没有来得及等我问声有什么事,他就接着说:"鲁迅死了! 走,到他家去。"我心里突然一跳,若遇晴天一霹雳。我说不出什么,一转身我们两人就默默地往大陆新村走去,走进了鲁迅先生的卧室,鲁迅先生已静静地躺在床上。②

在吊唁现场,马达怀着沉痛的心情为鲁迅遗容作了素描。

1936年10月22日,马达和其他青年木刻家一起,抬着鲁迅的巨幅遗像走在送葬队伍的前列,到万国公墓参加了鲁迅葬礼。3天之后,马达的素描《鲁迅先生像(遗容)》发表在《读书生活》杂志的封面上,抒发了画家的无限哀思。同年11月,马达和江丰、沃渣、黄新波、力群等34位新兴木刻家积极筹备"上海木刻工作者协会",得到了大多数木刻家的响应支持。

1937年7月,"七七事变"爆发,全面抗战正式打响。这一年的8月13日,日军向上海、吴淞等地疯狂进攻,淞沪抗战开始,中国军队在战斗中殊死抵抗,涌现了大量可歌可泣的英雄事迹。马达亲身经历了淞沪抗战的战火洗礼,为中国军民的爱国精神和勇敢气质所深深感动,这也为他日后的木刻创作提供了大量的灵感和素材。1938年初,由于上海沦陷,马达和一大批爱国的进步木刻家转赴武汉,在这里开始了新的木刻事业和革命征程。

马达到武汉后,与著名诗人、文艺理论家、《七月》杂志的编辑者胡风结识,旋即投入由胡风主持策办的"抗敌木刻画展览会"的筹备布展工作中。该展览于1938年1月8日在武汉民众教育馆开幕,是抗战期间在国统区展出的第一次全国性的木刻展览会,一共展出3天,观展观众约6 000人,在当时产生了很大影响,鼓舞了民众的抗战热情。胡风在开展当天的日记中,记录了马达参与展览筹备工作的情况(胡风日记现存北京鲁迅博物馆胡风文库):

1938年1月8日 晨,被艾青等敲醒,跳起来就吩咐买东西,布置会场。共布满上下两室。照料的有江烽、艾青、田间、王淑明、李又然、萧军夫妇、端木、马达、宛君等。到一时,抢着布置好了。观众越来越多,中间夹杂不少赶热闹的。今天大概有一千多人的样子。

马达在武汉的活动,引起了时任国民政府军委政治部第三厅第六处(艺术宣传处)少将处长田汉的注意,因此他委派已在第三厅工作的木刻家卢鸿基和罗工柳出面与马达联系,邀请马达进入第三厅就职,以便开展成立中华全国木刻界抗敌协会和筹备举办全国性的木刻展览会的工作。然而,当马达随卢鸿基、罗工柳二人到第三厅与田汉会面的时候,却提出了两个条件:一是不来第三厅坐班,二是所有工作都不以第三厅的名义出现。田汉尽管为难,但还是答应了马达的所有要求,以少校的军衔给马达在第三厅挂了名,并支付了高额薪水。后来,马达又让力群顶替自己去第三厅上班,马达本人则把全部精力都放在了"中华全国木刻界抗敌协会"的工作上,力群也将每月在第三厅领到的高额薪水拨出一部分,用来支付马达的活动经费和生活费用。虽然最终结果是田汉、马达、力群三人皆大欢喜,但马达为何如此大费周章地回避与田汉和第三厅的直接联系,则颇令人玩味。在1938年胡风日记中有关马达的记述中,或许可以透露一点端倪:

> 1938年3月16日……二时到马达处开木刻座谈会,说了几句话。
>
> 1938年4月1日……不久,马达同一位木刻青年来,谈到田汉向他摆官架子。
>
> 1938年6月8日……马达来,为木刻协会捐去了三元。

或许是田汉盛气凌人的官方姿态,引起了性格执拗、向来以艺术气质自负的马达的不快,故而尽力回避进入第三厅这样的正式官方机构开展工作。但是,疏远了官方机构的马达却从未疏远抗战宣传和木刻艺术,依托着各种民间组织,马达的木刻推广工作照样干得有声有色。1938年4月16日,马达和罗工柳等人发起成立了"武汉木刻人联谊会",他们广泛与全国各地的木刻家进行联系,散发举办抗战木刻展览会和成立全国性木刻组织的通知,很快得到了100余位木刻家的响应。两周多后的5月1日至3日,"全国抗战木刻展览会"在商会大礼堂举行,同时,"中华全国木刻界抗敌协会"筹备会也在这次展览会上成立了。1938年6月6日,"中华全国美术界抗敌协会"在武汉隆重成立,马达、力群和李桦先后起立发言,指出了木刻对抗日宣传工作的作用和贡献,引起了与会代表们的关注,在投票选举中,这三位抗战木刻家均当选为理事,同时当选为理事的还有徐悲鸿、林风眠、丰子恺、潘天寿、叶浅予等著名画家。之后的6月12日,"中华全国木刻界抗敌协会"在武汉成立,该会包含会员101人,实际到会50余人,会员们一致推选马达为主席,却被马达以乡音过重,不利于组织工作的原因当场辞谢,并保举力群出任主席,马达自己则与赖少其、罗工柳、陈烟桥等20余人当选为理事。这是中国新兴版画运动中,首次成立的全国性木刻组织。

在武汉期间,马达除了忙于抗战、木刻的宣传推广工作,也积极地进行抗战木刻艺术创作,他在上海时所亲历的淞沪抗战的种种场景,也被一刀刀地刻画在木板之上。在这一时期,马达创作了《轰炸出云舰》(又名《以轰炸还轰炸》)、《壮烈的牺牲》(又名《建功而返,英雄殉国》)、《抗敌军的防御战》(又名《圣地卢沟桥》)、《和平纪念塔》、《五卅烈士墓》等一批宣传抗日救国的木刻佳作,兼具时事性和艺术性,在当时产生了很大影响。这些抗战木刻名作的原件,如今在北京鲁迅博物馆胡风文库中仍有留存。

北京鲁迅博物馆胡风文库保存的《轰炸出云舰》原作,长18.4厘米,宽12.8厘米,取材于淞沪抗战期间中国空军重创进犯上海的日本海军第三舰队旗舰"出云舰"的英雄事迹。"出云舰"是一艘在日本侵华史上屡次充当急先锋的装甲巡洋舰,由日本海军利用中日"马关条约"的赔款向英国阿姆斯特朗公司订购,于1898

年开工建造,历时两年多方竣工。"出云舰"由日本海军接收回国后,很快参加了日俄战争和第一次世界大战。1932年1月28日,日本在上海挑起"一·二八"事变,"出云舰"被编为日本海军第三舰队的旗舰,策应日军的陆上侵略活动,"出云舰"凭借坚船利炮,造成中国军民的巨大伤亡。1937年"七七事变"后,淞沪抗战打响,出云舰再次作为日本海军第三舰队的旗舰进犯上海地区。面对着这艘对中国军民犯下累累罪行的凶悍敌舰,中国空军殊死战斗,先后在8月14—16日的3天时间里出动轰炸机群对"出云舰"进行了多次轰炸,重创了这艘不可一世的敌舰,极大地鼓舞了抗战军民的士气。马达的这幅抗战木刻名作,即记录刻画了中国空军对"出云舰"实施轰炸的历史性场景。在画面中,马达大量地使用排线来强化空中的云层、爆炸造成的冲击波和起伏的波浪,并有意识地压低了整个画面的天际线,凸显出画面氛围的紧张压抑和结构布局的扭曲动态。画面上方的云层里,两架造型已被极度简化的飞机正在徘徊,下方悬挂日本海军旗帜的"出云舰"已经大幅倾斜,船舱中的日军也惊慌失措地冲向甲板。在画面右侧的一个很小的角落里,几栋高楼远远地伫立着,见证着战斗的激烈和残酷,这处看似闲笔的简略描绘,其实是在告诉观众,这场战斗就发生在离上海外滩不远的江面上,昔日繁华的上海,正处于日寇的步步紧逼之下。这幅木刻作品以强烈的新闻纪实性和高度集中概括的艺术手法,引起了当时的艺术评论界的关注,它不仅参加了1938年1月8日在武汉民众教育馆举办的"抗敌木刻画展览会",也在1938年1月13日的《新华日报》上获得了刊登发表,起到了很好的抗日宣传和艺术教育的作用。

　　1938年夏秋之际,由于日军的围攻,武汉战事告急,在武汉沦陷前,马达婉拒了军委政治部部长陈诚邀请他转赴重庆工作的提议,而是和冼星海等艺术家一道踏上了前往延安的路途。当年10月,马达抵达延安,任教于鲁迅艺术学院美术系,之后,美术系又成立了"木刻研究班",由马达一个人负责教学工作。就是在这个研究班上,马达培养了古元、彦涵、张映雪、陈因等一大批日后享有盛誉的木刻家,为解放区木刻运动的发展作出了重大贡献。初到延安,马达不仅在培养木刻人才方面成就斐然,还设计了新四军臂章,并继续创作了大量优秀的木刻作品,如《冼星海像》《高尔基像》《白求恩像》《为自救而战》等,这些木刻作品不仅在早期的《新中华报》上获得发表,扩大了马达在解放区的木刻影响力,其原作也经由某些渠道,送到了远在国统区进行进步文艺宣传工作的胡风手中,故而在今天的北京鲁迅博物馆胡风文库,还能看到这些马达在延安早期创作的木刻精品。

北京鲁迅博物馆胡风文库保存的《冼星海像》,长 13.5 厘米、宽 9.4 厘米,对创作了《黄河大合唱》的人民音乐家冼星海的形象进行了精心刻画。在画面中,马达并没有对冼星海的具体外貌特点进行详细描述,而是敏捷地把握住了冼星海陶醉于音乐、执着于音乐的投入状态:画中的冼星海围着围巾,戴着棉帽,双目微闭,一手执笔;一手执五线谱纸,正在专注地进行谱曲,其头顶上方刻画的五线谱片段、手中的五线谱纸以及桌上所铺的花纹形似五线谱的条纹桌布,共同为整个画面营造出一种流淌着的、乐曲般的韵律感,强化了冼星海的身份特征,活画出音乐家对于音乐事业的纯粹和虔诚,增加了整幅作品的抒情氛围。

1941 年,茅盾也来到延安,其间到"鲁艺"对马达进行了多次拜访。马达深沉厚重的艺术气质和浪漫不羁的生活方式,给茅盾留下很深的印象,在后来发表的回忆文章中,茅盾这样描写马达:

门前两旁,留存的黄土层被他削成方方整整下广上锐的台阶形,给你扑面就来一股坚实朴质的气氛,斜阳的余晕从对面山顶淡淡地抹在这边山冈的时候,我们的马达如果高高地坐在这台阶的最上一层，谁要说这不是达·芬奇的雕像，那他便是没眼睛。白木的门框，白木的门；上半截的方格眼蒙着白纱。门楣上刻着两个字：马达。阳文，涂黑，雄浑而严肃，犹似他的人。

但是门以内的情调可不是这般单纯了。土质的斗型的工作桌子，庄重而凝定，然而桌面的二十五度的倾斜，又多添了流动的气韵。后半室是高起二尺许的土台，床在中心，四面离空，几块玲珑多孔的巨石作了床架，床下地面繁星一般铺了些小小的石卵，其中有些是会闪耀着金属的光辉。一床薄被，一张猩红的毯子，都叠成方块，斜放在床角。这一切，给你的感觉是凝定之中有流动，端庄之中有婀娜，突兀之中却又有平易。特别还有海洋的气氛，你觉得他那床仿佛是个岛，又仿佛是粗阔的波涛上的一叶扁舟。

然而这还没有说尽马达这"屋子"的个性。为防洞塌，室内支有木架，这是粗线条的玩意。可是不知他从哪里去弄来了一枝野藤(也许不是藤，总之是这一类的东西)，沿着木架，盘绕在床前头顶，小小的尖圆的绿叶，缨络倒垂。近根处的木柱上，一把小小的铜剑斜入木半寸，好像这是从哪里飞来的，铿然斜砍在柱上以后，就不曾拔去。

朝外的土壁上，标本似的钉着一枝连叶带穗的苗壮的小米。斗型的工作台上摆着全副的木刻刀，排队一般，似乎在告诉你：他们是随时准备出动的。两边土壁上参差地有小洞，这是壁橱，一只小巧的表挂在左边。一句话，所有的小物件都占有了恰当的位置。整个构成了媚柔幽娴的调子。

巨人型的马达，就住了这么一个"屋子"。一切都是他亲手布置，一切都染有他的个性。他在这里工作，阔嘴角叼着他那硕大无比的烟斗。他沉默，然而这像是沉默的海似的沉默。他不大笑，轩动着他的浓重的眉毛就是他代替了笑的。③

在艺术上精益求精的马达自然不会满足于已然取得的木刻创作成绩，在延安期间，他对陕北的年画、剪纸等民间艺术产生了极大的兴趣，还经常登山去观摩附近的古代摩崖石刻。1942年5月，马达参加了"延安文艺座谈会"，并对毛泽东在会上提出的"艺术要深入群众"的号召深为赞同。会后，马达把长期学习中国古代艺术和民间传统的艺术的体会融入实际的木刻创作中，其木刻作品也逐渐摆脱了长期以来的欧化风格，构图和线条都变得简约凝练，活泼自然，开始具有了民族特色和乡土气息。这一时期，马达创作了《推磨》《汲水》和连环画《陶端予》等颇具陕北地方特色和民间风情的木刻作品，成为中国版画本土化、大众化过程中的代表性佳作。

抗战胜利后，马达先是和江丰、艾青等人一起，参加了"华北文艺工作团"，赴张家口开展工作。之后又曾担任中央党校文艺工作室美术组副组长、文联美术工场主任、华北大学教师等职务，辗转于延安、晋冀鲁豫边区、石家庄等地进行工作。在这段时间里，马达不仅负责《人民日报画刊》的编辑工作，还继续发表了不少木刻作品，进一步提高了自己的木刻技艺。

1949年1月，天津获得解放，马达率领美术工作队进入天津，进城后的马达积极团结陈少梅、刘子久、刘奎龄等天津本地画家，鼓励他们继续为新社会服务，并关注过问了"杨柳青年画""泥人张"等天津民间传统艺术的发展情况。1949年11月，"天津美术工作者协会"正式成立，马达当选为主任，陈少梅、刘子久、刘奎龄等人为副主任。自此，天津美术界正式组织联系在一起，以社会团体的身份发挥起新的作用。

1950—1953年，马达多次随志愿军部队到朝鲜前线进行采访写生，其间多次遇到危险，但马达不畏艰险，始终保持高昂的斗志和强烈的热情，在今天的鲁迅博物馆胡风文库，还保存着一封马达、彦涵于 1953 年 8 月 19 日就赴朝鲜前线一事写给胡风的信件，马达内心的期待，在信中可见一斑：

> 胡风同志：
>
> 　　解放军文化部张桂同志嘱我们转告您关于去朝鲜问题已经得到解决，大约是我们同行。请您再直接和他取下连（联）系，走期不远，可能在廿三、四左右。
>
> 　　这次我们能和您同行，至为高兴。想可从您那里得到许多帮助。再见，此致
>
> 敬礼！
>
> 　　　　　　　　　　　　　　　　　　八月十九日④

因各种原因，胡风此次并没有如马达所愿与之同赴朝鲜。抗美援朝战争结束后，马达担任中国美术家协会天津分会主席和《版画》杂志的编委，在他的支持下，天津的美术工作有声有色地开展起来。马达不仅鼓励天津民间艺人们积极进行创作，还着力培养工人中的美术人才。与此同时，马达也开始了对砖刻艺术的探索和实践，创作并发表了《屈原像》《鲁迅像》《杜甫像》等砖刻作品，这些作品吸收了汉魏六朝画像砖艺术的养分，反映了马达在人生后期的一些艺术反思和感悟。

"文革"开始后，马达被迫抱病举家迁往天津郊区。在万般困难的处境中，马达依然坚持泥塑创作，还热心培养农民中的美术人才。1978 年，平反前夕的马达因肺病在天津去世，他逝世后终享哀荣，全国文艺界的多位领导和画家发来唁电，全天津的 100 余位各界代表参加了他的追悼会。

[北京鲁迅博物馆（北京新文化运动纪念馆）]

注释

① 马达:《难言的悲痛》,《余晖尽撒在人间——纪念马达同志百年诞辰》,天津美术家协会、天津市解放区文学研究会编印 2003 年版,第 2—3 页。

② 马达:《难言的悲痛》,《余晖尽撒在人间——纪念马达同志百年诞辰》,第 3—4 页。

③ 茅盾:《马达的故事》,《余晖尽撒在人间——纪念马达同志百年诞辰》,第 16—17 页。

④ 马达、彦涵:《马达、彦涵 1953 年 8 月 19 日致胡风信》。

21 世纪以来《阿 Q 正传》研究述评

桂亚飞　古大勇

　　《阿 Q 正传》自 1921 年 12 月在《晨报副刊》连载,迄今已 100 年,刊登至第四章时,就有相关评论文章刊载出来,至今也有了 100 年的研究史。由于其在鲁迅作品中的代表性地位和享誉国际的影响力,也由于它以一己之研究折射了复杂而有意味的近百年学术生态,已有邵伯周、张梦阳、葛中义、彭小苓等多位学者对此进行回顾总结,构成了厚重的研究之研究史,《阿 Q 正传》复杂的研究面貌在这些论著中均有所呈现。正如竹内好说:"几乎没有哪一部作品像《阿 Q 正传》这样在各种各样的意义层面上被问题化"①,甚至有学者将其视作中国文坛的"哥德巴赫猜想"。21 世纪的学者正是沿着这样一座"学术珠穆朗玛峰"继续向上攀登。本文拟对近 20 余年研究情况进行梳理分析,借以反思经典、重塑经典,促进研究的进一步展开。

一、阿 Q=精神胜利法?

　　以往学者更多地围于如何处理阿 Q 作为精神典型和阶级典型的关系,相对忽视了对其典型内涵与性格本质的深入探讨,脱离简单的政治性阐释框架之后,转而去关注其文化根源和普遍意义。根据惯性经验,阿 Q=精神胜利法似乎成了不辩自明的问题。对此,有不少学者提出了质疑,对于该如何认识阿Q的"精神胜利法"、小说中的"精神胜利法"在阿Q典型中充当了什么角色、发挥了什么功能、它是否是阿Q典型的核心要义等问题作出了新的思考。"重读《阿Q正传》,第一步就是从这个有关阿Q的种种形象和伪影像里挣脱出来,这是一种必须的阅读和批评的再陌生化过程"②。

首先不可否认的是,小说中确实用了不少笔墨来表现阿Q的"精神胜利法",人们也很早就关注到这一现象,张梦阳在前人研究的基础上指出阿Q是一种"精神典型",实是悟道之见。但到了新世纪,沿着这一视角又出现了两种不同的看法。邹永常在《阿Q·精神胜利法·认知重建》③一文中从人类生存的视角肯定了阿Q精神胜利法的存在合理性,认为其基本精神和心理上的认知重建相通,不应加以嘲笑和漠视,并在此基础上将其看作新时代下构建和谐社会的良方。针对类似邹文为阿Q"精神胜利法"辩护的言论,陈俊在《阿Q"精神胜利法"的误读及正义》④中表示,"精神胜利法"作为一种心理防御机制虽是人的现实需要,但阿Q却最大限度地发挥了其"恶"的一面,表现为严重的心理变态,销蚀民族活力。接着张梦阳在《论阿Q精神的反思意义》⑤中进一步指出,阿Q缺乏认知能力,在"瞒和骗"中寻求圆满,"表现了当时中国的一种昏聩颠顶、自欺欺人的精神现象,同时也反映了人类易于逃避现实、退入内心、寻求精神胜利的精神机制",和堂·吉诃德、哈姆雷特等偏重反映人类精神弱点的艺术典型一样,都具有巨大的精神反思意义。文章则从相反的角度肯定了"阿Q精神"的意义所在。以上研究表明,在肯定阿Q精神的普遍性意义的同时,不可漠视其产生的独特历史文化土壤,更不可消解它是作为"这一个"被批判和否定的主题。

还有一些学者不赞成将阿Q的"精神胜利法"看作阿Q的典型内涵或性格本质。沈庆利的《从"游民"向"流氓"的歧变——阿

Q 形象的"游民文化"视角解读》⑥认为,阿 Q 应该是一个向流氓蜕变的游民的典型,他身上承载着诸多游民文化特征,"'精神胜利法'是以有意识地消解生活中的任何原则性作为前提的,这恰恰是'以无秩序为秩序,以无道德为道德,以无规则为规则'的痞子文化也即流氓文化的一种折射"。从游民的视角解读是十分独到的,但如何将其和鲁迅"画灵魂"这样的主旨连接起来还有待进一步探讨。钱振纲的《民魂缺位——阿 Q 性格本质特征新探》⑦则认为将阿 Q 性格的本质特征看作精神胜利法或者说阿 Q 并没有一个统一的性格,都过于表面化,并以鲁迅文章为主要理论依据,指出阿 Q 性格的本质特征应是"民魂缺位",主要体现在两个方面:"一是盲目服膺异己的以官魂和匪魂为代表的封建伦理文化,一是本能地适应吃人的封建社会现实",其中"精神胜利法"只是其适应现实生活的一种方式而已。靖辉的《〈阿 Q 正传〉新解》⑧和王福湘的《也论阿 Q 革命和阿 Q 性格》⑨则认为,阿 Q 精神的核心特征应该是"主奴二重性",前者提出"阿 Q 的人格本质是由'帝王意识'和'奴隶意识'构成的",后者认为人们往往只注意阿 Q 的奴隶性格及其精神胜利法,而忽略阿 Q 性格专制性暴虐性的一面,"主奴二重性才能概括其全体"。

此外,汪卫东的《〈阿 Q 正传〉:鲁迅国民性批判的小说形态》⑩从小说结构出发,以"鲁迅国民性批判的内在逻辑系统"对小说作了新的解读,指出小说第二、三章的"精神胜利法"的展示,是阿 Q 在特定"苟活"处境中劣根性的表现,是对阿 Q 的弱势生存策略的动态展示,而后面六章则通过阿 Q 的一生揭示了劣根性的根本所在,即私欲中心的人格系统,因此"阿 Q,不是对国民劣根性的一般表现,而是整体表现"。殷士友的《阿 Q 初醒论》⑪不仅指出了阿 Q 身上"看客现象"的重要性,肯定他的反抗、不驯、有一定的主见等多重复杂性格,还分析了阿 Q 从看客庸众中分离出来,放弃他惯用的精神胜利法,以及自我否定由奴到主式的革命的正向发展过程,并认为他最终会从沉睡中苏醒过来。无论是前者从整体来解读阿Q的典型内涵,还是如后者将阿Q看作一个正向发展的人物,都拓展了以往人们对阿Q的认知,丰富了阿Q的形象内涵。

二、"启蒙"还是"革命"?

自从《阿Q正传》的叙述中出现"宣统三年九月十四日"这一醒目的时间标志开始,整个作品的意味就更加复杂了,关于阿Q的革命性以及《阿Q正传》与辛亥革命的关系也就成了研究中的"显学"。经过20世纪八九十年代对教条主义研究方法的痛定思痛之后,21世纪以来的学者又展开对这一问题的重新思考。

最早陈敬中在其《〈阿Q正传〉与辛亥革命再议》⑫中试图总结并回答这两个问题。他认为"鲁迅并没有把政治革命和思想革命对立起来,鲁迅小说也没有只表现思想革命不表现政治革命",《阿Q正传》全面辩证地表达了对辛亥革命敏锐、深刻而独到的认识,同时"鲁迅既没有把阿Q作为农民革命效仿的榜样,也没有把阿Q想象得那么凶残",阿Q式革命与人物性格以及小说的双重主旨有关。这一看法不无道理,但文章对两个主题之间有什么关系,又是如何结合在一起的,还未来得及展开深入分析。逄增玉在《〈阿Q正传〉与辛亥革命问题的再思考》⑬中指出,"认为鲁迅通过这部小说揭示辛亥革命的经验和教训、揭示了中国社会和革命的本质问题云云,是一种后设的'拔高'的政治性话语,并不完全符合鲁迅思想的实际和作品的实际",同时"也是对辛亥革命性质、目的及伟大意义的曲解"。文章认为小说中反映的辛亥革命问题,既是形象大于意义这一艺术规律的生动体现,也基于鲁迅敏锐的洞察力,表现了对革命的鲁迅式质疑,小说的主旨在于国民性批判,"辛亥革命和阿Q是互为因果的",较为直接地指出了政治学阐释方法的荒谬。俞兆平的《越界的庸众与阿Q的悲剧》⑭从鲁迅的创作谱系中,将阿Q定位为"越界的庸众",认为鲁迅不是"哀其不幸",而"主旨是'憎',精神是'负'",不是"怒其不争",而是"惧怕其争",由越界庸众构成的"阿Q似的革命党",不但不能成为中国革命的推进力量,带来的反而是一场灾难。丰杰的《"阿Q革命"与"二重思维"——论鲁迅〈阿Q正传〉的辛亥革命叙事》⑮则将未庄发生的革命分为两种:"第一种自然是阿Q、假洋鬼子和赵秀才等人的以实践为目的的革命。第二种是客观存在于小说中但却常被忽略的'据说的革命'",而这两种革命中所彰显的等级意识和集体意志作为"旧文化"的载体,消解了伴随辛亥革命而来的新文明。因此"《阿Q正传》根本不是批评辛亥革命本身",而是表现了"鲁迅对辛亥革命成果在民国成立之后如何被无声吞噬的深刻思考","五四时期的鲁迅,对辛亥革命的关注点早已从'救亡'转到了'启蒙'"。

在新的时代语境中,不少学者对小说中的革命描写提出了新的认识,较有代表性的是汪晖的《阿Q生命中的六个瞬间——纪念作为开端的辛亥革命》⑯和罗岗的《阿Q的"解放"与启蒙的"颠倒"——重读〈阿Q正传〉》⑰。前者认为阿Q的生命中存在6个卑微的瞬间,隐喻着精神胜利法可能的失效,而这也成为阿Q觉醒的契机。这些契机"作为偶然的或未经挣扎的本能的瞬间存在于阿Q的生命之中",在阿Q身上表现出的作为秩序维护者和本能抵抗者的共在,正是鲁迅对革命的探索的成果——即谁是革命主体这一问题。这里仍是将《阿Q正传》看作"中国社会革命的一面镜子",但和马克思主义论者不同的是,文章是从个体内部而非外部的社会历史层面看待这种革命契机,并肯定了阿Q的革命潜能,发出"向下超越"的呼吁。罗文在汪文的基础上,认为小说通过对阿Q不准姓赵的叙述,"将'乡里空间'的崩溃作为反思'辛亥革命'的起点",希望从对阿Q的"解放"之中找到士大夫与民众之间新的关系构图,也即要让"四万万阿斗做真正的主人",完成启蒙的"颠倒"。文章也肯定了《阿 Q 正传》对革命主体的探索,且从阿 Q 与未庄的关系切入,展现了较为独特的研究视野。

这种新的阐述思路又遭到学界部分学者的质疑。谭桂林的《如何评价"阿 Q 式的革命"并与汪晖先生商榷》[18]对汪文观点进行辩驳,他认为鲁迅在纵向的历史情境中写阿 Q 革命,并不是要通过阿 Q 的本能和直觉来挖掘阿 Q 的"革命"潜能,而是为了更深入地揭示阿 Q 精神胜利法在国家民族重大事件中的表现,鲁迅的"阿 Q 似的革命党"在本质上指的是中国历史上"吃革命"或者说想"吃革命"的人群。"汪晖先生的《瞬间》一文可以说是新左翼文学思潮怎样利用鲁迅思想作为精神资源的一个典型例子,它的一个最突出的思维特征就是努力将鲁迅的思想纳入自己的思维轨迹中来。"对汪文表示异议的还有陶东风,在其《本能、革命、精神胜利法——评汪晖〈阿 Q 生命中的六个瞬间〉》[19]一文中,他指出所谓的本能、直觉这些革命契机,"是原始的动物性本能,没有能力与中国几千年专制文化内化、修炼而成的精神胜利法构成真正的对抗,相反很容易被专制文化收编、成为其帮凶",阿 Q 式革命与精神胜利法不过是专制主义与奴性文化的不同表现形式而已,只有"一种启蒙了的新主体意识和革命意识,只有这个更高级的意识,才能在根本上既超越精神胜利法意义上的意识,也超越本能,从而成为可靠的、持久的和稳定的革命动力",这就否定了所谓"向下超越"说,肯定了鲁迅的启蒙主义理念。

21 世纪以来对阿 Q 的革命性以及《阿 Q 正传》与辛亥革命关系的探讨呈现出复杂而鲜明的时代色彩,在整体上由"革命"视角更多地转向"启蒙"视角,革命和启蒙不再是二元对立式的关系,而是孪生兄弟般共生共处。只有在启蒙意义上来透视革命,在革命情境中来理解启蒙,才能更好地把握鲁迅思想的深刻意义。

三、"有意味的形式"

对《阿Q正传》的研究,历来是内容大于形式,研究者在作家、社会、时代以及哲学、心理学等层面苦苦跋涉,为《阿Q正传》的主题内涵,人物意蕴而举棋不定、争论不休,也正因此,文本作为"有意味的形式"成了21世纪《阿Q正传》研究的一大突破口,人们试图从作品自身去寻找满意的答案。

作为一部叙事性作品,从叙事学的角度关照作品的形式与内容是必不可少的。不少研究者发现了《阿Q正传》独特的叙事策略。宋娜的《叙事的拖延——论〈阿Q正传〉对鲁迅小说美学的背叛与回归》[21]指出小说采用了"拖延"的叙事手段,包括《序》中叙事的游离、正文中叙述者的插话、补叙以及整体情节性的薄弱等,鲁迅由此实现了对自己小说美学的背叛与回归。曹禧修的《论〈阿Q正传·序〉及其文本叙事策略》[22]在分析序文所采用的"纠缠""模糊""空白"以及"特征"等叙事策略的基础上,指出其真正无可替代的意义在于消除读者阅读接受上的各种副作用,引导读者运用适宜的阅读阐释方法。不少学者还关注到小说的"反讽"修辞。张全之的《〈阿Q正传〉:"文不对题"与"名实之辨"》[23]认为,小说的大小标题与其对应的实际内容均存在着强烈的悖反与对抗,作者正是以这种醒目方式来颠覆中国传统陈陈相因的艺术俗套,呈现儒家文化体系中"以名正实"的荒诞和悖谬之处。许祖华的《论〈阿Q正传〉对儒家良莠混合学说的否定与"反讽"修辞》[23]在张文基础上进一步辨析了鲁迅对儒家学说批判与否定的具体针对性,指出"其否定所采用的基本艺术形式就是反讽修辞"。

小说中的"叙述者"也得到了注意。田俊武的《鲁迅〈阿Q正传〉的叙事视角初探》[24]从叙述者的"视角"入手,认为《阿Q正传》"在总体的零聚焦全知型叙事视角的模式下,运用了视点转换、视角模式转移和视角越界等叙事策略,从而最大限度地达到了作者所预期的目的"。于小植的《〈阿Q正传〉的修辞叙事及其深层寓意》㉕指出小说由阿Q的故事、"我"的故事和鲁迅的故事三个层面构成,"形成一个修辞交流的更为丰富的平台",用意在于把"我"和"我"的读者一同送上审判台。张开焱的《〈阿Q正传〉叙述者与叙事话语的双性特征》㉖概括出小说叙述者具有正反同体的特征,是史官型叙述者和讽刺性游戏型叙述者的结合。谢俊的《启蒙的危机或无法言语的主体——谈〈阿Q正传〉中的叙事声音》㉗指出小说文本通过使用反讽叙事人、公共发言声音、叙事搁置和方言拟态、幽灵视点和自由间接引语等叙事机制,由此表达了对启蒙的怀疑。

也有学者对《阿Q正传》的结构艺术进行深入探讨。王晓冬的《〈阿Q正传〉与中国现代"中篇小说"文体概念的形成》㉘指出,《阿Q正传》是"传统'说书人'、'讲故事'的叙述方式与西方短篇小说的创作手法"结合而成的独具特色的中篇小说样式,其"最终被命名为'中篇小说'的过程,恰恰是它结构上的特殊性被不断挖掘和接受的过程",与此同时,它也给了"中篇小说"最完美的注脚。龙永干的《报纸约稿、题旨取向与〈阿Q正传〉的叙事骨架及肌理》㉙试图回归《阿Q正传》写作与发表的历史现场,来探讨其叙述结构的形成,将报纸约稿的创作形式、文本的题旨取向等因素有机勾连来解读作品叙述进程的骨架和肌理,并对其存在的罅隙与纰漏进行分析与阐释,认为"作为应《晨报附刊》约稿而作的《阿Q正传》,其创作是在不断调整中推进的,而其审美意蕴也是随着叙述的推进不断丰富与增长的"。张旭东的《中国现代主义起源的"名"、"言"之辩:重读〈阿Q正传〉》㉚将小说置于"非西方现代主义文学实践"的创作体系中,认为命名、体裁和叙事的困难与不可能性才是小说的核心内容,小说"是一个有关中国文明整体意义和价值表述'系统失序'的寓言"。文章显示出深刻的思想性和宽阔的理论视野,具有启发意义。

四、比较视域下的《阿Q正传》研究

关于《阿Q正传》的比较研究,最早可追溯到茅盾的那句经典评论:"我读了这四章,忍不住想起俄国龚迦洛夫的 Oblomov 了。"《阿Q正传》与《堂吉诃德》的比较研究在 21 世纪依然是研究热点,但从整体来看,人们的目光还是较多停留在人物形象的比较上,有突破性的研究成果不多,这里值得一提的是王卫平、王莹的《〈阿Q正传〉受到〈堂吉诃德〉影响了吗?——对一个老问题的新看法》[31],文章认为,无论是从创作主体、作品本身还是其他相关评论性文字都无法证实两者之间存在影响关系,因此"可以作'平行比较'研究,但不能做'影响比较'研究"。文章以清晰的逻辑论证,廓清了研究中的误区,启发了今后研究的方向。叶明珠的《信仰的力量——阿Q与吉姆佩尔"两愚"形象之比较》[32]从"愚者"视角切入,对阿Q与美国作家辛格笔下的吉姆佩尔进行比较分析,认为两者同是被欺凌的弱者代表,却表现出不同的个性,前者承载着几千年来封建思想对人的毒害,后者则体现着深厚的犹太教的苦难意识。张淑贤、金银惠的《唤醒中韩民族的自觉之心——谈鲁迅的〈阿Q正传〉与金东仁的〈红山〉》[33]认为《阿Q正传》与韩国的《红山》有着内在的相似性,即两者都是在民族危亡之际创作出来,试图惊醒国民精神的作品。无独有偶,杨芳、霍士富的《民族灵魂的自省与呐喊——大江健三郎〈十七岁〉与鲁迅〈阿Q正传〉比较》[34]也认为"阿Q"和《十七岁》中的"我"在相似的卑微处境和悲剧命运之外,都揭示了民族灵魂深处的痼疾,对民族灵魂进行自省。

将《阿Q正传》与中国文学作品进行比较研究的也取得不少成果。李夫泽的《两个说不尽的经典文本——对〈阿Q正传〉与〈边城〉的比较诠释》[35]认为在《阿Q正传》和《边城》中,鲁迅与沈从文分别从不同的侧面探讨国民性，两者互补整合，不仅在现实生活社会中有原型，还与人类集体无意识中的原型意象遥相呼应。李春林、臧恩钰的《〈阿Q正传〉与〈罗大斗底一生〉之比较分析》㊱从个体心理学的视角对阿Q和罗大斗的精神胜利法作了细致的分析，并对两者运用精神胜利法的自觉性、卑怯程度、生长环境的差异进行了比较，指出阿Q属于民族典型，而罗大斗只能说是一个成功的心理典型和失败了的乡间光棍的典型。张丽军的《百年乡村时空里的"阿Q"》㊲将阿Q及其未庄世界放在20世纪文学场域中，与赵树理的《李有才板话》、何士光的《乡场上》及阎连科的《乡间故事》进行对比性分析解读，认为其展现了乡村世界的社会政治经济结构的变革，及生存于这个乡土世界里的农民不断觉醒、抗争的历史。陈一军的《不一样的"精神胜利法"——刘高兴与阿Q精神之比较》㊳指出，贾平凹笔下刘高兴的精神胜利法和阿Q的精神胜利法遥相呼应却又判然有别、截然对立，在互文中传达着丰富的意味。

越是民族的越是世界的，以上研究表明，《阿Q正传》所开创的主题与不同民族的优秀文学作品中发生了共振，并在后来的中国文学作品中得到不同程度的回响，由此彰显出自身的独特价值。

五、《阿Q正传》的接受和影响研究

经典作品的认定是在历代读者的阐释中确立的，而梳理总结这一过程，对于我们反思经典、重塑经典具有十分重大的意义。21世纪的研究者在前人基础上继续着这一未竟的事业。刘潇雨的《"阿Q"再生产——阅读型构与经典塑成（1921—1926年）》㊴和《从"讽刺"到"讽刺"——〈阿Q正传〉的文类阅读与观念建构》㊵是两篇具有创新价值的文章，前者展现了读者、批评家以及媒介系统如何合谋完成《阿Q正传》经典化的过程，后者则围绕《阿Q正传》的"讽刺"问题，还原了新文学在与通俗文学的角力中建构新的讽刺文学观念的过程。两篇文章均重释了小说被阅读、被理解的原初语境,勾勒出了新文学培养新的读者群体、塑造新的阅读型构的历史景深,突破了以往观点罗列式的接受研究范式,具有方法论上的启示意义。李祖德的《1950年代的阿Q——十七年文学"农民"话语一例个案的分析》㊶将1950年代关于阿Q的争论视为十七年文学"农民"话语的重要构成,进行知识考古学的解读,认为其不仅是一个理论思辨的问题,更是一个"历史"问题。邵建新、朱永芳的《〈阿Q正传〉:被非议了八十多年的杰作》㊷则对小说问世80余年来所遭受的批评、非议进行了梳理,这些不同的"声音"有利于提高我们的思辨能力和文学鉴赏水平。张均的《鲁迅为什么不看重〈阿Q正传〉——兼论国民性批判写作与启蒙主义之关系》㊸从作者自我评价、史家评述两个方面证明了"鲁迅不看重《阿Q正传》"的事实,认为以《阿Q正传》为代表的"五四"启蒙文化陷入了客体化、非人化的写作误区,这既是启蒙宗旨与国民性批判表述模式之间的固有缝隙所致,也与儒家传统的君子哲学深有关联,文章带有后殖民批评的色彩,可作进一步辨析。

此外,谢森的《"世界文学"中的〈阿Q正传〉早期译介》㊹和梁海军的《传播学视域下〈阿Q正传〉在法国的译介和接受》㊺则对小说的域外接受情况进行了考察。前者将《阿Q正传》的早期传播放在"世界文学"的大背景下来分析,指出译介者的世界眼界、接受者的世界格局和源于文本创作者的世界意识等因素对于文本译介发生和"世界文学"建构具有重要意义;后者则探究了《阿Q正传》在法国近百年来的传播接受情况,指出《阿Q正传》在法语世界的传播过程具有跳跃性、集中性、多元化特征。高方的《转述的心态与评价的真实性——罗曼·罗兰对〈阿Q正传〉评价的再审视》㊻则梳理了有关罗曼·罗兰评价《阿Q正传》的两条线索:转述性的评价和基于信件的直接性评价,认为我们在传播或引用没有依据的转述性评价时,要警惕自夸的心态,更不能有过分利用的企图,无疑具有警示意义。

《阿Q正传》同时以自身具有原创性的思想价值和艺术手法影响着后来一大批创作者。张梦阳的《阿Q与中国当代文学的典型问题》⑰分析了《阿Q正传》如何以一种全新的写作态度和思维方式("接近真实")启示着当代文学作品中的典型塑造,并据此指出余华小说中的"许三观"从一个更为具象、更为残酷的视角批判了中国人"求诸内"的传统心理与精神机制。姜振昌、姜异新的《历史不了情:阿Q精神话题的"当代性"》⑱对"阿Q精神"在百年中国新文学史中的再创造作了梳理,指出阿Q作为一种文化原型,被不断地读解、阐释、模仿、再创造,透露着延绵不断的"当代性"信息。古大勇的《论当代作家对〈阿Q正传〉的续写与重写》⑲则梳理了当代作家续写、重写《阿Q正传》的近20部小说,指出续写之作中,既有承续鲁迅原著精神的成功之作,也有与鲁迅原著精神相差甚远的失败之作,而"重写之作"则进行了多元化的创新性尝试,塑造出摩登阿Q、创业者阿Q、官场(职场)阿Q、南洋阿Q等生动形象。显示了《阿Q正传》作为一部不朽文学经典的巨大生命力。

六、跨文化、跨学科视域中的《阿Q正传》研究

今天的《阿Q正传》俨然成了"跨界明星",围绕它的研究已经延伸至不同文化领域、多个学科门类,如美术、戏剧、电影、法学、语言学、翻译学、心理学等,由此让我们看见了一个文化学意义上的《阿Q正传》。

《阿Q正传》是最受美术家青睐的现代文学作品,一个世纪以来不断有人对其进行不同形式与风格的改编。郑蕾的《〈阿Q正传〉连环画研究》㊿和《"大众化"实践与〈阿Q正传〉插图研究》㊿分别对小说的连环画改编、建国前后"由图释文到文释图"的创作变化及不同绘本形式在"大众化"历史语境中的命运变迁进行了

探究。沈伟棠的《"阿 Q 遗像"——抗战期间〈阿 Q 正传〉的"转译热"与丰子恺的创获》^㉒则分析了抗战时期阿 Q 题材美术作品繁荣背后的现实指向，并指出丰子恺的《漫画阿 Q 正传》因在形式和视觉空间两个方面深谙大众之道而广受欢迎，表现了对鲁迅美术启蒙思想的自觉实践。王文新的《文学作品绘画改编中的语—图互文研究——以丰子恺〈漫画阿 Q 正传〉为例》^㉓和张乃午的《〈阿 Q 正传〉语图关系研究》^㉔则从共时层面探讨绘本与原著之间的复杂关系。前者运用叙事学相关理论分析其由文本到绘图的叙事构成，揭示出两者之间的互文关系。后者指出"文学的图像化并非将语言一一坐实，而是选择性地模仿语象"，并总结出语图切换的基本方式。杨剑龙的系列论文则对《阿 Q 正传》的绘本改编进行了详尽的个案分析，不仅关注到画家主体，还通过比较分析的方式对每部作品的改编思路、人物造型、图像构造等方面作了详尽阐述。

尽管鲁迅曾说："我的意见，以为《阿 Q 正传》，实无改编剧本及电影的要素"，还是有不少人尝试将阿 Q 搬上舞台或银幕。吴戈的《论陈白尘改〈阿 Q 正传〉的传神性和创造性》^㉕对陈白尘的同名改编进行述评，认为其"用添加人物和事件的方式，创造性地突出了他所理解的原著精神，象征性地表现了作为民众精神造像的阿 Q'精神胜利法'代代遗传、子孙不绝的情景"，"是一种技巧圆熟、风格深沉、内在的新喜剧"。王宇平的《镜头下的重述——1957 年香港影片〈阿 Q 正传〉考》^㉖对《阿 Q 正传》的首次"触电"进行了详细的考察，包括制作过程和影片内容，并指出了该影片在香港左派电影史上的重要位置以及它轰动一时的国际影响。陈伟华的《论〈阿 Q 正传〉的电影改编模式》^㉗则主要分析了岑范导演、陈白尘编剧的电影《阿 Q 正传》，将其和原著进行对比，指出其"以更多同情心刻画主角，增强善恶人物的对比""忠于原著故事框架，调整叙事细节"以及"用笔诙谐，主旨立人"的特点，并从中总结出电影改编的若干经验。

由于《阿 Q 正传》的国际传播日益广泛,翻译学的相关研究也是近年的研究热点。刘影、陈垣光的《文化交汇,丰彩灿然——喜读〈阿 Q 正传〉莱尔英译本》[58]从传统思想、地方文化、传统习俗三个方面分析了《阿 Q 正传》莱尔英译本在文化翻译上的突破。路旦俊的《从〈阿 Q 正传〉的两个英译本看鲁迅小说翻译中的"信"与"雅"》[59]对杨宪益、戴乃迭译本和王际真译本进行了细致的比较分析,指出前者"信"重于"雅",而后者则"雅"重于"信",认为在翻译过程中还是应该首先保证忠实于原著,"信"大于"达"和"雅"。许薛、戈玲玲的《基于言语幽默概论的幽默文本翻译模式研究——以〈阿 Q 正传〉及其英日译本为例》[60]则从言语幽默概论及其延伸理论的视角,以系统分析小说原著及其英日译本为重点,对该理论下汉语言语幽默文本的特征及其翻译策略进行了探讨。米亚宁的《鲁迅短篇小说翻译中的社会性特征——评莱尔译〈阿 Q 正传〉主体间视域融合》[61]则通过主体间视域融合理论的分析,认为莱尔译《阿 Q 正传》中译者个人视域、作者个人视域、译者所处社会文化视域以及原作社会文化视域等之间发生了融合,改变了原作中人物性格扭曲的特点及批判和改造中国民众奴化性格的社会功能。

此外余宗其的《〈阿 Q 正传〉的法律解读》[62]则将《阿 Q 正传》视为典范涉法作品予以解析。他认为小说"前四章写的是民法问题,后四章写的是刑法问题","阿 Q 是中国法律的受害者的典型形象,在他身上聚集着中国几千年的法制史缺乏民法传统所造成的把人不当人的历史重负和辛亥革命后刑法实施上枉杀无辜的严重弊病",并由此认识精神胜利法在阿 Q 典型中的意义。文章剖析了以往对《阿 Q 正传》作非法律解读的弊端,指出法律解读的正当性和必要性。

　　通过以上梳理可以总结出 21 世纪以来的《阿 Q 正传》研究呈现出如下特点：第一，研究方法和研究视角更加多元化、开放化。如上述余宗其论文从法律角度解读《阿 Q 正传》，观点和视角令人耳目一新。第二，在剥去历史的迷雾之后，对其中的关键问题重新展开了深入思考。如张梦阳认为"阿 Q 精神"和"阿 Q 革命"的问题是现代文化价值重建的根本基点，21 世纪的研究在努力挣脱启蒙话语和革命话语的束缚之余，力图将问题推入新的思考境地。第三，注重"以鲁迅注鲁迅""从形式阐发意义"，这是 21 世纪以来"回到鲁迅那里去"以及回归文学本位的口号在 21 世纪的有力实践。第四，呈现出建构——解构相对立的态势。"建构"指的是沿着新启蒙的思路，拨开教条主义的迷雾，重新树立文本的启蒙主义价值取向；而"解构"则立足于后现代主义文化语境，受政治思潮和西方学说影响，致力于解构文本中的批判立场的研究取向。两种立场相互碰撞、对话，使得 21 世纪以来的《阿 Q 正传》研究表现出鲜明的"当代性"与复杂的"社会性"。

　　［基金项目：2020 年教育部人文社科研究规划基金项目（20YJA751009）"台港暨海外'鲁郭茅巴老曹'文学史书写研究（1957—2018）"］

　　　　　　　　　　　　　　　　　（绍兴文理学院鲁迅研究院）

注释

① 竹内好：《从绝望开始》，北京三联书店 2013 年版，第 117 页。

② 张旭东：《中国现代主义起源的"名""言"之辩：重读〈阿 Q 正传〉》，《鲁迅研究月刊》2009 年第 1 期。

③《鲁迅研究月刊》2005 年第 6 期。

④《鲁迅研究月刊》2020 年第 3 期。

⑤《文学评论》2021 年第 3 期。

⑥《中国现代文学研究丛刊》2003 年第 4 期。

⑦《北京师范大学学报》2010 年第 6 期。

⑧《汉中师范学院学报》2000 年第 4 期。

⑨《鲁迅研究月刊》2016 年第 9 期。

⑩《鲁迅研究月刊》2011 年第 11 期。

⑪《中国现代文学研究丛刊》2017 年第 10 期。

⑫《湖北师范大学学报》2002 年第 4 期。

⑬《文学评论》2007 年第 5 期。

⑭《文艺研究》2009 年第 8 期。

⑮《中国文学研究》2018 年第 1 期。

⑯《现代中文学刊》2011 年第 3 期。

⑰《华东师范大学学报》2013 年第 1 期。

⑱《鲁迅研究月刊》2011 年第 11 期。

⑲《文艺研究》2015 年第 3 期。

⑳《鲁迅研究月刊》2002 年第 7 期。

㉑《齐齐哈尔大学学报》2003 年第 4 期。

㉒《中国现代文学研究丛刊》2013 年第 2 期。

㉓《烟台大学学报》2014 年第 5 期。

㉔《江南大学学报》2006 年第 3 期。

㉕《社会科学战线》2009 年第 5 期。

㉖《湖北师范大学学报》2017 年第 2 期。

㉗《中国现代文学研究丛刊》2019 年第 1 期。

㉘《中国现代文学研究丛刊》2011 年第 10 期。

㉙《中国现代文学研究丛刊》2019 年第 4 期。

㉚《鲁迅研究月刊》2009 年第 1 期。

㉛《鲁迅研究月刊》2019 年第 9 期。

㉜《海南大学学报》2006 年第 1 期。

㉝《鲁迅研究月刊》2006 年第 12 期。

㉞《西北大学学报》2014 年第 4 期。

㉟《湖南人文科技学院学报》2012 年第 4 期。

㊱《上海鲁迅研究》2000 年秋季号。

㊲《南方文坛》2007 年第 4 期。

㊳《宁夏社会科学》2013 年第 4 期。

㊴《天津师范大学学报》2018 年第 5 期。

㊵《文学评论》2020 年第 2 期。

㊶《文学评论》2010 年第 3 期。

㊷《绍兴鲁迅研究 2019》。

㊸《中山大学学报》2004 年第 5 期。

㊹《中国文学研究》2020 年第 4 期。

㊺《新文学史料》2021 年第 2 期。

㊻《文艺争鸣》2010 年第 17 期。

㊼《文学评论》2000 年第 3 期。

㊽《东岳论丛》2004 年第 2 期。

㊾《中国现代文学研究丛刊》2021 年第 9 期。

㊿《文艺争鸣》2010 年第 17 期。

51《鲁迅研究月刊》2010 年第 11 期。

52《鲁迅研究月刊》2015 年第 11 期。

53《文艺研究》2016 年第 1 期。

54《山东社会科学》2016 年第 12 期。

55《戏剧艺术》2008 年第 6 期。

56《鲁迅研究月刊》2012 年第 6 期。

57《鲁迅研究月刊》2015 年第 6 期。

58《中国翻译》2002 年第 4 期。

59《鲁迅研究月刊》2005 年第 4 期。

60《外语学刊》2016 年第 2 期。

61《中国翻译》2020 年第 6 期。

62《鲁迅研究月刊》2000 年第 3 期。

理想生命形式的探寻
——论鲁迅《野草·颓败线的颤动》

熊凌潇

梦是人们潜意识表达的场所,往往缺乏逻辑和条理性,怪诞、奇崛且难以捕捉。一旦人的欲望在现世生活难以得到满足,白天那些"隐秘着的熟悉的东西,经历了被约束的过程",在睡梦中"就会从约束中显现出来"①。以梦境作为叙述内容是鲁迅《野草》常用来书写自身矛盾与焦虑的策略,但不同于《野草》中其他篇目将"我"作为主要参与者的梦境设置,在《颓败线的颤动》的文本中,"我"是以一个"旁观者"形象出现的,老妇人的故事成为"我"叙述的核心。通过老妇人这一主体,我们得以窥见鲁迅一以贯之的立人思想,以及对于理想的生命形态构想与探寻的努力。笔者以老妇人这一主体作为切入点,以文本细读作为解读文本的方法,并结合鲁迅其他作品,探讨老妇人是如何作为鲁迅笔下一种理想的生命形式,在梦境中被展示和书写的。

一、主体的选择

在《颓败线的颤动》文本里,梦中的老妇人作为鲁迅笔下一种生命形态的尝试,是通过鲁迅自身经验的投射以及对进化论的反思为逻辑起点展开书写的。

在鲁迅设置的梦境里,梦中的"我"自身并未直接参与进"我"所叙述的故事中,而是对老妇人故事保持观看的姿态。这样的设置看似让"我"与老妇人的故事保持着距离,实际上"我"并非是一个完全的他者。在"我"跌宕的几重梦境里,暗含着鲁迅自身经验与老妇人经验的同构。

梦中的"我"看到第一重的场景便是老妇人早年在小屋的破榻上卖身求存的景象。"在光明中,在破榻上,在初不相识的披毛的强悍的肉块底下,有瘦弱渺小的身躯,为饥饿、苦痛、惊异、羞辱、欢欣而颤动。"②从"饥饿"到"欢欣",呈现出老妇人旋涡式的、屈辱的感官经验。然而当妇人的颤动迟缓之后,在"我"的目光中,空气里还弥漫着"饥饿、苦痛、惊异、羞辱、欢欣"的波涛。此时"我"所看见的波涛已经不再是妇人的经验,而是"我"自身经验在梦中的外化,是对妇人"颤动"的回应与延伸,"我"在观看的过程中分享了她的旋涡般的、屈辱的经验感受。而当老妇人望向天空,空中突然另起了一个波涛,"和先前的相撞击,回旋而成旋涡,将一切并我尽行淹没,口鼻都不能呼吸"③。梦中两股强大的波涛,相互撞击、回旋,形成一种震荡性的体验,也因此引发"我"第一个梦的断裂,将眼前的景象淹没,发生了空间的转场与时间的变化。波涛具有的吞噬性,将"我"和老妇人进行联结,老妇人与"我"都一并被其吞没,梦境呈现出近乎休克的、空白的状态。在老妇人的感官调度之下,唤起"我"自身的心理创伤,也迎来了梦中的第二重场景,子女对老妇人的鄙责。如果联系鲁迅当时的处境,新文化运动落潮、友人相疏、兄弟失和,老妇人对女儿的牺牲却换来女儿怨恨,和鲁迅自身施恩于人却反遭嘲讽具有相似性,正如他在致许广平的信中所写道:"而现在呢,人们笑我瘦弱了。连饮过我的血的人,也来嘲笑我的瘦弱了。"④而在梦中的第三重场景,老妇人置身荒野,当她说出无词的言语时,颓败的身躯再次颤动,"她于是抬起眼睛向着天空,并无词的言语也沉默尽绝,惟有颤动,辐射若太阳光,使空中的波涛立刻回旋,如遭飓风,汹涌奔腾于无边的荒野。"⑤老妇人的颤动与空中波涛,同"我"所看到的第一个场景里的颤动与波涛相互呼应,感知层面的震慑被空白所淹没,我的经验被放大,造成了感受的跌宕,直接造成了现实中的"我"的惊醒。当"我"醒来之后,企图用梦魇切断和老妇人之间的关系,但却要用尽平生的力气才能使沉重的手移开。鲁迅以这种举足轻重的笔法却更凸显了这种经验的强大,进一步为鲁迅经验的投射提供了合法性,老妇人也成为鲁迅自身经验在梦中的具象。

诚然,老妇人能成为鲁迅立人理想的创造载体,除了鲁迅将其自身经验投射于老妇人之外,还离不开这一时期他对于进化论的反思。早年的鲁迅信奉进化论的观点,即随着文明的出现,人的生命力应该越发强韧,在代际之间也应该不断发展与超越、进化的关系。在第一篇白话小说《狂人日记》中,鲁迅将这种创造理想生命形式的希望寄托于孩童身上,拯救孩子是立人思想的结果,也是鲁迅对进化论的认同进而发出的沉重的呐喊与呼救。但在《彷徨》和《野草》中,"救救孩子"的呐喊却受到了鲁迅的自我解构。在小说《在酒楼上》与《孤独者》中,顺姑的死亡、魏连殳被自认天真的孩子所仇视等情节,都隐含了鲁迅对孩子是否可救的怀疑与审视。在《颓败线的颤动》一文里,鲁迅更敏锐地用文字揭示道,随着历史文明不断向前,人的生命力并没有更新,而是呈现退化的趋向,一种与进化论相悖的退化论观点由此显现。

在梦境的开头,年轻的妇人为了求得自身与女儿的生存,选择牺牲自我而委身于"强硬的肉块"底下,用自己的身体和尊严换来了食物,背负了耻辱的身体经验。而第一个梦境破碎,转向在几十年后小屋内的场景,女儿和女婿对于老妇人的怨恨与指责,让老妇人早年的牺牲与爱被耻辱所消解。老妇人作为布施者,对爱抚所保留的期待落空,但也并未绝望,只是口角痉挛,以沉默应对鄙责与怒骂。真正让老妇人感到绝望而决心走出屋子的,是作为后代的无意识发出的一句"杀"。"杀"是孩子在游戏时候随口而出的话,是一种沉淀在民族性格中的文化心理和集体无意识的语言。

文中孩子玩弄着一片干芦叶喊着杀的情节，在鲁迅《彷徨》中的《孤独者》里也有同样的描写，"想起来真觉得有些奇怪。我到你这里来时，街上看见一个很小的小孩，拿了一片芦叶指着我道：杀！他还不很能走路……。"⑥同梦中的老妇人一样，孩子的"杀"成为了魏连殳希望破灭的核心要件，对于孩子的态度也在听到"杀"后发生了转变。原是需要被拯救的孩子，在尚不能完全走路甚至都还不清楚"杀"的语义情况下，却发出了"杀！"的声音。这昭示了传统与历史形塑力量的强大，"杀"是一种浸透着暴力的传统语言表现，也正是鲁迅所要反对的。《狂人日记》延续下来的"孩子是否可以被拯救的"的疑问和思考，在此刻鲁迅以一个"杀"字给予了否定的回答。进化论的逻辑在这里被解构，寄托在孩子身上的希望已然破碎，以孩子作为理想的生命形式愿望落空。老妇人的出走，使她获得了全然的新的生命，代替了年轻的孩子作为鲁迅构想完整生命形式的载体。年幼的孩子与颓败的老人构成对照，呈现出的人的发展，并不是线性的进化，而是一个反进化论的退化过程，文明的发展带来了生命的压抑，文明程度越高，人们的生命力却越萎靡，孩子并没有成为一个理想的，能够承载希望的生命形态。老人的绝望与出走是对"杀"的遗弃，也是对"救救孩子"的质询。

在《野草》的第一篇《秋夜》中，"我"为了躲避令人不安的笑声而逃回了"我"的屋子，走入了令"我"感到轻松与舒适的屋子。而在《颓败线的颤动》里，老妇人则呈现出和"我"相反的行动，选择主动走出了屋子。从躲回屋子到走出屋子，是一个从被动逃离到主动行走的过程，真正令人不安的不是外面的恶声，而是屋内爱的消解和希望的破碎。于是老妇人走出屋子，生命的发展逻辑重新被书写，只得由这颓败的身躯去肉搏虚空中的暗夜。

二、身体的回归

身体的回归是老妇人生命形式得以完整的充分条件。我们的身体长期以来都处于一个被压制的状态。古希腊时期,柏拉图认为,身体是短暂的,而灵魂是不朽永恒的。在漫长的中世纪,人们受到基督教影响,身体的地位持续低下,其主要体现在身体和灵魂、精神的对比中。直到 19 世纪,尼采提出了"身体乃是比陈旧的灵魂更令人惊异的思想","要以身体为准绳"的观点,⑦对身心二元论予以否认,使得西方思想领域中才有了自觉凸显身体意义的线索出现。中国则和西方不同。古代中国以儒家文化为正统,一开始就强调了身与心的统一性,如孔子所说,"食色,性也。""中国文化肯定人的感官欲求,鼓励人们追求现世的幸福,但另一方面,中国文化又对纯自然的感官欲求表现了一定的节制,主要表现为放任人们的食,却压抑人们的性,主要使用的方法,是以伦理道德和政治批判来对人进行约束。"⑧我们的身体,不单只是与灵魂相对的形而下的肉体,而是承载了权力体制和文化传统,见证了社会秩序与伦理的载体。"五四"时期所提出的"人性解放",就是要求承认人的身体性。在《野草》中,鲁迅赋予许多分裂的自我,并尝试赋予他们主体性。在《影的告别》中,鲁迅赋予影子独立的意识,影子想要摆脱"我"的形体从而构建自己的主体性。但鲁迅却抛掷出了疑问:彷徨于无地,在黑暗里沉没的影,自身都无法脱离形体而拥有真正的实体,又怎么完成这一不可能的出走行为呢?仅仅有意识而没有身体来承载的实体,是无法拥有完整的主体性的。影子出逃的失败,意味身体对生命主体建立的不可或缺。在《颓败线的颤动》文本里,鲁迅继续延续着对身体与意识关系的思考。老妇人的身体经历了一个从压抑到显现,最终回归到生命形式自身的过程。

在梦境里的第一重场景,年轻的妇人为求得生存不得不进行卖身行为时,"饥饿、苦痛、惊异、羞辱、欢欣"的生命体验直接伴随着其他身体上的颤动产生。根据马斯洛需求层次,食物属于人第一层的生理需求,而食物需求未得到满足的"饥饿"则是老妇人卖身行为的直接动因;"苦痛"则是由"披毛的强悍肉块"这一恶的力量,对渺小瘦弱身躯所带来的侵害体验。而"惊异"一词,恰恰是解读这种复杂生命体验最关键的钥匙。笔者认为,从"惊异"到"欢欣"并不是一个单向度线性式的变化发展,而是一个充满着复杂性的互动式的动态情感体验。当老妇人颤动停止时,文中对她的外貌做了这样一段描写,"然而尚且丰腴的皮肤光润了;青白的两颊泛出轻红,如铅上涂了胭脂水"⑨。为了自己和女儿生存而卖身的性行为,在妇人认知里是非道德行为,但这样非道德的行为带来的是老妇人面容的改变,呈现出了美的状态。吊诡之处正在于,非意愿行为的性导致了身体的快感。这种性的快感是一种脱离了妇女自身意志的不受控的一种身体行为,即阿伦特所言的"自己跟自己的不一致"。我们可以借此去理解"惊异""羞辱"和"欢欣"之间的关系。此刻妇人的欢欣,不再只是简单地包含了温饱得以满足而产生的欢欣,还包含着一种背离了自己意识的、由身体产生的性快感。当她突然意识到自己身体产生这样变化时,她第一反应是惊异,接着是道德意识带来的无法接受"自己跟自己不一致"的羞辱。这种羞辱既包含了对自己卖身行为的羞辱,也包含着因为这种快感而产生的罪恶意识。对身体的压制使得人正常的性需求无法得到满足,而非自愿行为所产生的性快感却违反了自身意志与伦理道德,身体从压抑到凸显,在老妇人身上充满着羞愧的悲哀,生命意识的跳跃与对自身本能欲望的阻力形成巨大的张力。老妇人的意识显现以后,身体性却消退了,屈辱注满了她的身体。当后代对她进行谴责时,原先的颤动消失了,那些欲望激情也随之消失。这种生命激情的消失,还可以通过"我"所见的场景得以验证,在"我"的第二个续着先前梦境的残梦里,"我"所看到的小屋、瓦松和森林都消失了。这既意味着老妇人的年老与身体的衰退,也是身体欲望的压抑与生命力的消失。

当老妇人走出屋子,走入荒野之中,"四面都是荒野,头上只有高天,并无一个虫鸟飞过"。⑩整个场景充满着一种宇宙洪荒式的荒蛮与混沌,像一个巨大的死亡与末世的场域,而老妇人正是在这样的场景之中迎来了身体的回归。她赤身露体,石像似的站在荒野的中央。赤身裸露是身体本来的形态,当婴儿被母亲带到这个世界上的时候,就是裸露的状态。衣服是文明的象征,当人们有了文明意识之后才开始有了羞耻感,而衣服是遮蔽身体羞耻的最佳的工具,老妇人这里抛去了衣服,选择了赤身,意味着对文明和伦理的抛弃,是对进化论的否定与讽刺,也是一种向生命原始形态的回归。老妇人赤身颓败的身体,此刻不再意味着生命的终结,而是一种新生。当她站在荒野之中,于在刹那间将照见过往的一切,有种死亡之前走马灯的意味。而随后,他将所有对冲的刹那合并:"眷念与决绝,爱抚与复仇,养育与歼除,祝福与咒诅……"⑪这合并起来的曾经对立的过往,此刻相互纵横汇合,就像是一个沉重的十字架,老妇人则像《复仇(其二)》中那钉在沉重十字架的耶稣,这也对应着身处的死亡场域,老妇人在这合并的刹那迎来了新生。从这个意义上说,石像并不是一种静止的、死寂的生命状态,而是一种向着新生过渡的形态,蕴藏着克服死亡的力量。老妇人在这样的死亡场域中恢复了生命本真的形态。原先的刻在身体上的耻辱经验被消退,此刻身体只是属于她自己,在荒原中张扬着新生的生命激情。

在中国的创世神话中,天地之间伫立的本应是神灵,比如开天地的盘古、补天造人的女娲,是整个天地之间的神,也是唯一存在的实体。但文本中,鲁迅塑造的是一个颓败的身体在天地之间,垂死的颓败的老妇人的形象。老妇人在这里被赋予了一种"神"的僭越性,拥有了最贴近原始生命的始祖性质,并用身体和直觉经验去感受世界,使世界也为之震颤。"当她说出无词的言语时,她那伟大如石像,然而已经荒废的,颓败的身躯的全面都颤动了。这颤动点点如鱼鳞,每一鳞都起伏如沸水在烈火上;空中也即刻一同振颤,仿佛暴风雨中的荒海的波涛。"⑫老妇人的身体行为带来的颤动,也引起了整个空间的波动——四周所有的一切也都像鱼鳞的碎片一般地波动,绚丽地交织在一起,整个场面极具画面感。而当老妇人无词的言语也绝尽时,身体还处于颤动之中,这种颤动是身体在巨大的语言冲击后,完全超出了自我意识,是一种喷薄而出的身体经验。这样的颤动由此而引起了旷野上波涛的回旋,具有撕扯静穆的粗狂的美学意味,老妇人的身体也因此获得了原始而野性的力量。

身体的颤动,是一种生命激情的体现,也是对于生命欲望的肯定。生命的原创性的与赤裸的生命的状态,在老妇人身上达到了极致,而身体的回归同时也指向了另一个问题——身体与灵魂要如何在生命形式中达到和谐与统一,这就要涉及言说的问题。

三、言说困境的突破

鲁迅在《野草·题辞》开头写道:"当我沉默着的时候,我觉得充实;我将开口,同时感到空虚。"[13]这句话暗含了整部《野草》写作的意义,也揭示了自身言说的困境,以及生命感知和语词之间的差异。很多蕴藏在自我内部的东西只有在沉默中才能感知,但沉默自身却充满着悖论——沉默固然充实,但人在长久的沉默后,内在自我无从表述的同时,还伴随着言说能力的丧失。言说,是人类生命存在的重要表征,也是我们自我意识的最为主要的表述方式。在《圣经》的故事里,摩西因为自己的口拙而自认为生命是有缺陷的,无法被完整表示的。换言之,如果没有言说,我们的生命形式就不足以完整。持久的沉默会使人丧失言说的能力,使生命陷入失语的空虚和永恒的缺憾。

由此,整部《野草》也可以看作是鲁迅对于言说困境突破的努力与尝试,试图以书写来克服沉默,代替言说,并试图创造一种理想的生命形式。在《野草》里出现了种种冲破沉默的声音:《秋夜》中恶鸟的笑声与"吃吃的"夜半的笑,《影的告别》中出走影子的独白,《墓碣文》死尸的声音,等等。这些声音是由沉默的"我"分裂而成,是"我"所分裂的他者发出的,使"我"产生了一种陌生异样的感受,并被这些令人不安的声音所驱逐。为了克服与超越这些因沉默而造成的令人不安的声音,鲁迅尝试着寻找一种新的方式来突破言说的困境,这种方式就是《题辞》所言的"大笑与歌唱"。而"大笑与歌唱",在《颓败线的颤动》文本中,具象化为了老妇人无词的言语。

无词的言语最早有所迹象表露是在梦境的第二重场景。当老妇人受到子女诘难的时候,她的语言和身体反应趋同一致,是沉默的失语状态。而听到孩子说出"杀"之后,老妇人的口角从"正在痉挛",变成了"登时一怔",这既是老妇人绝望愤怒情绪的体现,又是老妇人即将摆脱失语状态的线索。前面我们分析过,"杀"作为孩子随口而出的语言,显示出语言的暴力已然渗透于历史和集体无意识之中。此刻的失语并不是老妇人不会说,而是她不能也不愿用惯常使用的语言来表述自我,因为一旦说出,自身语言也会被侵入"杀"的血腥,这是鲁迅想要摆脱的有着强大的传统的这样一种话语,是老妇人嘴角的痉挛得以平静的绝望心理表征。直到老妇人走出屋子,走向荒野发出无词的言语时,老妇人的言说才找到了突破口。

当老妇人走进荒野之中,"举两手尽量向天,口唇间漏出人与兽的,非人间所有,所以无词的言语"[14]。两手向天,是类似于一个受难者的姿态,言语从口唇间"漏出",是本能的不受身体所控制的行为,这种本能的行为是出于老妇人内心想要表达和释放被压抑自我的愿望,老妇人自身的意识空间通过"无词的言语"得以被照亮。当老妇人发出了无词的言语以后,这种言语使得荒野摆脱了宇宙洪荒式的混沌,具有一种震慑的、席卷一切的生命能量。一个走到生命末端的妇女在这样的荒原里,却仿佛新生的孩童落地,凭借着生命本能用无法被释义的语言去建立与世界联系,也在表述自我的过程中掷地有声地打开了别有洞天的世界。"无词的言语",首先作为一种言语,是生命意识凸显与自我意志的表现,"非人间所有的"这样的声音是一种不同于传统话语的、发自生命本能而并非人可以理解的语言,是对人的拒绝,也是对传统语言的叛逃。因此,老妇人置身荒野所发出的无词的言语,是更贴近自身生命内部的言语。这样的言语从一个从颓败的身体里发出,是来自生命深处的声音。它具有一种将身体唤醒的神性的超越性的力量,意识与身体两者在老妇人身上得到了整合的可能。老妇人发出的声音超越了《野草》里面的种种令人不安的声音,也超越了《铸剑》中那样戏谑性的、空洞的笑,而是类似于《孤独者》中魏连殳狼一般的歇斯底里的哀嚎,是真正的具有生命本能力量的声音。这种声音真正贴近了人的生存本质和自我的灵魂,具有照亮人的意识的功能,充满了生命的极大欢喜。

言语照亮意识的同时,也带来了新的身体经验。"当她说出无词的言语时,她那伟大如石像,然而已经荒废的,颓败的身躯的全面都颤动了。"⑮言语唤醒了老妇人的意识,老妇人在此刻又恢复了颤动,与自己早些年时的身体颤动相互对应,生命的欲望激情在此显现。这是对屋内嘴角痉挛的无话可说的突破,也是对被压抑的身体性的克服。而当"无词的言语也沉默尽绝,惟有颤动,辐射若太阳光,使空中的波涛立刻回旋,如遭飙风,汹涌奔腾于无边的荒野"⑯。言语已经绝尽,而身体仍在颤动。身体的这种颤动本身也可以被看作是一种言语,是无词的言语的延伸与强化,甚至说,颤动超越了口舌的言说,是比无词的言语更有力的一种身体性的语言。老妇人身体所呈现出的一种颤动的状态,空中呈现的一种波涛的回应,都是对言语的肯定和生命本身的赞同。灵与肉在此刻达到了契合,是这个巨大的并无一个虫鸟飞过的混沌场景之中唯一的生命彰显。

在这样的末日景观里,老妇人作为鲁迅笔下生命形式的载体,通过无词的言语和赤裸的颤动的身体,以自身的颓败与世界的蛮荒相抗衡。这既不是绝望,也不是希望,而是旨归在颤动本身,它超出了虚妄,是一种实在的完整的身体性的反抗。原本化作石像的妇人在此刻拥有了神像的力量,老妇人成为了立在天地之间的一个有着神性力量的普通人,颤动引起了波涛的壮阔与汹涌,四周波涛与老妇人颤动形成冲击性的场面,构成了颓败线的壮烈景观。老妇人的生命形式在其荒野上的无词呐喊之后,得到了完整和谐的统一,成为了鲁迅探寻生命形式、立人理想的重要尝试与创造。

余　论

鲁迅以梦境的形式,将内心的焦虑和欲望投射到老妇人的身上,自身生命体验与老妇人的经验相互交织使自己内心的矛盾具象化,并以进化论的断裂作为老妇人完整生命形态获得的逻辑起点,使得老妇人成为鲁迅对于理想生命形态尝试的载体。当老妇人走出屋子,身体经验被承认,言说困境在荒野之中得到突破,在一个末世的场景里面,迎来了生命的极大欢喜,通过身体性的回归重新拥有了身体,以无词的言语对言说困境做出了突破与尝试,灵与肉的和谐在一个颓败的生命中得以展现。当"我"醒来时,这种完整的生命形式带来的沉重感,被一个梦魇的理由轻轻带过。这也是鲁迅的精彩之处,回归到真实的世界以后,仍旧是生命的压抑与言说的困境,最终这样的一个生命形态也只能是颓败的,以梦境的形式呈现的,在梦魇的震荡之余,又陷入了内心深深的幽闭。但即便如此,这种颤动与无词的言语,这种颓败生命中的生命的张扬,仍然有着波涛般震慑的、强大的能量,是鲁迅探寻理想生命形式的努力,并且和大笑、歌唱一样,成为在虚妄之中的一种慰藉性的构想,为我们提供了一些克服虚妄、探寻希望的可能性。

（同济大学人文学院中文系鲁迅研究中心硕士研究生）

注释

① 弗洛伊德:《"令人害怕的"东西》,《弗洛伊德论创造力与无意识》,中国展望出版社 1986 年版,第 154 页。

②⑨ 鲁迅:《颓败线的颤动》,《鲁迅全集》第二卷,人民文学出版社 2005 年版(以下各卷同,不另注),第 209 页。

③⑩⑪ 鲁迅:《颓败线的颤动》,《鲁迅全集》第二卷,第 210 页。

④ 鲁迅:《两地书》,《鲁迅全集》第十一卷,第 253 页。

⑤⑫⑭⑮⑯ 鲁迅:《颓败线的颤动》,《鲁迅全集》第二卷,第 211 页。

⑥ 鲁迅:《孤独者》,《鲁迅全集》第二卷,第 94 页。

⑦ [德] 尼采:《权力意志》,贺骥译,漓江出版社 2007 年版,第 37—38 页。

⑧ 杨秀芝、田美丽:《身体·性别·欲望》,武汉大学出版社 2013 年版,第 19 页。

⑬ 鲁迅:《野草·题辞》,《鲁迅全集》第二卷,第 163 页。

论鲁迅《野草·复仇》的生命坐标

韦文语

一、"复仇"的生命状态

在《野草·题辞》里,鲁迅已经标示了他自爱的野草的生命状态——在死亡和朽腐中,然而他对此却有大欢喜。生命的大欢喜,是《野草》非常重要的一种生命状态,而这种状态首先是在两篇《复仇》以场面性的文字呈现出来的。

生命的大欢喜,首先是一种生的确证。《复仇》伊始,对人类生理状态的描述,即是一种对生命存活状态的转喻。"奔流"与"温热"意味着流动的和有温度的血脉才能证明人的存在,一旦血脉停息或冷却,人就会死亡。血流作为一种生理现象,具有生命的象征意义。流动与生命是同调的。同时,人体体温过低,就会失去生命体征,因而这温热必将互相蛊惑,是人类的求生本能所致。

然而,生命存在的现实,势必引出生的对立面——死。裸着全身,捏着持刃的二人以静默而永恒对立的状态,取消了附丽于肉体之上的"性"的意味,让"裸着全身"重新复归到生命本真的、原初的存在状态,表达出一种生命原始的肉身存在。这种生的存在,又由尖锐的利刃来阻断。利刃以其杀戮的象征,导向了死的可能。生必然伴随着死,倘若无死,生命同样也失去存在的证明。血,是极强的生命力的隐喻。血作为流动和温热的存在象征,代表了生命最旺盛的情感。但是这血,在确证生命存活的同时,又可作为一种杀戮的灌溉,牺牲的进献,在这个意义上,血恰恰是反生命的。同调于鲁迅在《自题小像》中的表达:"灵台无计逃神矢,风雨如磐暗故园。寄意寒星荃不察,我以我血荐轩辕。"①"荐"就是一种进献,以血来进献所望之物,其中就存在着一种献祭意识,这种进献是以自戕为代价的。这种生命的献祭,或"那鲜红的热血激箭似的以所有温热直接灌溉杀戮者"②,内中又蕴藏着一种向死而生的、对生命超越性的理解,在复仇之中就体现为一种生命的大欢喜。

生命的大欢喜,作为鲁迅《野草》中提纲挈领的重要生命哲学命题,借镜自佛语,体现为一种对生存和死亡的态度。大欢喜,意即死亡的快乐极境。在佛教语境里,这是一种无苦集灭道的、超越悲喜苦乐的空,是无欲无求的圆满状态。在此间存在一种超越生命本身的生存意志,也就是佛家所云的"涅槃"。正如《心经》所阐释的"远离颠倒梦想,究竟涅槃",这种对生命的超脱,反而使得生命的意志成为了一种不生不灭的高悬的存在。放下生命,舍得生命,导向涅槃所暗示的圆满、圆寂,才是个体生命更高层次的生存追求。两篇《复仇》中的角色都以生命的熄灭来实现他们心中的"复仇",因此在这种情境下,才能产生彻底的生命的大欢喜。

《复仇》里,对立干枯的他们俩沉浸在了一种"生命的飞扬的极致的大欢喜"③的状态里;《复仇(其二)》的耶稣,则呈现为大欢喜与大悲悯交织的沉酣。《野草》世界是一个晦暗不明的、摇摆不定的世界,正反映了鲁迅"在明与暗,生与死,过去与未来之际"④矛盾冲突的内心体验,因此他对于生命的大欢喜的探索,也充满了复杂性。

在《复仇》里,"他们俩将要拥抱,将要杀戮"⑤。拥抱指向了爱的情绪,血管中涌动的生意和偎倚、接吻、拥抱的爱之欲望,象征着蓬勃生命的延续;杀戮指向了恨的情绪,是尖锐利刃穿透皮肤的瞬间,是冰冷的呼吸、淡白的嘴唇所彰显的生命力的凝滞。以拥抱象征爱的情绪、杀戮象征恨的情绪,分别可以对应生与死的状态,由此就产生了生与爱、死与恨两种组合的区分。但这种区分也绝非是壁垒森严、不可冒犯的。这其中,又有"倘若"的一重转折,倘若是一种具有不确定性的假设,是对拥抱和杀戮之选择的双重怀疑。

在二人对立的对峙瞬间,爱可能在其中产生,恨也可能在其中产生,生与死状态的呈现只在发动行动的那个片刻得到最终的决断,这种极端的定格是生命本身的凝定,生命意义的消亡,却也隐含着激越生命的延续或停止的可能性。生与爱的状态、恨与死的状态都有可能有结果与展开。

杀戮与拥抱本是由主体——人发出的与生命力相连的同源性动作,是以血为连结的生命的两面。在拥抱和杀戮的两极选择里,选择逐渐确定,然而却背离了路人们所期待的方向,不见拥抱,也不见杀戮。在"将要—这—也不见—毫不见"这串词语语意上的确定性递进中,我们可以看到二人状态的变化,也能感知到两者对选择的逐渐明晰,那便是通过无所作为来复仇。尽管在确定这个复仇结果的过程中,二人不可避免要与眉间尺一般经历一种选择两难的彷徨和软弱,但是,在这种无从选择的静态中,二人却恰好实现了复仇行为的动态转变。此处存在一种对立—临界的交互关系,由无行动的静出发,反而作出了使"鉴赏这拥抱或杀戮"的路人们期待落空的举措,无为的复仇反而实现了有为,成为现在经验下的一种复仇行动伦理。

而肉身的存在由圆活趋于干枯,意味着血液在逐渐干涸,也就意味着生命力的流逝。生命意识是要附着于肉体上的。基督被上帝遣到人间拯救世人,也需要以"道"通过圣母马利亚诞育,是为"道成肉身"。生命的存在需要有形体才能被看见。然而肉体干枯死灭了,生命力也随之消亡,成为陈死人。在无选择的拥抱与杀戮背后,生由干枯流向了死,爱由无为流向了恨。

在《复仇（其二）》中也存在着这样生与爱、死与恨两种生命状态互相流转的情形。耶稣在被钉上十字架的时刻，是"较永久地悲悯他们的前途，然而仇恨他们的现在的"⑥。这种生死临界状态下，耶稣兼有爱与恨的两种混合的情绪。

《复仇》之复仇通过语言结构关系的转折来呈现，《复仇（其二）》则表现为耶稣被钉十字架的行动上的因果。在这种生与爱、死与恨的生命状态的混合里，复仇情绪逐渐产生。

二、"复仇"的生命行为

《复仇》中裸体的二人隔空对立，恰似以一种肉搏的姿态回应庸众，又是一种与自身暗夜的肉搏的心理写照。而这两种面对，都是独立无援的，因为他们身处于广漠的旷野之中。在广漠的旷野中，我们能收获到的是两种经验：一是"心事浩茫连广宇，于无声处听惊雷"⑦，二是"比沙漠更可怕的人世在这里"⑧。广漠的旷野正如一片荒原，包裹着社会，也包裹着个人的精神世界。在这个空间场景里，能感受到的只是充盈的虚无。处于一片荒凉中的二人既要将利刃指向他人（包括彼此），又要将利刃指向自己，更加剧了在荒漠中的孤寂感与撕裂感。同时，在个人的孤寂之外，又呈现出了一种群体性的无聊。

随着裸体两者生命的停格，需要通过肉身承载的拥抱或杀戮的动作再不可能完成，长时间的无所为使得观众倍感无聊。观众的生命行为是附着在"看"这一动作上的。但看无可看，于是就产生了生命活动之空虚与虚无。此时若从"一切眼中看见无所有"，所得见的就是无聊的满溢。通过附着于毛孔的无聊，鲁迅把作为一种抽象情感的存在具体化了，从看客的动作抽象出了无聊的生存经验，对存在的无的本质进行了一种还原。

以毛孔为介质勾连不同的生命体，无聊在此中仍可传播，这说明毛孔作为微小的生理组织，其具有的细微感受性并未失灵，证明了路人们并非绝对的麻木。然而对他人的观看意味着对自身经验的失敏,也就是对个人精神体验的麻木。同时,这种麻木在毛孔中互相钻来钻去,具有群体传染性,也可看作一种集体的社会性症候。

然而,并未失敏的路人依然失去生趣,恰恰说明了路人的看和等待是需要一个结果去负载这个过程的。此处也是希望与绝望的同一:一直在看是渴望有一种变的状态对他们无聊的生命进行扰动,所以等待。无法等到,生命力就在等待中消弭。此外,裸体二人的无为而为也使得需要结果的路人们的看的行为失去了结果,因此产生了一种巨大的空缺感和缺席感。这又与空间的荒原感与时间的消逝感相互印证。

路人在看的同时,反而被他们俩所鉴赏,在观看—被看中,示众关系对调,看客的身份被置换,同时也就造成原有结构的空洞和消亡。生命意义在其中消失,只剩下无聊,并任由无聊爬满旷野,充实着而虚无着。这种被充实抛弃的感受,是现代社会人类的普遍生存遭遇。在这种现代性经验里,时间趋于永久且归零,路人以看的动作、对立的二人以静默不动的姿态献出了他们生命的时间。

永久的静默对立,让行进中的线性的时间链条被凝定了。只存在于某一时段的看的动作的瞬时性被延长,转化为历时性的时间经验,而这种历时性因为无穷尽的重复又被压缩回共时性的某个片刻,瞬间性和历时性的时间经验同步断裂。在此刻和每一刻截取出来的每一个定格都是重复的,这种对峙状态的相同定格产生了一种空白的恐怖,是一种虚妄的状态,也同时对时间的流逝产生一种怀疑。然而,时间的流逝确确实实又通过肉体的变化而得到确认。路人存在的本质就是观看,却在这个时间里转而被看。最终,他们俩用一种"死人似的眼光"去赏鉴路人们的干枯,即是一种报复,以这种静默的反看与反抗的无血的大戮,取消了路人们存在的意义,彰显了一种恨的生命情感。

《复仇(其二)》以人本主义的立场重写了耶稣被钉十字架的

故事。耶稣对上帝"为什么离弃我"的追问，隐含了一种希望的破灭。基督是神和人的中介，然而他却被两者一同抛弃扔入死亡的绝境里，确证了他的孤独处境和被离弃感。被弃绝在两种世界以外，是一种彻头彻尾的黑暗的绝望。但他的死是因对人类的爱，他的痛苦牺牲意味着对人类的爱的拯救，于是辜负了这种爱的人类比放逐耶稣的神更加残忍。在这中间，存在着肉身疼痛经验的悖反书写："痛得柔和"与"痛得舒服"。对于爱着世人的神之子来说，精神上的磨难是重于肉体痛苦的。然而一旦以牺牲为爱换取了对复仇的和解，反而能在精神上达成一种祥和的舒服。他的腹部波动了，产生了"悲悯和咒诅的痛楚的波"⑨，这波是流动的，悲悯和咒诅的痛楚的波从肉身经验流向了精神。肉体向死，精神向爱，基督个人痛苦达成了他对人类依然保有纯洁的爱的反证明。然而，基督死了，还有人来爱人类吗？还有人为之牺牲而虽九死其犹未悔吗？遍地都黑暗了。

对当下具体行为的发生仇恨，这是人性中会存在的感受，因而耶稣也是人子。然而，他依然悲悯他们的前途，对他们的未来予以较永久的关切，这就是耶稣身上更加神性的一部分，基督关爱一切世人的人文精神便蕴含其中。耶稣作为一种具有神意的先知的觉醒的人，以牺牲来爱世人，这是一种无私而纯洁的爱。从神子到人子的身份转变使得耶稣的神圣性似乎脱落了，他的冠冕不再，甚至被戏弄而带上的冠冕也不再，有的是人性对辜负苦难的体验和超越。这个层面上的耶稣，既是人子也是人父，拥有超越复仇的更广博的牺牲精神。他被钉在十字架上，路人意欲观看他的死亡，十字架带来的是痛楚和咒诅的经验，是恨的复仇情绪。然而同时，他的牺牲却带来新的希望与拯救，他的生命经验指向了拯救之成全的大欢喜与大悲悯，也就是鲁迅说的"所以觉醒的人，此后应将这天性的爱，更加扩张，更加醇化；用无我的爱，自己牺牲于后起新人"⑩。这种生命的大欢喜与大悲悯来源于觉醒的人的天性的爱，无我的爱。

鲁迅一向憎恶中国群众的看客心态,曾直言道:"只是这牺牲的适意是属于自己的,与志士们之所谓为社会者无涉。群众,——尤其是中国的,——永远是戏剧的看客。牺牲上场,如果显得慷慨,他们就看了悲壮剧;如果显得觳觫,他们就看了滑稽剧。"⑪因此,他也始终抱持着使看客无戏可看的"复仇"之心:"对于这样的群众没有法,只好使他们无戏可看倒是疗救,正无需乎震骇一时的牺牲,不如深沉的韧性的战斗。"⑫这点一以贯之,他在两篇《复仇》里也都通过示众与观看来结构一种对峙的画面,呈现出对看客的复仇情绪。裸着全身的两人用死人般的眼光拒绝路人观看的期待来复仇;耶稣则以拒绝药酒来拒绝麻痹,通过对疼痛的彻底把握,拒绝表露戏弄者想要看到的状态,以"分明地玩味"和对痛苦的不屑完成了复仇。这两种行为都取消了看客的期待,让观看变得无聊而失去意义,发生期待与现实的错位,从而原有的示众—看客关系被解除,无价值的观看不可能实现。对看客行为意义的解构意味着对看客生命意义的否定,无意义就意味着死亡。此时,只有无聊存在于示众结构中,看客的生命意义被抽空。

《复仇(其二)》里,耶稣的牺牲行为本身就是具有拯救性质的,于是路人的观看行为从惩罚变为"被施救",获得耶稣的大欢喜与大悲悯,"看"的意义自然被消解。

《复仇》里,在无时间经验存在的广漠旷野中,反鉴赏的裸体二人毋宁也落入了虚无。看客被囚禁于看的动作中,他们也被禁锢在了这种复仇里无法抽身,这也是复仇的悲哀。复仇者先是被看,又被看客遗忘与遗弃,复仇者获得了一种与《铸剑》中三头共煮、同归于尽的复仇快意,又有着面对看客必然的失败和无效、无意义。当复仇者抛去肉体选择复仇,他们发现了有的虚假——无聊是有,但是这种有的意义是虚无的、指向消亡的。而对立的二人肉体的毁灭带来了无功利的纯粹性的死亡感受,也许是一种生命的升华，最终他们在赏鉴背后留存的只是对于生命的感受——永远沉浸于生命的飞扬的极致的大欢喜中。

三、"复仇"的生命坐标

两篇《复仇》，共同呈现了生与死、爱与恨的两种状态、两种情绪，一共有四个维度的可能性。

"然而他们俩对立着，在广漠的旷野上，裸着全身，捏着利刃，然而也不拥抱，也不杀戮，而且也不见有拥抱或杀戮之意。"[13]在这里，或生，或死，或爱，或恨，发生的可能性是完全对等和均匀的，然而主导着一切发生的，却是他们二人终极的复仇意向。于《复仇》中对立的二人来说，他们把对立的静止状态呈现为绝对，把生的动态彻底阻断。然而那死人般的目光，却是他们各自生命力依然存在的不起眼的注解。他们无需接触，已然能确证彼此的生存，这和涌来观看拥抱和杀戮戏的路人们决然不同。看客如槐蚕般密密层层地涌来，因此难免受到"以这温热互相蛊惑，煽动，牵引，拼命地希求偎倚，接吻，拥抱"[14]的无意识侵入。保持具有亲密性的社会关系，这是人在文明社会中生存的切身需求，如此方能确证自己的存在。然而，生命的大欢喜是指向个人最终极的生命体验的。这种集体性的蛊惑骚动势必无法走向真正的生存意志，因此路人们会沦陷于一种集体性无意识的庸众状态中，导致集体性的精神死亡。《复仇（其二）》的耶稣，在面临着生与死的临界一刻，爆发了对人的咒诅，然而又以悲悯的心施与人类最后的拯救。生、死、爱、恨，缠绕在两篇文本中，缔结着"复仇"的复杂性。

在两篇文本里，本来作为对立的两极的生与死，却被同质化了。生存，在生命力丰盈的时候是感受不到的，一旦感受到了生，同时也就意味着死亡即将来临。这里要延伸到《复仇（其二）》的复仇之后的故事，也就是基督的复活。复活是对死亡的归零，又是对生的还原，否定死的同时，也肯定了先有死才有复活。同时，这也确证了曾经的生和当下的生。死亡是对生的还原,生也是对死的还原,这种无限的叠套让生命趋向了一种永恒轮回。《复仇》则更近似一种死的本能,通过趋向绝望毁灭的内攻性冲动来达成对生命力的释放。生命的意义不在于简单的生下来,活下去,也就是说存活不是生命的真正意义,或者不是唯一确定的重要指标,生命之歌的最终华彩在于欣然领受必将死亡的命运,但无畏于这种命运,反而对峙于荒野之上,执枪对立,默然不语,却大笑与歌唱或无惧于刑罚的疼痛,依然保有对人类命运的悲喜。这才是面向死的、生的超然卓绝的大欢喜,一种真正的生命的涅槃。

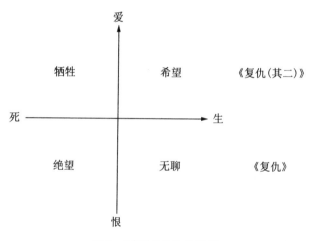

图1 "复仇"的生命坐标

同时,爱与恨也是异构而同质的。既无拥抱和杀戮之意,那么,在这瞬间一动的未发生的静止状态里,爱与恨就永远等同;在《复仇(其二)》里,耶稣对现在发生时的行为是持着人类的憎恨态度,然而对于人类的总体命运依然持有一种崇高的爱,这两种生命情感是并行不悖的。正如鲁迅所言:"因为人在天性上不能没有憎,而这憎,又或根于更广大的爱。"[15]

　　于是,两篇《复仇》里,生、死、爱、恨都各有自己静止的画面呈现,也有动态的转化和流动,而这复杂的变化正缔结了其中生命的本质所在。复仇毋宁是一种对虚无的绝望的反抗,然而底色和出发点其实是爱的牺牲与希望。

　　由此,就可以建立一个有关于《野草》之"复仇"的生命坐标系。以生命为原点,纵轴标示着生命情感的爱与恨,横轴标示生命状态的生与死。用爱、恨、生、死四个向度解析鲁迅的复仇命题,将与之有关的两种生命行为"无聊"与"牺牲"置入其中,那么,这四维的流动就构成多种可能的生命体验,耦合着希望与绝望的两级关系,可以展示复仇的发展变化过程。

　　《复仇(其二)》的总体情感是趋于"生—爱—死"的正极的,《复仇》则倾向于"生—恨—死"的负极。复仇的起点或是在爱,或是在恨,终点在生或者死,都体现了一种矛盾的极端对立,也是整个《野草》世界充满张力的各种悖论的所在。

　　在生命动态流动的可能之内,《复仇》《复仇(其二)》也已经在这个坐标内为我们提供了相对稳定的四组公式。第二、四象限提供了生命行为的配对:生与恨的组合,是《复仇》的无聊;死与爱的组合,是《复仇(其二)》的牺牲。第一、三象限,则提供了生命状态的最终结果:生与爱的组合,是基督拯救的希望;死与恨的组合,是路人无聊的虚妄。

　　《复仇》中路人的生命状态与无聊状态同构,最终埋没在一片虚妄之中。在无聊的背后,是一个观看生命意义被取消和生命最终消亡的无意义过程。对立二人的无边静止,是人生超越无聊的大欢喜的状态。

　　《复仇(其二)》里既大欢喜又大悲悯的矛盾情绪也可以借此得到解答。在生命坐标的流动里,一方面,有基督对肉身经验的解放;另一方面,则是其对精神经验的超脱,是肉体到精神的演化,也是欢乐与痛苦的生理经验和精神经验的双重映射。最后,以肉身的献祭达成对人类"复仇"之牺牲的爱的奉献后，又以深渊中得拯救的生命意志的复活，带给人们以新的希望。

两篇《复仇》之后，就是《希望》。如果经由复仇，"过去的生命已经死亡"，而鲁迅依然"对于这死亡有大欢喜"，那么，在这个生命坐标的轮转中，也许是《复仇》与《复仇（其二）》在生命情感上的互相确认。"绝望之为虚妄，正与希望相同！"⑯

因此，回到《野草》的生命主题，在复仇中的死亡是一种生存的反证，是死灭后对生之实存的肯定与认知。从肉身感受的沉酣到抛去肉身的寂灭，生命感受由飞扬而极致，正如野草的大笑与歌唱。这是对生命力的极致的表现，也是对复仇之无聊虚妄的解码。对生死有无的超越和对生命问题的指涉与爱恨关联，两篇《复仇》借此完成了一种超越于在世生命的一种大欢喜的生命观。虚妄在这里，希望也在这里，生命意志在轮回中真正得以完成生命的终极体验，永远得以沉浸在生命的飞扬的极致的大欢喜中。

（同济大学人文学院中文系鲁迅研究中心）

注释

① 鲁迅:《自题小像》,《鲁迅全集》第七卷,人民文学出版社 2005 年版（以下各卷同,不另注）,第 447 页。

②③⑤⑬⑭ 鲁迅:《复仇》,《鲁迅全集》第二卷,第 176 页。

④ 鲁迅:《题辞》,《鲁迅全集》第二卷,第 163 页。

⑥⑨ 鲁迅:《复仇（其二）》,《鲁迅全集》第二卷,第 178 页。

⑦ 鲁迅:《戊年初夏偶作》,《鲁迅全集》第七卷,第 472 页。

⑧ 鲁迅:《为"俄国歌剧团"》,《鲁迅全集》第一卷,第 404 页。

⑩ 鲁迅:《我们现在怎样做父亲》,《鲁迅全集》第一卷,第 140 页。

⑪ 鲁迅:《娜拉走后怎样》,《鲁迅全集》第一卷,第 170 页。

⑫ 鲁迅:《娜拉走后怎样》,《鲁迅全集》第一卷,第 171 页。

⑮ 鲁迅:《〈医生〉译者附记》,《鲁迅全集》第十卷,第 192 页。

⑯ 鲁迅:《希望》,《鲁迅全集》第二卷,第 182 页。

论鲁迅《过客》中的"知—行"困境

杨弋雯

《过客》是在《野草》里拥有多重阐释空间的一篇,过往有诸多学者,从"自我/他者","布施/感激"和"反抗绝望"等多个角度进行过阐释,在此就暂先悬置。笔者试图从《过客》本身的文本空间和形式内发掘出不同的阐释空间,再连缀到整个《野草》的文本空间,以此进入鲁迅缠绕的灵魂和幽微的内心深处,去发现一个更为复杂真实的鲁迅。笔者所想讨论的,是进入《过客》文本的人物以后所必然面临的一个境遇——知行合一的困境,这种困境无论在过客还是老翁、小女孩身上皆有体现,而放眼《野草》,鲁迅笔下的人物也常常遭遇这个困境,并徘徊其中。于是,笔者将在文本细读的基础上,提取"知行困境"的命题并进行阐释。

一、《过客》文本里的知行困境

《过客》是整本《野草》里极为特殊的一篇——唯一"诗剧"形式的存在。诗剧作为戏剧的一种,其中作为媒介的语言和作为模仿方式的人物动作必然是其重要的形式要素,故《过客》中,除去对场景的描写以外,余下皆为人物之间的对白和对人物动作的描写。语言往往指向认知和思维,动作则是人物的行为,也就是说,在这样的诗剧形式里,人物的知与行之间似乎注定有一种隐含的分裂,而这些裂缝皆可从文本里寻找到踪迹。

故事一开始,首先出场的是老翁和小女孩,在他们身上,知与行的矛盾已然初现端倪——老翁似乎知晓一切,却毫无自主行动的能力,连站起来都需要小女孩"搀起",进屋也需要小女孩"扶进去";小女孩对未知充满好奇,身上充斥着"知"的渴望,她拥有行动能力,而她的行动却要受限于老翁的认知,小女孩不断地提出"看一看"的渴望,老翁不断劝她放弃"看"选择"进屋",所以她也无法独立按照自身想法行动。在接下来出场的过客身上,这种知与行的困境则在他身上体现得更为明显了:作为一个一直在行走的过客,他对自己的出发点和目的地全然不知。老翁问过客从哪里来,他回答说"我不知道。从我还能记得的时候起,我就在这么走"。后又问他到哪里去的时候,过客的回答依旧是"我不知道。从我还能记得的时候起,我就在这么走,要走到一个地方去,这地方就在前面"①。持续的行走由此变成一种荒诞的生存经验,行走的意义也被终点的空缺所取消了。人往往是先产生想法和认知,再付诸行动,如果缺失认知,行动就变成一种漫无目的的机械运动,也就是说,对于并不清楚自己行动目的的过客来说,他只有"行",而"知"却缺位了。

故事继续推进,亦可以看出,这种知行合一的困境在过客身上体现得最为深刻。在他身上,认知上的愿不愿意和是否付诸行动常常无法统一,他知道自己"血不够了",因此认知到自己如果要继续行走"要喝些血",但是在行动层面,他只讨要了水,以至于自己"血里面太多水"而力气稀薄。而那个召唤过客前行不息的超验的声音,每每在过客想要停滞的时候就会响起,斩断过客停滞过久的可能性,促使过客听从这个声音继续行走,也就是说,此刻过客达到了"知行合一",而这种"知行合一",却并非过客自己的认知和行动的统一达成,声音是一个异己的存在,一个高于过客意志的超验的存在,就如同齐泽克所说,"声音具有破坏性的力量,言词的到来打破了人性动物的平衡,并使他沦为一个荒谬的、无能的形象"②,声音的引导性加剧了行走的荒诞,其异己性又取消了过客的意志,消弭了过客持续行走的主动性,故听从声音召唤而持续行走所达到的"知行合一",对于个体来说,只是一种自愿走入的海市蜃楼般的幻觉——"知"与"行"达成一致的时候,"知"却并非受个体自身所控制,行动非但没有缩短人与认知的距离,反而显得知行缝隙越大。每当过客陷入"沉思"的时候,实际上也是过客本人的意志试图显形的时刻。之所以说"试图",是因为"沉思"并没有在现实层面带来结果,因为这种沉思却总是被声音所打断,也说明沉思并不能决定过客是否能行动。而对于行走来说,沉思这种理性的认知并不能为行动提供动力,反而是一种"阻滞"——过客每次停顿,都是因为个人意志试图显形的"沉思"的产生。这也昭示着知行困境的存在。如果自身的意志并不能支撑自身的行动,那么知与行俨然是分裂的。包括后来过客接受小女孩的布施时,依然身陷这个困境:过客清楚地知道,接受他人的布施对自己并没有什么好处,只会阻碍自己继续行走,于是想要把布片归还给小女孩,但是归还却失败了。在文本层面,过客只有"接取"小女孩布片的动作描写,而没有"归还"的动作描写,只有一个暧昧不清的"将腰一伸"的动作,并非像"接取"一般明确,也就是说,"归还"在行动层面上是彻底不成立的,与过客的想法相悖,"知"与"行"的统一在此刻遭遇了纯然的失败。在老翁对过客提议"休息一会"时,过客的回应是"我愿意休息。但是,我不能……",也说明了愿不愿意和能不能,本来就是两个层面的问题,时常会遭遇矛盾——这也是知行合一困境的体现,认知和行动之间的裂缝之大,以至于能导向两个全然不同的方向和结局。直到故事结尾,过客激昂说出"然而我不能"后继续行走,看似奔赴使命,献身于无尽的"行"当中,实则这样的行走听从于声音的召唤,因而无法从过客自身的认知中找到认同,所以他身影变得"踉跄",夜色跟在他后面,昭示着行动徒然的结局。

二、"知"与"行"后怎样：鲁迅对求索性的怀疑

对于"知行合一"的困境，可以拆解为"知以后怎样"和"行以后怎样"来看待，"知"以后，是否能付诸行动呢？会不会像老翁一样，全知以后却已然丧失"行"的意志？那么对于"行"来说，行动以后，主体是否能意识到这个行为是否与自己的认知相匹配呢？会不会像过客一样，行走并非是自我选择的结果，而是声音的驱动呢？在这些问题背后，其实隐含着鲁迅对"求索性"的怀疑，这种怀疑，笔者则认为指向这两个问题：你的行为到底能不能为你的意志负责？你的认知有没有承担起行为的意义？而在《过客》这篇鲁迅带有生存论意味的诗剧里，答案似乎是否定的。

谈起"求索性"，就不能不想起屈原的"路漫漫其修远兮，吾将上下而求索"，在《彷徨》中，鲁迅也将其引为题辞，对于"五四"一代青年来说，这句话就如同背负的使命一般凌驾于每个人的肩头——前朝已然崩塌，而未来依然未能明晰，所有的道路，都要靠自己去求索。鲁迅作为先驱者，必然会面对这种求索的境况，然而鲁迅的态度是怀疑的：求索是否有可能？正如在"知"与"行"巨大的裂缝之间，是否存在一条确切的道路来衔接两者？鲁迅本人亦对"道路"保持怀疑态度，也不愿做引路人，在《写在〈坟〉后面》中，他说道："倘说为别人引路，那就更不容易了，因为连我自己还不明白应当怎么走。……我只很确切地知道一个终点，就是：坟。"③《过客》里讨论的也是这个问题，只不过这种对于求索的怀疑，则更多地指向生命内在的彷徨和存在的困境。《过客》里的路也是可疑的，它是一条"似路非路的痕迹"，是暧昧的存在，一种人力和自然力相互作用的混沌结果，过客走在路上的身影，也是"踉跄"的，于是"路"和"行"都变得可疑起来。

"求索"——首先要有物可求，正如"吾将上下而求索"预设了一条必然会存在的道路、一种可延续的行为和一个终将光明的前

方。关于"前方",鲁迅在《呐喊·自序》中说过"希望是在于将来,决不能以我之必无,来折服了他之所谓可有"④,说明对于鲁迅自身来说,他不曾相信过前方的"光明"和"希望",但又因为未知的不可验证而对"前方"保持一种怀疑的态度,在《过客》里,他转向自身精神的内部,再次面对了这个"前方"的问题。过客行走的前方是"坟",对于过客来说,这是已知的,他想要知道的是"走完了那坟地之后呢?"也就是说,"坟"并非过客求索的终点。但是对于人的存在来说,"坟"是每个肉身的终点,坟意味着死亡,死亡是一个必然到达的终点站,人的有限性就是人的有死性,人的肉身永远也无法超越无限的时间,那么"坟以后是什么"就变成了一个不可能被验证的问题。也正因如此,过客"求索"的意义被取消了——唯一的、确定的行走的终点是"坟",而"坟"并非过客所求,那行走这个行为指向了一片虚无,正如鲁迅在《致许广平书信集·二》中所说"因为我终于不能证实:惟黑暗与虚无乃是实有"⑤,死亡的必然使得死亡成为一种"实有",它是始终高悬在人类头顶的恐惧,而死亡给人带来的真正可怕的东西,实则是认知到死亡的注定,却无法认知到死亡的实质所衍射出的人的生命存在的虚无嫌疑。对于过客来说,"坟以后是什么"是一个意志上的、形而上的问题,关涉"知"——而这个问题,也只能在逻辑和认知层面存在,在肉身和实存层面,也就是"行"的层面,是无法存在的,就算坟之后、死亡之后依旧有什么东西存在,对于已然泯灭的肉身来说,这种存在是和肉身脱离的,永远只能停留在逻辑的推测,而变得可疑。由此,在过客这里,问题不可能得到答案,答案无法验证,"知"与"行"之间的裂缝,永远也无法弥合。

那如果无物可求,那求索的意义又何在? 按照大多数人对于鲁迅"战士"形象的理解,恐怕会把过客行走的意义赋予到行走这个行为之上,正如通常所说的"反抗绝望"的哲学一般,认为过客的行走具有尼采式的"超人"意志,"'过客'孤独而执着地朝前

'走',他仿佛被一种声音所招呼、吸引。无论承受多么大的苦痛、艰难,也绝不停止自己的脚步。这恰好是'超人'式的精神体现"⑥。诸如此类论述,认为过客明知前面是"坟"也要继续行走,身上具有一种"明知不可为而为"的精神,但是这种说法成立的前提是,过客是主动"选择"行走的,"行走"本身就是他的意志。而在《过客》的文本中我们可以发现,"声音"才是推动行走的主要因素,"声音"对于过客来说是强烈、不可忽视、难以违逆的存在,取代了自身的意志,使得他的"行走"成为可能——也正是这个"声音"的存在,让"行走就是意义本身"这个结论变得脆弱起来,"行走"依靠"声音",自主性和持续性都变得可疑,那么何谈"意义"?因为意义是对于过客本人来说的存在,是过客认知层面的经验。更何况,这个超验的声音,虽然在过客的内部回荡,却似乎超然世间,笼罩一切——因为老翁也可以听到这个声音,而这个声音的外在维度又缺少实在性和现实经验性,那么这种声音的存在似乎就和时间一样,变得不可逆、不可超越,声音又召唤着过客走向坟,那么在这个声音背后,是否有一种死亡趋力存在呢?如果声音是死亡的诱惑,那便可以说,"声音"取消了"行走"的意义,使得《过客》的落点依旧是一片虚无,正如跟在过客后方的大片夜色,吞噬一切。

至于此,我们可以在对求索性的怀疑和"惟黑暗和虚无乃是实有"背后,窥探到鲁迅在"启蒙""革命"和"战士"这些宏大名词背后幽微的内心,看到那个不相信希望正如不相信绝望,怀疑一切的鲁迅——知以后怎样?行以后又怎样?这可能也是鲁迅在面对知行困境后,最想追问的东西。

三、知行困境在《野草》中的弥漫

《野草》所反映的是鲁迅的精神境况,指向鲁迅幽深的灵魂深处,那些在存在论意义上困扰鲁迅的问题,也都在文本中浮现出来，"知行困境"就是其中之一，它犹如幽灵一般徘徊在《野草》的场域里，时而不自觉地缠绕在文本的人物身上，彰显出这种困境的无法回避。

开篇的《秋夜》，"我"的行为和"我"的认知就出现了分裂，"我"嘴里发出了"吃吃的笑"，"我"却不知道自己发出了声音，声音仿佛具有了自我意识——独立于"我"的意识之外，成为一种异己的存在，于是，"我"发出笑声的行为就和"我"的意志相割裂了，行为不受意愿所支配，跑出了"我"的理性意志和生命经验，这难道不是一种"知"与"行"的割裂吗？在认知到这个笑声来源于"我"之后，"我"反而越发感到不安，以至于被"驱逐回房"，这说明背离意志的行为会在理性认知到这种"背离"后而变成一种困扰主体的存在，某种程度上，这也是知行合一所面临的另一层面的困境。在《影的告别》里，"影"所表达的意愿是非常强烈的——"有我所不乐意的在天堂里，我不愿去；有我所不乐意的在地狱里，我不愿去；有我所不乐意的在你们将来的黄金世界里，我不愿去。"⑦高呼"我不愿意"的影子传达出来的是一种选择的意向，也就是一种自由意志的意向，然而这种意志却永远不可能在现实和行动层面达成——首先，文章开头就说明了，影来告别的时候，作为有形存在的肉身是沉睡的状态，无法做出现实层面上的经验性的行动，所以"影的意愿"实则是一种意识对肉身的背叛，这本身就是一种知与行的分裂；其次，影子本身就是一个悖论性的存在，作为影子，想要独立于肉身之外做出选择是没有现实可行性的，影依存于肉身实存，没有有形的肉身也就没有影的存在，无法摆脱肉身是影的宿命，影只能在意志层面做出选择，在行动层面，影只能跟随形体，在这一层面上，知与行也无法合一。而在《墓碣文》里，欲知"本味"的墓中人"抉心自食"，却依旧不知本味，便以为是"创痛酷烈"和"心以陈旧"⑧，才食之不知本味。然而事实是，生命之痛就是生命的本味，没有痛楚也就没有本味——这里也就出现了另一层面的知与行的分裂：行为的结果已然是对意愿的回答，而理性上却认知不到答案，"欲知本味"因为这种认知上的隔离而变为不可能，"抉心自食"的行为也随之失去意义，"知"与"行"之间的裂缝，也因隔离的存在而变得不可弥合。《死后》则是知行困境体现得最为明显的一篇，在《过客》中未能解决的"死以后是什么"的问题，鲁迅在这一篇里用梦境对这个问题做了一种预设的回答。在《死后》里，因为肉身失去生命力，而意志却还存在，所以所有意愿和意志的冲动全都无法达成——肉身已经无法响应意志的呼唤，行动已然无法对认知产生回应。而文中"我"唯一做出现实层面的动作的时刻，是从床上坐起来——实际上也是"我"从梦中醒来，并非是肉身突破限制响应意志的表现。而梦醒之后，往往梦中的意志也会随之消散，文章到此结束，那个梦中的"我"的意志也消失不见了，这说明"知"与"行"始终还是无法同频，亦点出了人们所面对的知行困境的两种境况：一为在拥有清晰意志和冲动的意愿时并未拥有行动能力；二为拥有了行动能力后，却陷入认知的茫然。

四、结语：永不弥合的裂缝

在笔者看来，知与行的困境最终指向的还是一个肉身性的问题，抑或是说一个存在论意义上的问题。肉身因为其现实实存性，往往是沉重的、受束缚的，要受到诸多规训；而认知却是自由且毫无边际的，也是人的复杂性的来源，这就导致两者在面对现实生活的复杂境况时，势必产生矛盾。在鲁迅那里，这个问题似乎要更为缠绕，意志会背叛肉身出逃，认知也会和行为发生断裂，甚至有行为在在场的现实层面吻合了主体的意志，主体却无法认知到的境况，以至于鲁迅的生命经验和写作中，出现许多彷徨和出离的时刻。除此之外，更多的则是认知和行为的不匹配，意志是一回事；行为又是另一回事，甚至人们原本以为"自觉的"的行动也并非是自己所选择的结果，一如过客的行走。而在现实中，知与行的分裂往往也从人性的幽暗逼仄之处产生，人们才会在这种知行困境中困顿迷茫。那么，这种困境是否有一个一劳永逸的解决方案？笔者想，答案必然是没有，失去意志的肉身也会失却行动的动力，而失去肉身的意识，也没有行动可以依存——知与行之间的裂缝也会永远无法弥合。

当然，也正是因为肉身的有限和繁复，才突出意志的轻盈，知与行的裂缝，也给予人的存在更多可能，所以知行无法合一是一种困境，而非绝境，困境就代表着可能性的存在。知与行之间的裂缝，造就人性所必然面对的困局，而在这种困局中，人们会关照自身，反思存在，从而磨砺出思想的光芒，对于鲁迅来说，写作未免不是突破知行困境的尝试，在文本的空间内，写作的行为和意志达成了某种统一——笔者想，这也是我们如今依旧能超越时空局限，从鲁迅先生笔下，从《野草》的幽微中获得一种精神上的启明的缘由。

（同济大学人文学院中文系鲁迅研究中心）

注释

① 《鲁迅全集》第二卷，人民文学出版社 2005 年版（以下各卷同，不另注），第 194 页。

② ［斯洛文］斯拉沃热·齐泽克：《享受你的症状》，尉光吉译，南京大学出版社 2014 年版，第 3 页。

③ 《鲁迅全集》第一卷，第 300 页。

④ 《鲁迅全集》第二卷，第 441 页。

⑤ 《鲁迅全集》第十一卷，第 467 页。

⑥ 王学谦：《"寻梦者"的创造、超越之旅——鲁迅〈过客〉与尼采的超人哲学》，《华夏文化论坛》2018 年第 1 期。

⑦ 《鲁迅全集》第二卷，第 169 页。

⑧ 《鲁迅全集》第二卷，第 207 页。

21世纪上海鲁迅形象的重构

曹晋源

一、新时期上海鲁迅形象重构的准备工作

在新时期以前,已有大量的回忆鲁迅在上海的文章,多为鲁迅先生的亲友、同事、熟人所写,如许广平、周建人、茅盾、内山完造、高良富子等。这一系列的文章,在高方英《回忆鲁迅在上海资料概述》一文中有详尽列出,分为日常生活、社会生活、美术生活、文学活动四个部分。[①]这类文章的意义在于,为研究在上海时期的鲁迅提供了一手资料,但其性质仅仅是对鲁迅先生的意愿性记忆,还未将上海鲁迅形象作为对象处理。

及至新时期,随着鲁迅研究的自觉发展和中国文论外部研究的转向,还有"上海学"[②]的兴起,鲁迅与上海的关系开始受到学者的关注、研究。这种对于城市与主体的研究工作,实质可以看作为21世纪上海鲁迅形象重构的准备工作。因为形象的重构有赖于认识的建构,而认识的建构起源于主客体的互动互构:"认识起因于主客体之间的相互作用,这种作用发生在主体与客体之间的中途,因而同时既包含着主体又包含着客体。"[③]也就是说,让主体(鲁迅)和客体(上海)互动可以"生产"出对上海鲁迅形象的初步认识,为鲁迅形象在现代上海城市文化中的生成提供必要而充分

的前提。

首先是史料的搜集与考证。我们可以发现孙慎云、龚济民、禹云海所编的《鲁迅在上海》一书④,是较早将鲁迅与上海联系起来作为书名的史料丛刊。同时,上海鲁迅纪念馆也开始发行《纪念与研究》的第一辑。⑤这样的系列刊物的出现,意味着学界开始将鲁迅在上海的一些史料、资料进行有意识的整理,为接下来的鲁迅形象重构工作打下基础。

随着研究的深入,学者们注意到了上海的城市地理与鲁迅的关系,这方面的研究结果有:上海鲁迅资料馆在1981年发行的《鲁迅在上海活动旧址图集》⑥,周国伟与彭晓所著的《寻访鲁迅在上海的足迹》⑦,这两部属于专著性质的书籍作品。另外当时上海鲁迅纪念馆的凌月麟也接连在《社会科学》《上海师范大学学报》(哲学社会科学版)发表对鲁迅在上海的活动场所、寓居地、避难地点的调查研究,也有人考证鲁迅为什么要定居上海。⑧这类关注到上海地理中鲁迅形象的文章、专著,为以后研究城市空间与鲁迅形象的关系,甚至是鲁迅形象在上海城市文化中的生成,起到了不小的作用。

进一步地,鲁迅在上海各个场所、各个时期的活动、交游也得到了关注。对于鲁迅在上海的活动,研究者们所感兴趣的是他在上海时期的美术活动、观影活动以及编辑出版活动,比如周国伟所写的《鲁迅与画展——鲁迅在上海足迹寻访之一》⑨,陈卫平写的《论鲁迅的电影眼光》⑩,以及张辉学所写的《鲁迅编辑出版活动及其思想》⑪。至于鲁迅的交游,则集中于鲁迅与左翼文人、共产党人、上海知识分子、日本友人以及他与青年人的交游,如段国超写的《鲁迅与胡风》⑫,周国伟所写的《鲁迅与日本友人——与紧邻山本初枝、木村重、浅野要的友谊》⑬、姜德明写就的《鲁迅与萧红》⑭,还有丸山升的《关于三十年代的鲁迅与有些青年文学者之间的关系》⑮等文章。这类研究,较之以往有专门化、细致化的进步,只不过这种关注并没有把人的空间和人的言语行动联系起来,因此略微有失于表面。

同时,鲁迅在上海时期的创作也作为研究对象得到注目,如聂运伟在《湖北大学学报》(哲学社会科学版)所刊登的文章《〈故事新编〉研究札记》[16]便注意到了鲁迅创作《故事新编》后五篇时文化心态的变化,但可惜限于篇幅并没有深入探讨上海文化语境如何带给鲁迅文化心态的转变。其他也有对鲁迅后期杂文、书信的研究,但都未能从上海文化语境、上海的现代性等角度去探讨。

此时期最为深入的是对鲁迅在上海时期的思想研究,显示出思想界、文化界对于鲁迅晚年在上海的思想转变的重视。如朱存明的《论鲁迅的神话观》[17]让鲁迅的神话思想在《故事新编》及一些杂文、学术著作中显示出来。王彬彬的《鲁迅晚年的"姑活"心态》揭示鲁迅在沪期间,是以一种"赖活不如好死"的态度去工作、"战取",即所谓"绝望的抗战"。[18]又如王锡荣的《鲁迅知识构成的历史与特点》[19]将鲁迅在上海时期的知识构成历史以大更新阶段和最后定型阶段去概括,注意到了鲁迅在上海时期的思想与知识构成的变化。吴俊的《鲁迅的病史与暮年心理——鲁迅个性心理研究之一》[20]则别具一格地从病理方面关注鲁迅在上海时期的思想状态变化。不过,更值得关注的是复旦大学陈鸣树的《鲁迅:上海时期的社会思想》一文。这篇文章意义重大,陈鸣树先生在此文中直截了当地指出"三十年代的上海对研究中国人的社会心理极具典型意义"[21],注意到了上海作为现代化都市最突出的代表是观察城市人性百态、现代性异化、东西方文化矛盾的最好窗口,并且将鲁迅的社会思想和文化批判与当时上海的社会现状、文化空间联系起来,是21世纪上海都市语境下鲁迅形象重构的先声。

经过梳理,我们会发现新时期这一阶段,受文化转向、"上海学"的影响,经鲁迅研究者、鲁迅研究机构的自觉努力:通过鲁迅与关联概念的比较(各种《鲁迅与××》的文章),通过搜集、考据所有与晚期鲁迅形象相关的主题(鲁迅晚期的足迹、思想)来对上海鲁迅形象进行限制、概括、分类,由"鲁迅在上海"提取出"在上海的鲁迅",使得上海鲁迅形象在研究者的视域下形成了一种初步的认识。之所以说这种认识是初步的,是因为研究者们还没有完全受到现代上海都市这一客体的影响,把上海城市文化中的鲁迅还原出来,还没有把握到上海城市文化的语境、空间对鲁迅的感染,这一切都要等待 21 世纪以后对现代上海城市文化下鲁迅形象的持续建构。

二、21 世纪上海鲁迅形象"语义域"的"锚定"

21 世纪以来,因为有了新时期对鲁迅与上海关系的研究基础,并且也因为上海在中国现代化进程中由改革开放最初 10 年的"列车尾灯"㉒到改革发展中心和"龙头"的地位变化㉒,使得以往主体(鲁迅)和客体(上海)互动融入了研究者自身对现代上海、对上海鲁迅形象的经验感受,这就意味着上海鲁迅形象的认识建构达到了更为复杂、深刻的层次:既包含研究者(主体)与上海与鲁迅关系(客体)的互动,也包含了研究者(主体)与鲁迅笔下的上海(客体)与现代上海城市文化(客体)与在上海的鲁迅(客体)的互相作用。并且,研究者们推动了城市史、城市空间与鲁迅的日常形象、职业形象和政治形象间的关系研究,注意到了上海鲁迅形象与日本、北京、广州几个不同时期鲁迅形象间的同一性和断裂性。这说明,21 世纪的上海鲁迅形象重构,是通过更深层次的主客体相互作用的认识建构和更为系统性的阐释工作,从而使得上海鲁迅形象具有了自身的"语义域"㉓:现代上海城市文化中的鲁迅形象得以被析出、定义,其具有的多重语义和身份得以聚合。

这种工作较早地开始于对租界上海中的鲁迅形象的探讨,如李永东的《人与城的对话:鲁迅与租界化的上海》一文,其中提到"城市文化精神塑造着市民的生活世界,同时,市民的行为风范、日常起居也在积累着城市的精神风貌",但"鲁迅与租界化城市景观的对话,实际上并不是惬意的双向交流,而是充满了难以言说的龃龉和爱恨"。作者通过对上海租界文化语境的描摹,透过移民城市、女性欲望、现代性日常经验、现代娱乐空间等上海租界文化的视角,来研究鲁迅在其中的心态历史和观念变化,最后描绘出上海租界文化语境中的鲁迅形象:"鲁迅是传统士大夫文化和租界洋派文化的中间物。"㉔梁伟峰则提到了上海租界对鲁迅的"堑壕"意义,他在其文章中指出,寓居于租界是有着象征意义和舆论压力的,人们嘲弄鲁迅"醉眼陶然",不过也跑来租界寻求庇护,但却忽视了鲁迅选择租界背后的战斗观念和对中共组织及其成员的保护作用,进一步地,作者将租界文化空间与鲁迅的言语行为进行互释,得出结论:"鲁迅一方面顶着国民党政府的政治专制和文化'围剿'的压力,始终以一支笔来抗争现实;一方面又从不奢望身外的政治组织或政治力量能给予任何掩护,也从来不准备接受具有太多政治和组织色彩的掩护,因而鲁迅就不可避免地成为左翼文化运动中的一名隐藏租界的'散兵'。"㉕此外,胡迪的《租界文化对鲁迅后期创作的影响——以上海为例》、王锡荣的《从鲁迅的租界观说到鲁迅为何选择上海》也对上海租界文化中的鲁迅形象进行了重构。

当然,租界文化仅是现代上海城市文化的一个扇面而已。人类文化的人性圆周,是由语言、艺术、宗教等形态功能的扇面有机组成的。㉖学者们也注意到了其他的扇面。如丁颖的《都市传媒与职业作家鲁迅的创生》,从现代化的文化传媒的角度,描摹了鲁迅在上海城市文化中职业作家和编辑家的一面,这一面就如梁伟峰所喻的"散兵"一般,"在文禁如毛的上海出版界,鲁迅充分运用智慧性的斗争策略……以'边缘知识分子'的身份"㉗进行斗争。而赵林的《出版文化、民族主义与上海文化场域——鲁迅与内山完造的交往史》一文,则从上海的出版文化这一层面,由鲁迅与日本友人在文化场域中的交往这一角度,试图重构鲁迅的职业选择、思想左转、民族主义意识变化的一面,文中写道,在上海的出版文化和围绕出版的文化场域中,鲁迅"一方面顶着诸多的舆论压力,甚至不惜背负着'汉奸'的罪名,保持着一个现代知识分子独立、自由的立场;另一方面在'民族与个人'的关系上,鲁迅秉持着一贯的国民性改造、言论自由的立场,使之成为蛰居上海文化场域的行动准则。"㉘此外,有学者注意到了上海作为多种文化共生的要冲地带,有意识地从上海城市文化的矛盾方面,如中西文化冲突、传统与现代性冲突,来还原在上海时期作家鲁迅的形象。如黄健的《定居上海后的鲁迅杂文批评》、曾子炳的《鲁迅在上海时期杂文写作的主要精神》、陈迪强的《公共知识分子的话语突围——论上海时期鲁迅杂文的"公共性"》和刘素绸的《论〈故事新编〉的现代品格与鲁迅的都市体验》,这其中既注意到了鲁迅创作形象的共性——"身居上海都市,鲁迅在对都市的社会现象进行剖析和批评同时,同样延续了他批判国民劣根性的一贯理念和理路"㉙,也突出了在上海多元文化中鲁迅创作形象的个性——"我总体把握鲁迅在上海时期创作的杂文……把握到他杂文写作的主要精神,我将之概括为:斗争精神、现实关怀和博大胸襟。"㉚

除了租界文化、都市传媒文化、共生文化,也有从上海饮食文化的角度,还原鲁迅在上海城市文化中日常的一面,如施晓燕的《鲁迅在上海定居初期的饮宴》㉛。施晓燕后又将其扩展到居住的一面,从上海居住文化的角度进行日常鲁迅的还原,并集结成书,为读者还原了一个在吃和住上都有讲究的、具有浓厚生活化气息的上海鲁迅形象。从上海居住文化这一扇面出发,郝庆军的《迁居与隐居:鲁迅活动地图和上海文化空间》㉜对鲁迅形象也有独到的阐释。还有从上海的电影文化的扇面进行鲁迅形象重构的,如刘素的《漂泊与转型:鲁迅上海观影生活的新思考》、李浩的《鲁迅观影谈》、丁佳园的《略谈鲁迅在上海所看电影类型》、刘东方的

《从鲁迅所观看电影的统计管窥其电影观——兼及鲁迅电影观的当下启示》以及乐融的《电影——鲁迅洞察社会的另一个窗口》，这些文章从上海的电影文化这一窗口，还原鲁迅娱乐的一面以及在娱乐中也坚持社会观察的一面。当然还有从美术文化的角度，如乔丽华编著的《鲁迅与左翼美术运动资料选编》。值得一提的是，以上三个扇面的研究是上海鲁迅纪念馆所编"鲁迅在上海资料丛书"中的三种。[33]

此外，器物、文物资料所提供的侧面也得到了研究者的重视，如《上海鲁迅纪念馆藏品选》《上海鲁迅纪念馆藏美术品选》《博物馆视野里的鲁迅》，其中《上海鲁迅纪念馆藏品选》搜罗了包括鲁迅先生晚年手迹、生活用品等遗存，以及鲁迅丧仪相册等文献，还有一些美术作品，为进入上海鲁迅形象提供了文物方面的路径，这也算是器物文化的扇面。[34]

我们可以发现，从现代上海城市文化的各个扇面对鲁迅形象进行重构，通达的是鲁迅形象背后的各个世界：日常世界、职业世界以及思想世界，这就实现了人性的圆周和文化的扇面的对应，现代上海城市文化中的鲁迅形象逐渐明晰。

当然，既要从现代上海城市文化的各个扇面去重构其中的鲁迅形象，也要让其中的鲁迅形象与上海城市文化产生互动关系，并加入研究者自身的视角，才能让上海鲁迅形象更为完善。如缪君奇的《鲁迅与上海文化互动关系刍议》一文，便较为全面地论述了上海文化与鲁迅的互动关系，从"他们彼此是怎样发生互动的，这种互动对鲁迅的思想、创作所产生的影响，以及对上海文化发展的作用和意义"进行了探析，特别就对上海文化发展，提出了鲁迅与上海文化互动的四点意义："为上海文化提供了一种新的革命的价值观"、"使上海文化具有了前所未有的生机和活力"、"使上海文化的品味得到了整体性的提高"、"为上海文化留下了丰厚的文化积淀"[35]。这是一种积极的互动工作，甚至探析出了鲁迅形象对于上海城市文化的功用和意义。值得一提的是,缪君奇还编著有《旧影寻踪:鲁迅在上海》一书,从文化空间和城市地理的角度拓展了鲁迅与上海的互动关系。㊱而梁伟峰的《"倚徙华洋之间,往来主奴之界"——论鲁迅对近代上海社会西崽相的剖析》和《论后期鲁迅与"上海人"文化性格》,龙永干的《上海语境与鲁迅的都市症候及其抗争》关注的则是鲁迅与上海现代性的批判性互动,"上海及上海文化始终未能'消化'鲁迅、'溶解'鲁迅,鲁迅也始终对上海文化主要采取批判态度。'上海人'性格中的主要内容基本上都处在鲁迅人格精神的对立面。在鲁迅那里,与'上海人'的'精明'针锋相对的,是其彻底的反虚伪、反庸俗、反市侩、反财富和权力崇拜的做'呆子'的意识。他在其生命后期不懈地进行对'聪明人'的批判和对'呆子'精神的颂扬,自觉抵抗上海文化、'上海人'性格中的信奉个人利益至上、实利主义的'精明'倾向,呼唤气魄宏大、精神强健、正直、质朴、无私、真诚的'上海人'。"㊲此外,谷风的《城市史观照下的鲁迅与上海》则提供了城市史的视角去探析鲁迅与上海的互动,可惜失于简略。我们可以看出,上海鲁迅形象在缪君奇等人的努力下不仅有所扩大,发挥了其功用性的一面,并且在这功用性的发挥中透露出了研究者对于当今上海发展和上海城市史的理解,以及参与上海城市文化建设的自觉。

以上提到的作品,大都是从某个扇面去探讨现代上海,而丁颖的《都市语境与鲁迅上海创作的关联研究》一书,则相对来说具有综合性和全面性,从"城与人的二维世界"这个问题意识的探讨出发,梳理了"20世纪30年代上海的文化语境",比较了"都市空间与鲁迅的文化选择",勾勒了在现代上海城市文化中,鲁迅的"漂流"形象和"横站"形象,描摹了鲁迅在"殖民都市"里的生存智慧。㊳最后,则是将都市语境、上海经验与鲁迅的杂文、《故事新编》后五篇进行了比较研究。这就对现代上海城市文化中的鲁迅形象做了比较完整的"定义"工作。

正因为以上研究工作的沉淀以及视角的变换,禹权恒才会在《上海鲁迅(形象建构与多维透视 1927—1936)》一书中明确将"上海鲁迅"作为一个概念提出,并从文化史、思想史、革命史等方面对"上海鲁迅"形象进行考察与建构,其写作方式是以一种充满张力的结构出发,将"革命"与"不革命"、"启蒙"与"左翼"、"自由主义文人"与"政治文化人"等对立面进行碰撞以挖掘出"革命同路人"、"左翼鲁迅"等形象的生成,而书中"都市语境"中"上海鲁迅"的生成,则关照的是租界文化、电影文化这两个扇面,从革命性与对话性探讨"上海鲁迅"的生成机制,至于鲁迅"文化散兵""自由撰稿人"的概念上面已有文章提出,总之,此书最大的创新在于明确提出"上海鲁迅"这个概念并直接用作书名,且文史互证,多维度有张力地回溯不同层面的历史探讨"上海鲁迅"的生成,可与丁颖对都市语境中鲁迅形象的完整研究进行互补。㊳

21 世纪以来对现代上海城市文化中鲁迅形象的重构,已经沉淀于其可能具有的各种意涵、身份:"散兵";传统文化和洋派文化的"中间物";由国际主义者转变而来的民族主义者;既有"漂流"姿态又有"横站"姿态的"边缘知识分子";既是职业作家、自由撰稿人、编辑家,又是醉心于观影娱乐和饮食文化的普通人;既延续了以往形象战斗、批判的一面,又兼具了独特的"堑壕"生存智慧;既在与上海都市语境的互动中展现了批判性的一面,又在研究者的视角中展开了其功用性的一面。这些意涵、身份凝聚在一个"语义域"中,使得鲁迅形象在现代上海城市文化这个场域中得到了"锚定"。而"锚定"背后的反思与问题也随之而来。

三、上海鲁迅形象重构后的反思与问题

鲁迅形象在现代上海城市文化中的"语义域"得到"锚定",完成了阶段性的重构工作,这背后有外部因素和内部因素的共同作用。

就外部因素而言,这与上海在中国大都市中扮演的特殊角色有关:"上海在中国的地位与纽约在美国所处的地位和基本特征十分相似,它同时也具有像东京和纽约那样的口岸条件和腹地市场。对内可以带动长三角乃至长江流域的发展,对外是中国对外开放的窗口城市和转口贸易中心。"[40]与上海城市文化的丰富性有关:"作为港埠城市的上海,决定了上海文化的开放性;作为移民城市的上海,决定了上海文化的多元性;作为商业城市的上海,决定了上海文化的商业性。"[41]与上海在现代化进程中的典型地位有关:"作为中国现代化的先驱与范例,上海确是一个值得解剖与借鉴的典型。"[42]

就内部因素而言,这与"鲁迅学""上海学"的自觉发展,研究鲁迅的理论资源更新有关。特别是,这还与现代学者的思想变化有关,尤其是与学者们对现代上海城市的经验变化有关:在改革开放后,上海再一次开启城市化,也再一次成为现代化的典型,身处其中的如鲁迅博物馆、高校的学者,他们经验到了现代化进程的威力和矛盾,常年阅读鲁迅作品的他们开始感受到上海的鲁迅和鲁迅的上海。进一步地,对上海这座城市的凝视,和上海文化对人的传染,还有其他的城与人的互动,本身就会引发鲁迅研究者们的思考。研究者对现代化上海的经验,与他们在鲁迅最后 10 年的作品阅读中发现的鲁迅的上海经验和上海的鲁迅形象产生了"耦合"。同时,对鲁迅笔下租界上海、都市上海、共生文化中的上海的历史性还原,也带动了他们对于上海这座"现代性"之造物的历史语境的思考。而这种思想变化,理所当然地受到了外部因素的影响,使得学术工作者作为主体,也参与进主客体的互动互构中,通达为认识的深层次阶段和更为深入的学术研究。这不得不让我们反思鲁迅研究本身,我们应该抛弃以往的单向度研究,重视将外部因素和内部因素结合,应该发展这种主客体互动互构的学术范式,这样就能更加丰富鲁迅的意义阐释,更加清晰地重构鲁迅形象,同时避免研究工作走向窄化。

另一方面,在现代上海城市文化中得到重构后的鲁迅形象虽然得到了 21 世纪初 20 年这"共时性"的"锚定",但随着研究的深入和"历时性"的变化,鲁迅形象作为一个主体仍然会在能指链上滑动。换句话说,对现代上海城市文化中鲁迅形象的认识和重构,是个不断被建构的过程:"发生认识论已经证明,认识的原初形式与高级形式的差别比我们过去所认为的要大得多,因此,高级形式的建构不得不经过一段比人们想象的更长得多,更困难、更不可预料的过程。"⑧而现在对上海鲁迅形象的重构工作虽然深入,但还无法让鲁迅在现代上海城市文化中的形象冲出学理探讨的范围。

具体而言,对鲁迅形象的重构,可以看作是上海城市化进程的一种需要和反映,但这种认识和深化并没有反过来影响到这个城市文化本身,达成上海鲁迅研究对于现代上海城市文化的影响。一种理想的文学研究,应该"不仅重视文学中的审美性、文学系和诗意等超越性的审美价值,而且重视文学作为文化符号所负载的意识形态、权力斗争、性别差异、族群矛盾等现实内涵"⑭。也就是说,如今鲁迅形象重构工作的"症候"在于:文化界、思想界对最富于批判性、审美性的鲁迅形象的重构,没有反过来照应到对城市文化的批判、丰富。现在的上海鲁迅重构,虽然意识到了从鲁迅形象返回对上海城市文化的互动,但没有回到鲁迅当时在杂文和小说中对上海现代性的批判和对上海底层审美性的发现,没有如鲁迅一般真正让批判和审美介入现实,没有让鲁迅形象的重构发生作用,真正实现现代上海城市文化中鲁迅形象建构的双向贯通。

结　语

本文从城市文化研究的学术范式出发,对 21 世纪上海鲁迅形象的重构做了一次共时性的梳理。当然,这样的概念清理工作势必要廓清其历时性的发展来源与变化过程,于是 21 世纪以前的上海城市文化中鲁迅形象的研究工作也得到了回顾与扫描。不过，鲁迅在现代上海城市文化中的形象虽然得以被析出，但其背后的外部因素和内部因素仍值得我们去挖掘反思，以总结过去的不足和成功之处。并且，鲁迅形象作为一个概念，其认识、研究仍要经历发展，现在的问题在于如何让这一概念重构工作与当今的现实发生联系，使得其真正得到超越学术圈内部讨论的传播，以让学术工作介入进现实空间。

此外，本文对各个学者的工作做了大量的收集、整理，但难免会有遗漏的地方以至于失于全面，或许流为一种独断论，这全为笔者学力有限之故。但鲁迅形象重构的历程，的确是呈现出一种概念的、认识的变化。如果能对鲁迅形象的重构做一次更为整体、科学的把握，那无疑会改变今后鲁迅研究的面貌。

（中国海洋大学）

注释

① 高方英：《回忆鲁迅在上海资料概述》，上海鲁迅纪念馆编《上海鲁迅研究·鲁迅与上海》，上海社会科学院出版社 2018 年版，第 44—49 页。

② "上海学"有国内、国外两种含义，国内的"上海学"是"一门新的综合性学科，以上海为研究对象，以探讨振兴上海的理论、方法为目的"（见姚汉铭主编《新词新语词典》，未来出版社 2000 年版，第 295 页），国外的"上海学"指西方著名汉学家如李欧梵、叶文心等人带动起的上海史研究热潮（熊月之、周武的《海外上海学》对此有专门论述）。在本文中的"上海学"兼有以上两种含义。

③㊸［瑞士］皮亚杰：《发生认识论原理》，王宪钿等译，商务印书馆 1981 年版，第 21、106 页。

④ 孙慎云、龚济民、禹长海：《鲁迅在上海（全三册）》，山东师范学院聊城分院中文系，山东师范学院聊城分院图书馆编：《鲁迅史料丛刊》1979 年版。

⑤ 上海鲁迅纪念馆编：《纪念与研究》第 1 辑，上海鲁迅纪念馆 1979 年版。

⑥ 上海鲁迅纪念馆编：《鲁迅在上海活动旧址图集》，上海教育出版社 1981 年版。

⑦ 周国伟、彭晓：《寻访鲁迅在上海的足迹》，上海教育出版社 1987 年版。

⑧ 王尔龄：《鲁迅最后十年为什么定居上海》，《徐州师范学院学报》1979 年第 4 期。

⑨ 周国伟：《鲁迅与画展——鲁迅在上海足迹寻访之一》，《锦州师范学院学报》（哲学社会科学版）1986 年第 3 期，第 67—72、81 页。

⑩ 陈卫平：《论鲁迅的电影眼光》，《鲁迅研究月刊》1991 年第 8 期。

⑪ 张辉学：《鲁迅编辑出版活动及其思想》，《编辑学刊》1992 年第 2 期。

⑫ 段国超：《鲁迅与胡风》，《鲁迅研究动态》1981 年第 6 期。

⑬ 周国伟：《鲁迅与日本友人——与紧邻山本初枝、木村重、浅野要的友谊》，《上海鲁迅研究》1991 年第 2 期。

⑭ 姜德明：《鲁迅与萧红》，《新文学史料》1979 年第 4 期。

⑮ 丸山升：《关于三十年代的鲁迅与有些青年文学者之间的关系》，《鲁迅研究动态》1986 年第 11 期。

⑯ 聂运伟：《〈故事新编〉研究札记》，《湖北大学学报》（哲学社会科学版）1996 年第 5 期。

⑰ 朱存明：《论鲁迅的神话观》，《上海鲁迅研究》1991 年第 2 期。

⑱ 王彬彬：《鲁迅晚年的"姑活"心态》，《东方艺术》1997 年第 6 期。

⑲ 王锡荣：《鲁迅知识构成的历史与特点》，《上海鲁迅研究》1991 年第 1 期。

⑳ 吴俊：《鲁迅的病史与暮年心理——鲁迅个性心理研究之一》，《中国文学研究》1992 年第 1 期。

㉑ 陈鸣树：《鲁迅：上海时期的社会思想》，《鲁迅研究动态》1987 年第 12 期。

㉒ ［法］白吉尔：《上海史：走向现代之路》，王菊、赵念国译，上海社会科学院出版社 2014 年版，第 314 页。

㉓ 所谓的"语义域"，指的是用来定义某个概念的词汇集合，此集合承载有那个概念的各种同义、关联的意涵，它尤其区别于用词典性术语定义一个概念的做法（对于"语义域"更具体的阐释见伊安·汉普歇尔-蒙克主编的《比较视野中的概念史》，华东师范大学出版社 2010 年版，第 3 页）。上海鲁迅形象的丰富性使得它明显不能用词典性术语去定义，而是需要"语义

域"的沉淀才能真正彰显其重构的阶段性完成。

㉔ 李永东:《人与城的对话:鲁迅与租界化的上海》,《湘潭大学学报》(哲学社会科学版)2006 年第 5 期。

㉕ 梁伟峰:《论上海租界对鲁迅的"堑壕"意义》,《徐州师范大学学报》(哲学社会科学版)2008 年第 3 期。

㉖ [德]卡西尔:《人论》,甘阳译,上海译文出版社 1985 年版,第 87 页。

㉗ 丁颖:《都市传媒与职业作家鲁迅的创生》,《传媒观察》2010 年第 6 期。

㉘ 赵林:《出版文化、民族主义与上海文化场域——鲁迅与内山完造的交往史》,《西北大学学报》(哲学社会科学版)2017 年第 3 期。

㉙ 黄健:《定居上海后的鲁迅杂文批评》,上海鲁迅纪念馆编《纪念鲁迅定居上海 90 周年学术研讨会论文集》,上海书店出版社 2017 年版,第 12 页。

㉚ 曾子炳:《鲁迅在上海时期杂文写作的主要精神》,上海鲁迅纪念馆编《纪念鲁迅定居上海 90 周年学术研讨会论文集》,第 15 页。

㉛ 施晓燕:《鲁迅在上海定居初期的饮宴》,上海鲁迅纪念馆编《纪念鲁迅定居上海 90 周年学术研讨会论文集》,第 13 页。

㉜ 郝庆:《迁居与隐居:鲁迅活动地图和上海文化空间》,《文艺理论与批评》2019 年第 1 期。

㉝《鲁迅与电影》《鲁迅与左翼美术运动资料选编》《鲁迅在上海的居住与饮食》,鲁迅在上海资料丛书,上海书店出版社 2019 年版。

㉞ 上海鲁迅纪念馆编,郑亚主编:《上海鲁迅纪念馆藏品选》,上海辞书出版社 2018 年版。

㉟ 缪君奇:《鲁迅与上海文化互动关系刍议》,《鲁迅研究月刊》2008 年第 7 期。

㊱ 缪君奇:《旧影寻踪:鲁迅在上海》,上海文化出版社 2010 年版。

㊲ 梁伟峰:《论后期鲁迅与"上海人"文化性格》,《徐州师范大学学报》(哲学社会科学版)2012 年第 38 卷第 4 期。

㊳ 丁颖:《都市语境与鲁迅工作上海创作的关联研究》,中国社会科学出版社 2018 年版。

㊴ 禹权恒:《上海鲁迅(形象建构与多维透视 1927—1936)》,中国社会科学出版社 2019 年版。

㊵ 刘乃全:《上海服务"一带一路"定位研究》,格致出版社 2017 年版,第 50 页。

㊶ 杨剑龙:《都市上海的发展与上海文化的嬗变》,上海文化出版社 2012 年版,第 3 页。

㊷ [美]罗兹·墨菲:《上海——现代中国的钥匙》,上海社会科学院历史研究所编译,上海人民出版社 1986 年版,第 5 页。

㊹ 姚爱斌:《移植西方与根植现实——20 世纪 90 年代以来文化诗学研究的两种理论取向》,《黑龙江社会科学》2008 年第 4 期。

传统如何拿来:鲁迅对道家精神的传承与超越

蔡洞峰

鲁迅作为现代中国思想文化史上一个显赫的存在,在现代中国的文化进程中留下了丰富的文化精神遗产,成为 20 世纪中国思想文化的一座丰碑。"百年鲁迅,是一个根植于文学,却又超越文学的宏观文化命题"[①]。与儒家和墨家比较而言,鲁迅与道家关系显得更为复杂,其与以老庄为代表的道家发生关系的深度和广度,比儒墨更甚。通过对鲁迅与道家代表人物老子庄子的分析,以及其"立人"思想在其间的观照,可以窥见鲁迅与道家思想之间复杂的纠葛,重估道家文化的价值和意义。促使我们更好的理解与传承中华传统文化,促进当下中国人文精神健康蓬勃发展。

一

鲁迅思想的形成不仅受到尼采为代表的西方现代主义哲学影响,同时也受到中国传统文化特别是道家思想的影响。有学者认为,鲁迅与尼采的相遇也是由于传统文化因素使然:"'天人合一'在思维模式深层成为了中国人的思想传统,在中国人的世界图式中,只存在一元的世俗秩序:以血缘伦理为基础的家国同构秩序,在这个一元秩序里,人,本来就处于在世价值的中心,或者说是'以人为本',中国传统对人性的理解,从来都是自然一元论的",因此,从思维方式和文化传统的层面看来,鲁迅作为在传统文化浸润中成长起来的中国人,"他不可能超越中国一元秩序的世界观,更不可能意识到中西文明在世界观上的巨大鸿沟,因而也无法在主观意识上自觉展开尼采在西方开启的那种重大思想转型"②。在传统文化中,道家特别是庄子思想对鲁迅思想的影响显著,鲁迅对庄子也投入了较多的关注。鲁迅自己也直言不讳地说:"就是思想上,也何尝不中些庄周韩非的毒,时而很随便,时而很峻急。"③鲁迅所追求的"立人"和反对被奴役的精神、怀疑精神,以及不时在文学作品中表露的虚无主义思想,都隐约看到道家乃至庄子的身影。因此田刚认为:"对于庄子与鲁迅的关系,仅仅回避或批判是不够的,更重要的是深入其中,了解鲁迅'中毒'和'解毒'的这个精神历程,并由此来探讨鲁迅与中国传统士人中的一系——隐士的精神联系。"④

道家的核心理念是"自然",在道家哲学中,"自然"是与儒家的"人文"相对而生的一个概念。但是,道家的自然概念不是存在意义上的"自然",而是建立在人的主观价值选择意义上的价值自然。存在自然是能指,而价值自然才是所指。所谓"价值自然""是一种外在于'人文',并和'人文'相对立的价值选择"⑤。鲁迅早期思想上与道家思想的关联,明显体现在对价值自然的认同上,在其"立人"思想的建构中,一方面鲁迅汲取了当时流行的进化论和以尼采为代表的西方浪漫主义现代思潮,另一方面,道家"自然"思想在鲁迅对传统封建文化和西方近代文明衰退的情形下成为鲁迅对其进行批判的思想资源。青年鲁迅在其5篇文言论文中明确表达了对那些自然主义倾向的摩罗诗人的推崇,"至力足以振人,且语之较有深趣者,实莫如摩罗诗派。摩罗之言,假自天竺,此云天魔,欧人谓之撒但……若其生活两间,居天然之掌握,辗转而未得脱者,则使之闻之,固声之最雄桀伟美者矣"⑥。鲁迅称赞尼采:"尼佉不恶野人,谓中有新力,言亦确凿不可移。盖文明之朕,固孕于蛮荒,野人狉獉其形,而隐曜即伏于内。"⑦鲁迅对摩罗诗人和尼采的推崇,应该有其背后的文化背景。晚清以降,西学东渐,中华民族面临着现代转型,当时的知识分子面临着东西方文化交汇,一方面面对西方文明、进化论思想的"天人观";另一方面精神深处有着深厚的中华民族文化传统。青年鲁迅对于《庄子》的接受,受到章太炎"庄学"思想影响很深。1908年开始,鲁迅开始听章太炎讲课,章太炎给鲁迅等人讲解《庄子》,1936年鲁迅在《〈出关〉的"关"》一文中,谈到自己创作《出关》这篇小说,是受到章太炎的启示:"老子的西出函谷,为了孔子的几句话,并非我的发见或创造,是三十年前,在东京从太炎先生口头听来的,后来他写在《诸子学略说》中。但我也并不信为一定的事实。"[⑧]

章太炎非常推崇《庄子》,可以说,是章太炎把青年鲁迅带入了博大精深的庄学世界,并且庄子的思想经章太炎的阐发而影响了青年鲁迅的思想。鲁迅早年的写作"受了章太炎先生的影响,古了起来"[⑨]。在思想上鲁迅也受到章太炎的影响。鲁迅对庄子和道家思想的接受,应该和章太炎有着密切的关系吧。鲁迅在日本时期热衷于浪漫主义思潮和尼采的主观主义哲学,鲁迅之所以选择、接受西方浪漫主义的"自然",这种接受是因为在鲁迅思想中,中国传统道家文化"自然"作为一种先在的文化结构在发挥着巨大的作用,并且章太炎的自然观对鲁迅"立人"思想的形成有着不可忽视的影响。

鲁迅对晚清以降中华民族现代转型方案中,明显受到章太炎的影响,由救亡动机到对近代"兴国"理路的考察,由"兴国"到"立人",由"立人"到"诗力",逐渐突出了"精神"的维度。通过"精神"改变"人性",在鲁迅看来,立人的核心是追求人性的独立和精神的自由,"精神生活之光耀,将愈兴起而发扬软?"并将其看作是新精神,"内部之生活强,则人生之意义亦愈邃,个人尊严之旨趣亦愈明,二十世纪之新精神,殆将立狂风怒浪之间,恃意力以辟生路者也"[⑩]。在早期立人方案中,鲁迅寄希望于具有独立自由人格精神的"精神界战士":"故今之所贵所望,在有不和众嚣,独具我见之士,洞瞻幽隐,评文明,弗与妄惑者同其是非,惟向所信是诣,举世誉之而不加劝,举世毁之而不加沮,有从者则任其来,假其投以笑骂,使之孤立于世,亦无慑也。"⑪在鲁迅看来,立人的关键是实现人的精神的独立和自由,由立人而兴国,国民摆脱奴隶的生存状态。"举世誉之而不加劝,举世毁之而加沮"本是庄子用来形容超然于众人之外的宋荣子的,鲁迅则用此来描述具有尼采超人性质的"精神界战士"。

青年鲁迅对自然状态下的人性淳朴具有强烈的渴望,这种渴望促成鲁迅在立人想象中以"主观内面之精神"作为国民精神确立的标志。在对于自然人性的崇尚和现代人道德承担方面鲁迅无疑从《庄子》中得到潜在而丰富的启示。鲁迅以初民社会的道德人格为"纯白",而以儒教伦理社会的道德人格为"虚伪"的人性异化论,以及对追求"真的人"的呐喊,"没有读过'圣贤书'的人,还能将这天性在名教的斧钺底下,时时流露,时时萌蘖;这便是中国人虽然凋落萎缩,却未灭绝的原因"⑫。由此表现出明显的道德救赎倾向,这也是后来鲁迅对庄子的拒绝的精神前提。

二

青年鲁迅在精神思想的形成方面受到以庄子为代表的个人主义思想影响,形成其独具现代意识的"个人"意识。鲁迅在《文化偏至论》中提出"掊物质而张灵明,任个人而排众数"⑬的立人主张,可以说是对这种个人主义思想传统在新的语境下的继承和发展。青年鲁迅在日本留学时期是其思想形成的时期,他一生所坚持的文化启蒙思想就是在这一时期形成的。一方面吸收进化论思想;另一方面对西方"新神思宗"思想有着深切的精神契合。这两方面构成鲁迅建构其"立人"思想的基础。这两种看似对立的思想在鲁迅那里融合了而"别立新宗","作为思想建构中的'遗传性图式',《庄子》中诸多原创性的命题与青年鲁迅的非理性思想之间就产生了某种同构性的联系,鲁迅就是在这样的思想背景下而专注于《庄子》的"[14]。鲁迅在其文言论文中将"立人"思想表述为:"是故将生存两间,角逐列国是务,其首在立人,人立而后凡事举;若其道术,乃必尊个性而张精神。"[15]作为中了"庄周韩非的毒"的鲁迅在通过文学实现立人愿景的时候,老庄哲学对其起到不可忽视的作用。《庄子》对鲁迅"立人"思想影响最为显著的是两个方面,也主要是从精神方面展开的:首先是"掊物质而张灵明",其次是"任个人而排众数"。显示鲁迅早年推崇的庄子自然主义倾向。鲁迅将"素朴之民""气禀失之农人"作为人生价值尺度,并排除那些受过儒家思想影响的"士大夫"。这里,"素朴之民"的自然状态与知识分子的人文状态形成鲜明的参照对比,作为文化的集中载体——知识分子并不意味着人性的进步,而是人性的堕落,而自然状态的"素朴之民"才是人性的圆满和完美,也就是说,只有摆脱"人文"对人的规范和塑造,才具有了人性圆满和完美的可能性。这正是典型的道家文化精神。道家文化主张抛弃文明,回到人性本然状态。在道家文化中,任何反对人性自然的侵扰和破坏即"撄人心",鲁迅将庄子的自然主义引入对西方重物质文化偏执的批判:

> 递夫十九世纪后叶,而其弊果益昭,诸凡事物,无不质化,灵明日以亏蚀,旨趣流于平庸,人惟客观之物质世界是趋,而主观之内面精神,乃舍置不之一省。重其外,放其内,取其质,遗其神,林林众生,物欲来蔽,社会憔悴,进步以停,于是一切诈伪罪恶,蔑弗乘之而萌,使性灵之光,愈益就于黯淡:十九世纪文明一面之通弊,盖如此矣。[16]

在鲁迅看来,理想的人格和人性应该是物质与精神的完美结合,达到精神的自由,符合人的本性和"白心",这种观点与道家

"自然"理论有着内在的契合。道家提到的"自然"的状态,即"道"。在《老子》书中,"自然"这个词的意思就是自然而然,即自己成为这个样子的,其中包含两层含义:一是"自在",即自己独立存在,不依赖外在的他物,成为"自立"的个体;二是"自为",即依照自己的意志自由行动,自己就是目的。在道家看来,世间万物皆有其自身的特性,这些自身的特性(自然)即构成事物自身的合目的性,所谓"道法自然"即天地万物的总的规律,即道的存在方式,亦即自然,即事物自身的存在方式和自我实现的一般规律和过程。

鲁迅的"立人"则是聚焦于人达到自身自由和独立的状态,即个体精神从"必然王国"达到"自由王国"的过程。《庄子》中提到的自然,也与《老子》书的意思相近。鲁迅对道家思想的评价是"老子书五千语,要在不撄人心,以不撄人心故,则必先自致槁木之心,立无为之治"⑰,认为道家思想的实质在于"不撄人心,逃避人世的斗争",主张"无为之治"。鲁迅从中西文化比较的视野来分析老子的思想,确实抓住了老子思想的核心。因此,在其"立人"思想建构中,鲁迅始终呼唤那种自然人性理想的人,在《摩罗诗力说》中,他呼唤"精神界战士":"今索诸中国,为精神界之战士者安在?有作至诚之声,致吾人于善美刚健者乎?有作温煦之声,援吾人出于荒寒者乎?"⑱鲁迅将其看作是20世纪新精神的象征,破除"人惟客观之物质是趋"的物欲主义倾向。他试图通过对个性的发挥和个体内面精神的强调来重塑国人的内在人格和道德良心,以国民的精神觉醒和自觉来实现人国理想:"国人之自觉至,个性张,沙聚之邦,由是转为人国。"⑲因此,带着对精神自觉和自由的立人想象,鲁迅终于沿着庄子的思路与固有的文化血脉连在一起。

自由意志是一种执着于生命主体的内在力量,表现出一种"任个人而排众数"的个性主义色彩,以一种昂扬、激越的个体生命意志和激情,以获得主体克服客体障碍实现自我生命意志的强烈冲动。鲁迅的个人主义思想有着传统道家思想的背景。

自然与道及其两者的关系是道家哲学的根本问题之一,在道家看来,自然既不是本体,也不是根源,它表达的是活动,即作为本体或根源的道实现自身的活动,它以非目的性的方式实现目的性,即看起来是盲目的,非可控制的,却在过程中实现了道的目的性。因此,道可以说是自然之道,但作为道的存在方式,自然不是道的本身。在庄子看来,道与自由的关系是"有待"与"无待"的关系。有待表达了自然与社会关系的复杂性,人只要存在,无论其存在于何时何地,都无法摆脱现实制约,因此都是有待,无待则是人对现实关系的一种超越,他不依赖于任何外在事物。在庄子看来,处在世俗中的人无法获得完全的自由,只有至人、神人、圣人才可以得到真正的自由。因此庄子开出了一剂药方,得道者,得自由。鲁迅对当时中国的精神状况进行分析,首先是民众处于被奴役的处境,精神荒芜。其次是知识阶层价值失落,在精神上不再起到引领作用,导致"恶声""伪士"横行,不能"白心",形成"寂漠为政,天地闭矣"[20]的精神局面。

鲁迅基于中西文明比较的视野对文明精神本质的关注,强调精神的独立和自由对建立"人国"的重要意义,成为其立人思想的最深视点,鲁迅的立人观强调的是人的精神和生命意志,带着对"心声""内曜"的渴望,鲁迅与庄子追求的合乎人性或人性化的存在方式相契合。作为合乎人性或人性化的理想的存在方式,逍遥既展示了现实的,此岸的世界,又具有超越的维度。庄子是继承老子的"道法自然"和杨朱"贵己为我"个体主义思想并成为中国传统文化的一种精神谱系。青年鲁迅继承了道家思想中的个人主义,"任个人而排众数"的思想可以说是对这种个人主义思想传统的创造性转化。

三

青年鲁迅的"立人"是以人"主观内面精神"的张扬为标志,追求人的自然本真的生存状态,抛弃瞒和骗,追求诚与真的朴素之民道德理想。鲁迅从中外文化多维视角思考中国社会变迁史的轨迹和人性的改变,从中打捞那些人性中被道德教化泯灭的灵光,乃一种寻找的快乐。1908年鲁迅回国以后,在经历了辛亥革命后中国社会出现的各种乱象,使其逐渐从理想、浪漫的激昂状态进入了凡俗的日常状态,少有作品创作,进入了"十年沉默"时期,由于对现实的极度失望,鲁迅回到内心,读佛经,抄古碑,杂览古籍等来麻醉自我的灵魂,在此期间鲁迅以读佛经为最多,这一时期经常和许寿裳探讨三教合流问题,并从佛道对儒家乃至整个中国文化的影响,并在给许寿裳的信中提道:"前曾言中国根柢全在道教,此说近颇广行。以此读史,有多种问题可以迎刃而解。"^㉑可以说鲁迅正是在这十年寂寞中能够静下心来思考中国历史和文化,对中国传统社会有了更深入和准确的理解,深挖中国社会的病根,确立其在"五四运动"中进行"国民性批判"的文学行动,并以此作为终其一生的文学志业。

鲁迅是在中西文化比较的视野上来审视中国文化及其造就的国民精神,自日本回国后,面对难以排除的寂寞,鲁迅在S会馆通过对佛经和老庄著作的阅读以及对"三教合流"的研究,为其在"五四"时期复出后的"呐喊"提供了思想契机,从文学介入历史和改造社会的视角对中国传统文化进行批判。但究其批判方式而言,鲁迅的批判思维中明显有道家的影响。

在中国传统文化中,以老庄为代表的道家文化最富于怀疑与否定精神,这种怀疑否定精神首先表现在对"我执"的破解,即对肉身及主体无限性的怀疑与否定。这其实是对一切"判断""结论"的前提的怀疑与否定,它在老庄道家文化中被定义为"无我"。

新文化运动的基本题旨是以文化促成中国的变革,寻求新的生路。先驱者们带着民族生存困境的紧迫感,形成对传统文化寻根究底或挖掘现实文化"坏种"之"祖坟"的执着的言论氛围。鲁迅自加入《新青年》团体后，以《狂人日记》揭开现代文学序幕，他在与友人谈论这篇作品的写作意图时说："《狂人日记》实为拙作，……前曾言中国根柢全在道教，此说近颇广行。以此读史，有多种问题可以迎刃而解。后偶阅《通鉴》，乃悟中国人尚是食人民族，因成此篇。"㉒这也是鲁迅在西方以尼采为代表的"重估一切价值"世纪初思潮下以怀疑与批判精神重新审视中国传统文化。鲁迅在信中提及"道教"对中国的影响，杨义分析道：

> 这里所谓"道教"，当是包括刘勰之所谓"道家三品"上自老庄哲学，下及巫觋杂术的。清理中国国民的传统思想形态，当以此者最为大宗……他对老庄思想的朴古、清净以及"自无为入于虚无"，是有所保留，以至不以为然的，而对庄子的文采是备加推崇的。㉓

事实上，综观鲁迅为人为文的一生，道家思想对鲁迅的影响深入骨髓，化为血肉，他自己亲承"中过庄周、韩非的毒"。但由于鲁迅一生以"立人"为其旨归，随着时代的变化和发展，改造社会的迫切需求，使得这一代先驱者义无反顾地舍弃他们早年陶醉的审美世界，从鲁迅文章多用庄子语言典故来看，他早年对庄子的自由精神是非常认同的。然而1926年作《写在〈坟〉后面》的时候，他不无感慨道："自己却正苦于背了这些古老的鬼魂，摆脱不开，时常感到一种使人气闷的沉重。就是思想上，也何尝不中些庄周韩非的毒，时而很随便，时而很峻急。孔孟的书，我读得最早，最熟，然而倒似乎和我不相干。"㉔他承认庄子思想对自己影响之深，而以"鬼魂""中毒"来表达摆脱其影响的坚决态度和自我灵魂审判的沉痛感。其实，这正是鲁迅行动哲学的表现，以行动来排除"心中的迟暮"，"如果将鲁迅的写作不分文体或时期地整体来看，正可看到他是如何在写作中投入自己的现实经验与生命体验，又是如何将写作置于生命与生活的首要位置"㉕。

鲁迅与道家思想的关联一直延续到其生命的晚期。1935 年 12 月,鲁迅同时创作了《出关》和《起死》,对道家思想代表人物老子、庄子的思想及其价值在现代语境下进行了集中清算,也是鲁迅的"行动"哲学与道家思想的复杂纠葛。在《出关》中对老子哲学在现实中的出路作出了鲁迅式的解答,《起死》则是对庄子哲学在现实中的困境加以发挥。两篇文章涉及鲁迅晚年对道家思想的重新思考,并将其纳入"立人"实践中对道家思想的审视,即高远东教授认为的在鲁迅的立人建构中,传统资源如何纳入"立人"构图,道家人物(老庄)的行为实践"体现为一种人作为社会历史之主体进行价值确立和实现的有意味的方法,蕴含着鲁迅对人与社会、人与人、人与自我之关系的观点和思考,其中思想与行动如何转化以及相互支援是问题的焦点,是鲁迅批评老庄思想、重估道家价值的入口和平台"㉖。早年鲁迅在其系列文言论文中阐释其"立人"建构中,虽然不否认科学技术救国的重要性,但是对照搬西方物质主义的模式提出批评,反对"人惟客观之物质世界是趋,而主观之内面精神,乃舍置不之一省"的物质主义倾向,强调"掊物质而张灵明,任个人而排众数",实际上,鲁迅是希望由"立人"而"兴国",他理想中的人是像摩罗诗人那样的"精神界战士",具有热爱自由、有着独立精神的"精神界战士"的形象,也即是呼唤具有"历史能动性"的主体形象。这样的个人是建立现代"人国"需要的历史主体个人形象。在 20 世纪 30 年代国家危难关头,鲁迅对那种消极保守、以老庄的退隐避世为处世哲学的文人进行了批判和揭露。

早在《彷徨》《野草》时期,鲁迅对自身的"孤独"和"虚无"感就进行了自我批判,从而坚定地"与旧我告别"。正如《野草·题辞》中提道:"过去的生命已经死亡。我对于这死亡有大欢喜,因为我借此知道它曾经存活。死亡的生命已经腐朽。我对于这腐朽有大欢喜,因为我借此知道它还非空虚。"㉗由此我们知道鲁迅对老子的批判缘由:其在社会危机面前作为社会历史主体能动性的缺失,即"空谈""以柔退走"等——这正是传统知识人误国的通病,"使鲁迅对这种将'一事不作'合理化的'无为'思想进行批判,对只满足于'立言'的'徒作大言'的传统'立人'路线进行揭发"㉘。

从儒道互补的视角来看,鲁迅在《出关》中将"孔老相争"中孔子和老子分别代表着儒道思想对待现实问题的态度和处世的方法。鲁迅在文章中突出以孔子为代表的儒家"知其不可为而为之"的积极入世的态度,批判了老子所代表的道家"无为而无不为""一事不做,徒作大言"的"空谈家"特征。其实,在鲁迅的思想深处,一直有一种相对立的精神存在着,即"随便"和"峻急","人道主义和个人主义的起伏消长",坚持韧性的战斗等。因此在《出关》中,鲁迅对老子的"走流沙"和"无为"进行了批判和否定。但老子的行为背后所依据的精神根柢正是鲁迅在其所处的时代进行生存和战斗的策略,即鲁迅所强调的"壕沟战""与黑暗捣乱"的斗争智慧的体现。可以说在鲁迅的精神深处一直共存着孔墨和老庄行为哲学,形成了鲁迅思想结构中一种复杂的张力,导致鲁迅思想的丰富和复杂性。木山英雄对"孔老相争"中"老子"退却的意义进行了十分独到和深刻的阐释:

> 胜利的可能性,在由精神的原理发出的韧性的战斗中。……他(老子)的战斗特点是:一是由于在自己孤立失败的痛苦中坚持,所以就把这种精神作为战斗的根据和原动力;二是由于片刻的踌躇和退却也很有可能导致完全崩溃,所以必须毅然决然地切断退路,维持这种紧张的局势。㉙

鲁迅文学的出发点是追求"心声",言行一致,拒绝自欺的瞒和骗,而老子的退却保持着对"相争"这一状态的坚持,即保持着战斗的姿态。这是鲁迅哲学最本质的存在,战斗的意象出现在《野草》文本中多处,如"枣树""这样的战士""死火"等,"在鲁迅价值重估的战场上,就思想与行动的连动转化这一主题而言……老子和孔墨的矛盾其实已经内化为鲁迅自己的矛盾,成为其思想中结构性紧张的来源之一"㉚。在鲁迅的精神结构深处,儒家的进取和有为与道家的无为、逍遥成为一种作文和做人的方法,从其自我评价中的"战斗"和"休息""峻急"和"随便""油滑"等话语中,可以体会到两者互融共生的特点,两者共同塑造了鲁迅的精魂。

鲁迅对老子的批判主要是"以柔退却"和"空谈",作为以"立人"为旨归的文学实践,鲁迅在《起死》中对庄子的批判则是对道士思想的批判。总体说来,道家的知识大致包括三个方面内容:以老子为代表的统治和处世术,庄子所代表的精神自由和世俗超越,以及由此而生发出的成仙、法术等道教内容。道家思想与道教虽同源,但两者之间有着显著的差异。作为一种本土宗教,它以群众信仰为基础,潜移默化地影响中国民众的世俗生活态度和精神状态。当鲁迅对国民性进行思考时,就联想到"中国根柢全在道教",即道教对国民根性的影响。并对中国现代转型过程中出现的这种弊端诉诸"国民劣根性"的各种外在表现:做戏的虚无党、看客、阿 Q 精神、伪士、看客等,都与道教思想进行关联,进行思考。由此我们不难理解在《起死》中鲁迅塑造的庄子形象刻意改写为一个道士,将其"漫画"化。

事实上,在鲁迅精神谱系中,存在着两个不同的庄子形象:一个是《汉文学史纲要》中作为历史人物的庄子,鲁迅称赞其"文辞之美富者,实惟道家",庄子的文章则"汪洋辟阖,仪态万方,晚周诸子之作,莫能先也"㉛。在鲁迅的笔下庄子是一位"超世抗俗"的先秦哲人。而在《起死》中,庄子则被描写为一个身披道袍的道士,一个热衷权力、利欲熏心、毫无同情心的"伪士"形象。为什么鲁迅要对庄子进行这样的改写呢?前面说过,鲁迅一生都通过文学实现"立人"梦想,在当时的历史语境中,国家处于严重的民族危急时刻,鲁迅对"第三种人"和"自由人",以及林语堂等人的精神状态进行猛烈的批判。在鲁迅眼中,庄子似的文人是误国的,其代表的国民性在当时是不足取的。

20世纪30年代鲁迅对林语堂小品文的批评以及参与《庄子》《文选》的论战,都是将其与当时中国社会的现状以及对国民性中的消极影响入手,而这一切消极精神背后都与道教有关:"鲁迅又体认到道士(方士)思想其实是庄子思想的世俗形态,现代中国人精神、日常生活中的几乎一切消极现象都与它有关,因而在旨在展现庄子哲学困境的《起死》中,鲁迅便把庄子'道士化'了。这也就是《起死》中庄子形象的由来。"㉜

在鲁迅的笔下,"两个庄子"的出现反映出鲁迅的主观内面精神的复杂图景,一方面庄子所代表的中国文人感性的主体和浪漫的精神,以及个体精神的飞扬和超越都是鲁迅所持重的;另一方面对庄子哲学的无是非观等对国民性有着负面影响进行批判和拒绝,同时也是为自己"排毒"。

结　语

相对于老庄哲学,鲁迅无疑对孔子的"知其不可为而为之"的行动哲学更加推崇。鲁迅早年就确立了其"立意在反抗,指归在动作"的"精神界战士"的人生态度,综观其一生,无论何时他都不逃避知识分子的责任感和道德感,积极介入中华民族的现代转型实践中,晚年通过《出关》和《起死》的写作,清理了以老庄为代表的道家思想的价值和糟粕,真正做到"内之仍弗失固有之血脉",将其置于现代语境中对其思想与行动进行褒贬取舍,确立了一种新的关于人的价值和实现的"立人"路径。

鲁迅晚年通过《故事新编》对中国传统文化作一次全面的清理,这涉及其"立人"道德与事功、思想与实践、理想与现实等一系列问题。鲁迅清理它们,既是清理中国传统文化中的旧的糟粕的遗存,也是清理曾背着传统因袭的一切黑暗和光明的自我,为后来者奠定现代中国和中国文化复兴的新基点,正如鲁迅所描述的生命的新路:"生命的路是进步的,总是沿着无限的精神三角形的斜面向上走,什么都阻止他不得。"㉝在当下的新时代语境中,如果我们能借鉴鲁迅的现代性思想对包括道家思想在内的中国传统文化进行分析和创造性转化,将能对传统文化血脉传承和创新,激发传统文化活力,为中华文化繁荣复兴作出贡献。

[基金项目:安徽省哲学社会科学规划项目"鲁迅与中国现代文学新范式形成关联研究"(AHSKY2019D125)]

(安庆师范大学人文学院)

注释

① 杨义:《寻找大国学术风范》,首都师范大学出版社 2015 年版,第 275 页。

② 汪卫东:《探寻"诗心":〈野草〉整体研究》,北京大学出版社 2014 年版,第 254 页。

③ 鲁迅:《写在〈坟〉后面》,《鲁迅全集》第一卷,人民文学出版社 2005 年版(以下各卷同,不另注),第 301 页。

④ 田刚:《鲁迅与中国士人传统》,中国社会科学出版社 2005 年版,第 124 页。

⑤ 王学谦:《道家文化:鲁迅生命意识的传统资源》,《齐鲁学刊》2007 年第 2 期。

⑥ 鲁迅:《摩罗诗力说》,《鲁迅全集》第一卷,第 68 页。

⑦ 鲁迅:《摩罗诗力说》,《鲁迅全集》第一卷,第 66 页。

⑧ 鲁迅:《〈出关〉的"关"》,《鲁迅全集》第六卷,第 539 页。

⑨ 《鲁迅全集》第七卷,第 3 页。

⑩ 鲁迅:《文化偏至论》,《鲁迅全集》第一卷,第 56—57 页。

⑪ 鲁迅:《破恶声论》,《鲁迅全集》第八卷,第 27 页。

⑫ 鲁迅:《我们现在怎样做父亲》,《鲁迅全集》第一卷,第 140 页。

⑬《鲁迅全集》第一卷,第 47 页。

⑭ 田刚:《鲁迅与中国士人传统》,中国社会科学出版社 2005 年版,第 153 页。

⑮ 鲁迅:《文化偏至论》,《鲁迅全集》第一卷,第 58 页。

⑯ 鲁迅:《文化偏至论》,《鲁迅全集》第一卷,第 54 页。

⑰ 鲁迅:《文化偏至论》,《鲁迅全集》第一卷,第 69 页。

⑱ 鲁迅:《文化偏至论》,《鲁迅全集》第一卷,第 102 页。

⑲ 鲁迅:《文化偏至论》,《鲁迅全集》第一卷,第 57 页。

⑳ 鲁迅:《破恶声论》,《鲁迅全集》第八卷,第 25 页。

㉑㉒《鲁迅全集》第十一卷,第 365 页。

㉓ 杨义:《道家文化与中国现代文学》,《中国社会科学》1997 年第 2 期。

㉔ 鲁迅:《写在〈坟〉后面》,《鲁迅全集》第一卷,第 301 页。

㉕ 张洁宇:《"活"与"行"——鲁迅生命观与文学观的互动》,《中国现代文学研究丛刊》2016 年第 9 期。

㉖ 高远东:《现代如何"拿来"》,复旦大学出版社 2009 年版,第 38 页。

㉗ 鲁迅:《野草·题辞》,《鲁迅全集》第二卷,第 163 页。

㉘ 高远东:《现代如何"拿来"》,第 42 页。

㉙ 木山英雄:《〈出关〉杂谈》,转引自高远东:《现代如何"拿来"》,第 44 页。

㉚ 高远东:《现代如何"拿来"》,第 45 页。

㉛ 鲁迅:《汉文学史纲要》,《鲁迅全集》第九卷,第 375 页。

㉜ 高远东:《现代如何"拿来"》,第 49 页。

㉝ 鲁迅:《生命的路》,《鲁迅全集》第一卷,第 386 页。

鲁迅同时代人

——《浙江潮》同人考述

乔丽华

《浙江潮》系浙江同乡会会刊,创办于东京,自 1903 年 2—12 月共出版 10 期,撰稿人主要为浙江籍留学生,内容主要是宣传民族主义革命思想。鲁迅正是从《浙江潮》开始了他最初的文学活动,从第 5 期起发表了《斯巴达之魂》《哀尘》《中国地质略论》《说鈤》《地底旅行》等译作。作为撰稿人之一,鲁迅与《浙江潮》同人有诸多来往,这不仅促成他最初的翻译和创作,也深深地影响了他的文学观和革命观。然而,关于《浙江潮》的编辑和作者群体,由于资料所限等原因迄今未能深入细究,也因此难以进一步透视鲁迅留日初期的文学交游及出版活动。本文尽可能搜集当时涉及《浙江潮》编辑发行的相关背景资料,梳理相关史实,考察刊物编撰者的组成及他们各自发挥的作用,以展现在"群体""群像"中的留日学生周树人。

一、浙江同乡会与《浙江潮》

《浙江潮》是浙江同乡会杂志,自创刊号起,每一期的版权页都注明:"编辑兼发行者 浙江同乡会干事。"从理论上说,负责本杂志的是浙江同乡会的全体干事。根据第一期刊登的《浙江同乡会章程》,干事共七人:庶务三人、书记一人、会计一人、杂志一人(总理杂志事宜)、调查一人(总理调查事宜)。这个章程的落款是"壬寅冬十月本会同人公拟",章程条目内容十分详细,唯独没有发布当选干事的名单,这是很遗憾的。

所幸《译书汇编》1902年第10期(光绪壬寅十月十五日出版,即公历1902年11月4日)刊登有一则报道,名为《浙江同乡会记事》,其内容如下:

> 阳历本月九日,为浙江同乡第三次恩亲会,是日凡留学生及滞东绅商籍隶浙江者,群集于九段富士见轩,午前十时开会。章君宗祥首述开会辞,历陈本会之发达,与将来之方针,并引德意志、瑞典二国学生同乡会于国家之教育,有绝大之关系以为证。次孙君翼中演说,详述同乡会与同年、同寅、同学之区别,并推论同乡之观念,其起源由于历史、地理、名誉、利害等种种之关系。次蒋君尊簋演说,力驳非议同乡会之谬,并言同乡会为大团体之根本。次吴君振麟演说,提议二事:一浙省有每县选派师范生一人之议,本会同人必竭力以图其成。二、各国整作士气,以歌为第一,如学校等各有校歌,本会当编制一歌,为全国倡。次蒋君方震提议章程,众赞成。次选举干事,午后一时议事毕。乃开食堂,酒酣,由章君发声祝浙江同乡会万岁,众和之,一时欢声满堂。三时宴毕,乃同摄影而散。是日留学生全数俱到,滞东绅商到者,为南洋陆师学堂监督姚君煜,及王君铁斋、董君阜成等七八人,实为非常之盛会云。

由这则报道可知,此次同乡会于公历1902年10月9日(壬寅九月初八)召开,在这次会议上强调了同乡会的重要性,由蒋方震(蒋百里)提议章程,还选举出了干事。报道虽未发布干事名单,但报道中提及的几位当为浙江同乡会的第一任干事,他们是:章宗祥、孙翼中(孙江东)、蒋尊簋(蒋伯器)、吴振麟、蒋方震(蒋百里)。

又《浙江潮》第六期刊有浙江同乡会的一则报道,从中可知同乡会干事此时应有所变动。报道全文如下:

　　阳历七月五日,吾浙开夏季同乡大会于九段坂上之富士见轩,凡吾浙留东学生与在东游历绅士及横滨之浙商,后先荟至。是日兼为汤君櫆欢迎章君宗祥、陆君世芬卒业送别,诚吾浙同乡未有之盛会也。钟九下,乃齐至演说堂,首由吴君振麟述开会词兼欢迎致别辞,并道吾浙自今春以来进联队者踵相接,今陈君蔚等十人不数日又将进队,可为吾浙前途贺。次汤君櫆报告北方社会一般惧外媚外之情形。次章君宗祥演说归国办事之方针及其次序(演说稿以限于篇幅故皆从略)。次会计报告,次书记报告,次杂志部报告,次招待员报告。至正午赴恳亲宴室,几椅清凉,香花扑鼻,杯盘交错,肴果芬绯。酒酣,吴君振麟起而言曰:“今日欢迎送别无乐不兼,不可不醉饱以尽斯欢。”于是坐者皆起立饮一杯。少顷汤君櫆离席而言曰:“吾会之成立久矣,而未有开会以送卒业归国者之一日也。有之,自今次始。章、陆二君返国后,吾知其必有以福吾浙与吾中国。此间同人何等注目。今日陆军学生与会者甚众,宜行轩举礼于二君,以表期望之意也。”成城诸君即以此先礼章君,章君曰:“辱承优待,无以为报,敢酬杯酒。”于是坐者又皆起而各饮一杯。成城诸君复以此礼敬陆君,陆君答如前。既陈君蔚亦起而言曰:“汤君櫆冒险赴北,今得安然返东,可敬又可庆,吾辈亦当以轩举礼礼汤君。”语未毕即轩举汤君,汤君笑曰:“吾亦照例酬一杯。”是宴也,以有种种乐事,复佐之以酒兴,故每逢轩举之时,无不击掌成雷,众口喝采,盖

亦不自知其狂喜也。宴毕再集于演说堂,提议杂志部维持事,
至四时顷尽欢而散。①

这次同乡会是欢送毕业回国的章宗祥和陆世芬,主持和致辞
的是汤槱(汤尔和)和吴振麟,大致可以判断,章宗祥离开东京后,
汤槱接替章宗祥成为浙江同乡会干事。

根据第一期刊登的《浙江同乡会章程》,其中一位干事专门负
责杂志编辑事宜,还有一位干事负责调查事宜(《浙江潮》每期都
有调查栏目)。关于《浙江潮》的主编,不同的当事人说法不一。
鲁迅好友许寿裳在回忆中指出是孙翼中、蒋百里,他本人后期也接
编过这本杂志:

> 这时候,东京方面,杂志云起,《浙江潮》也出世了。命名
> 之始,就起了两派的争执;温和的一派主张用浙江同乡会月刊
> 之类,激烈的一派大加反对,主张用这个名称,来作革命潮汹
> 涌的象征。起初由孙江东、蒋百里二人主编。百里撰《发刊
> 词》,有云:"忍将冷眼,睹亡国于生前,剩有雄魂,发大声于海
> 上。"……
> 这时我和鲁迅已经颇熟,我觉得他感到孤寂,其实我自己
> 也是孤寂的。刚刚为了接编《浙江潮》,我便向他拉稿。他一
> 口答应,隔了一天便缴来一篇——《斯巴达之魂》。他的这种
> 不谦让,不躲懒的态度,与众不同,诺言之迅和撰文之迅,真使
> 我佩服!②

陶菊隐的《蒋百里先生传》,有些材料来自蒋百里的老师、求
是书院创办人陈仲恕(陈汉第)的述说,其中提到《浙江潮》的主编
先后为蒋百里、汪熙:

在此时期浙江留日学生只有三十五人。百里提议先组织同乡会,然后出刊物名曰《浙江潮》,草拟社章及编著方针,均由他一气呵成,且自任第一届主编,执笔之士有汪熙(字叔明,百里入士官后,继任浙江潮主编)、邵章、孙江东等。……

百里的第一篇文章就是提倡民族主义的洋洋巨著,从十八世纪的西方革命潮说到中国近代史,连载数期才载完。当时民间舆论多有痛恨西后而惋惜光绪的,这种与革命党共鸣的作品还少见,而他配合中外引古说今的笔调也是少有的。③

需要说明的是,陶菊隐的这本传记比较富于故事性,材料方面不甚严谨,如说当时浙江留日学生只有 35 人,可能主要指官费生,根据《浙江潮》第三期刊登的《浙江同乡留学东京题名》(以下简称《东京题名》),官费和自费加起来有 130 多人。汪熙(汪希、汪叔明)当时也在东京,但他曾任《浙江潮》主编的说法仅见于陶菊隐的这本传记。邵章,字伯炯,号倬盦,曾就读于日本法政大学速成科,但《东京题名》中没有他的名字。

现存一封蒋百里致著名报人汪康年的信,关于代售《浙江潮》一事,全文如下:

穰卿先生大人惠鉴:

前由清漪、耦耕二度上言,托《中外日报馆》总代派《浙江潮》事,度已知悉。第一期草草付印,内容甚不惬意,然不得已,兹已出版,即由此度邮船运至上海,递单亦同时寄上,递单到后,祈即着人去一领,因领若稍迟,则书必尽入货内,一时甚难领出故也。东京事谅章君能言之,不重赘。肃此,敬请近安不宣。蒋方震顿首。(二月十三到)④

信中提到清漪、耦耕，即叶澜、孙翼中，从《题名》可知，叶澜，字清漪，时年 30 岁，杭州仁和（今杭州）人，光绪二十七年八月（1901 年）赴日，自费，预备入校。孙翼中，字耦畊，时年 33 岁，光绪二十八年九月（1902 年）赴日，自费，预备入校。这两位当时都没有进正式学校，由蒋百里这封信可知，他们二人从一开始就参与《浙江潮》的相关工作。信中提到的章君，当为章宗祥。

又据鲁迅同学沈瓞民回忆，王嘉榘是《浙江潮》的编辑，蒋智由（蒋观云）也曾任该刊总编辑：

一九〇三年（癸卯）十月，日俄战争即将爆发，认为战争势必延长，这是中国革命的好机会。于是在东京的"浙学会"会员，聚集在王嘉祎⑤的寓所举行会议。王嘉祎是《浙江潮》的编辑，当时在早稻田大学读书，住在东京牛込区榎木町。在东京的"浙学会"会员参加王寓集会的，有王嘉祎（字伟人，杭州求是书院同学）、蒋尊簋（字百器，求是书院同学）、许寿裳（字季黻，求是书院同学）和我（求是书院教习）等十余人。"浙学会"原设在杭州，以杭州求是书院师生为骨干，鼓吹革命。旋被清朝政府下令通缉，由陈汉弟（字仲恕，求是书院监院）改名为"浙学会"作为掩护，继续进行工作。"浙学会"留日的会员在王寓集会，商讨另组织秘密的革命团体，趁日俄战争的良机，想首先占领湖南、安徽或浙江一省，作为武装根据地，再逐渐扩大。当时大家一致认为浙江革命志士在东京者尚不乏其人，如陶成章在东京，军国民教育会会员魏兰、龚宝铨也在东京（不久将回国），蒋智由在东京担任《浙江潮》总编辑（这时蒋智由还站在革命方面），周树人（鲁迅）在弘文学院读书，于是便分头去邀请。⑥

另外，冯自由《中国革命运动二十六年组织史》对《浙江潮》杂志有如下介绍：

> 东京浙江潮月刊　　东京　　孙翼中、蒋智由、蒋方震
> 此月刊为浙江留学志士所创办，鼓吹革命，排满甚力。执笔者有孙翼中、蒋智由、蒋方震、王嘉榘诸人。⑦

　　基于以上不同说法，后来的研究者对于《浙江潮》的主编究竟是谁，说法不一。张枬、王忍之编《辛亥革命前十年间时论选集》介绍《浙江潮》："1903年2月出版于日本东京，月刊，共出十期，浙江留日学生编，主编人是孙翼中、蒋方震、马君武等。"⑧丁守和《辛亥革命时期期刊介绍》第一集关于《浙江潮》条目的说法是："编辑兼发行者有孙翼中、王嘉榘、蒋智由、蒋方震、马君武等人，主要撰稿人，除了上述编辑兼发行者外，还有陈榥、陈威、何燏时、沈沂、鲁迅等人。"⑨詹文元《浙江早期报业史访辑》认为："在众多同乡会干事中，直接负责和参与《浙江潮》编辑工作的，有董鸿祎、叶澜、蒋智由、蒋尊簋等，主编是蒋方震。"⑩黄福庆《清末留日学生》介绍《浙江潮》则采纳了冯自由的说法："编辑及发行人：孙翼中、蒋智由、蒋方震。"⑪刘训华《近代留日学生的革命性——对〈浙江潮〉编辑群的历史考察》一文倾向于丁守和的说法，同时根据许寿裳的回忆，认为"蒋百里和许寿裳在一年的办刊期内，发挥了比其他编辑人员更大的作用"。⑫

　　的确，由于各家说法不一，且《浙江潮》各期作者大多不能认定身份，故很难对《浙江潮》编辑阵容做一个最终的认定。但通过各家回忆材料并考察《浙江潮》杂志本身，可大致确认如下几点：

　　一、按照版权页，《浙江潮》的编辑兼发行者是"浙江同乡会干事"，也就是说章宗祥、孙翼中（孙江东）、蒋尊簋（蒋伯器）、吴振麟、蒋方震（蒋百里）、汤楒（汤尔和）等均为名义上的编辑发

行者。

二、根据各家回忆,创刊时的主编为蒋百里、孙翼中。根据第一期刊登的《浙江同乡会章程》,其中一位干事专门负责杂志编辑事宜,还有一位干事负责调查事宜(《浙江潮》每期都有调查栏目),大致可推定:蒋百里总负责杂志事宜,且与王嘉榘、陈公猛、叶澜等主持《社说》《论说》及《大势》《学术》等几个栏目。[13]孙翼中负责调查部分(第一、二期为《新浙江与旧浙江》栏目,第三至第十期栏目名改为《调查会稿》),另外,《日本闻见录》(第一至第三期),及从第二期开始的《谈丛》栏目可能也主要由孙翼中、汪希、袁文薮等原《杭州白话报》的成员主持。

三、由于其间有人回国(如孙翼中等)或其他变动,所以在中后期蒋智由(蒋观云)等人在杂志编辑中发挥了比较重要的作用。大致推断蒋观云主要负责诗词类的《文苑》栏目,另外他可能也负责了后期的《论说》栏目。此外许寿裳、马君武等人也参与过杂志的编辑工作。

二、《浙江潮》的两大作者群

《浙江潮》共出版10期(1903年2月至12月,每月一期),第一期刊登的《浙江潮发刊词》列出章程,表明发刊宗旨及体例、特色等,列出社说、论说、学术、大势、谈丛、记事、杂录、小说、文苑、日本见闻录、新浙江与旧浙江、图画12个门类。计有50多位作者为该刊撰稿,其中不少署的是笔名,有些栏目及篇目不署名,所以到目前为止只能考证出一部分作者的真实身份,且其中一些仍存疑。根据目前所考察作者身份情况,《浙江潮》的作者大致可分为以下两个群体:

(一)译书汇编社、教科书译辑社的部分成员。

《译书汇编》系清末留日学生创办的第一份法政期刊,专门登载西方和日本法政名著译文节选,1900年12月创刊,1903年3月停刊,共出 21 期(第 2 卷第 12 期后改名为《政法学报》,主要刊发政论文章)。根据《译书汇编》第二年第 1 期上所列名单,译书汇编社成员有戢翼翚、雷奋、杨荫杭、杨廷栋、吴振麟等 14 位,其中以下 5 人来自浙江:

钱承志(念慈),籍贯浙江仁和,1898 年赴日,浙江官费,就读于东京帝国大学法科,赴日前就读于求是书院。1902 年译书汇编社出版了钱承志译《外交通义》。⑭

陆世芬(仲芳),籍贯浙江仁和,1898 年赴日,浙江官费,就读于东京高等商业学校,赴日前就读于求是书院;1902 年 6 月与部分留学生设教科书译辑社,"编译东西教科书,备各省学堂采用"⑮。

吴振麟(止欺),籍贯浙江嘉兴,1898 年赴日,自费,就读于东京帝国大学法科。杂志后期的实际主持人。

章宗祥(仲和),籍贯浙江乌程,1899 年赴日,南洋官费,就读于东京帝国大学法科,赴日前就读于南洋公学。1902 年译书汇编社出版了章宗祥译《国法学》《各国国民公私权考》。⑯

富士英(意诚),籍贯浙江海盐,1899 年赴日,南洋官费,就读于东京专门学校(1902 年 9 月后改名为早稻田大学),赴日前就读于南洋公学。1902 年夏秋(光绪二十八年九月)毕业回国。

《译书汇编》的骨干成员多为励志会会员。励志会是清末留日学生组织的第一个爱国团体,1900 年春由戢翼翚、沈翔云等在日本东京发起成立。吴稚晖所记励志会同人名单中,有不少为浙江籍留学生:何燮侯(何燏时)、夏爽夫(夏循垍)、陈公猛(陈威)、董恂士(董鸿祎)、钱稻孙、陆仲芳(陆世芬)、钱念慈(钱承志)、王伟臣(王嘉榘)、王鲁璠(王鸿年)、蒋百器(蒋尊簋、蒋伯器)、吴仲言(吴锡永)、富意诚(富士英)、叶清漪(叶澜)、章仲和(章宗祥)14人。[17]除钱承锸等5位《译书汇编》核心成员,也不排除以上名单中其他人参与了该社的译书活动。根据《译书汇编》所刊广告可知,1902年译书汇编社还出版了董鸿祎译《日本行政法纲领(要)》[18]、钱恂编辑《财政四纲》[19]。此外,据《蒋百里先生传》:"百里一面求学一面不忘写作,常投稿《译书汇编》,以稿费为购书之资。"[20]可见在1898—1901年赴日留学的浙江籍留学生中,不少人参与了译书汇编社的编译活动。此外,译书汇编社的陆世芬发起成立教科书译辑社,该社成员如陈榥编译了《中学物理教科书》《物理易解》等[21],何燏时重译了《中学生理教科书》(美斯起尔原本)等[22]。

以上这批早期的留学人员有一部分成为《浙江潮》的撰稿人,从《浙江潮》各期栏目看,《学术》和《大势》栏目的作者以他们为主,目前可以明确的作者有陈榥、王嘉榘、何燏时、夏循垲、蒋百里、董鸿祎等。又,对比《译书汇编》(后期改名《政法学报》)和《浙江潮》,两份刊物还有如下几个共同的笔名:攻法子、无逸、经济研究生、泷川学人、芙峰。其中攻法子在《浙江潮》上仅发表论说文一篇,但在《译书汇编》上发表了13篇文章,有研究者考证,此人当为吴振麟。[23]其余几位无法确认作者的身份,但根据他们文章的内容,有可能是在帝国大学和早稻田大学就读的钱承锸、王鸿年、章宗祥、吴钟镕、陆世芬等。

(二)1902年后赴日的留学生或预备入学的人员。

目前可知1902年后赴日的浙江籍人员中,参与了《浙江潮》编撰或投稿的有以下几位(按赴日时间先后排序):

　　章太炎,浙江余杭人,1902年2月赴日。赴日前曾担任《时务报》《经世报》《实学报》《亚东时报》等维新报刊的编撰,出版了《訄书》,因鼓吹革命遭清政府追捕,流亡日本。

沈沂(重堪),杭州海宁人,1902 年 2 月赴日,自费,成城学校陆军;赴日前情况不详。

任允(任克任),杭州仁和人,1902 年 4 月赴日,自费,物理学校;赴日前情况不详。

周树人(豫才),绍兴会稽人,1902 年 4 月赴日,南洋官费,弘文学院普通科;赴日前就读于江南陆师学堂附设矿路学堂。

陈威(公猛),绍兴山阴人,1902 年 9 月赴日,自费,早稻田大学;赴日前就读于杭州求是书院,与其弟陈仪(陈毅、陈公侠)一同赴日。

许寿裳(季黻),绍兴山阴人,1902 年 9 月赴日,本省官费,弘文学院普通科;赴日前系杭州求是书院学生。

孙翼中(江东),杭州钱塘人,1902 年 10 月赴日,自费,预备入校;赴日前系杭州求是书院教员,"罪辩文案"主要当事人。《杭州白话报》创办人之一。

汪希,杭州钱塘人,1902 年底赴日,自费,预备入校;赴日前系杭州求是书院教员,因"罪辩文案"辞职。《杭州白话报》创办人之一。

袁太(袁毓麟、文薮),杭州钱塘人,1902 年底赴日,自费,预备入校;赴日前系杭州求是书院教员,因"罪辩文案"辞职。《杭州白话报》创办人之一。

钟玉瑝(璞岑),杭州钱塘人,1902 年底赴日,自费,预备入校;赴日前先后在杭州求是书院、南洋公学就读。担任过《杭州白话报》的主笔。[24]

蒋智由(观云),绍兴诸暨人,1902 年底赴日,自费,预备入校。赴日前在上海创办《选报》并担任主笔,与蔡元培等发起并组织中国教育会,开设爱国女学校。

孙任(孙诒械、公侠),温州瑞安人,1903 年 2 月赴日,自费,预备入校;赴日前与孙诒让、林文潜等共同组织"瑞安劝解妇女缠足会""瑞安演说会"等。

林潜(林文潜、筑髓),温州瑞安人,1903 年 4 月赴日,自费,预备入校;赴日前就读于杭州日文学堂。曾担任杭州《译林》杂志的编译。㉕

以上 13 位撰稿人(冯开、江起鹏等当时应不在日本,故不计入),大致有如下特点:

其一,近一半人在赴日前有办报经历。蒋智由和章太炎称得上是资深报人,另外几位作者赴日前曾参与《杭州白话报》或《译林》的编撰。《杭州白话报》1901 年由孙翼中、项兰生、林白水等创办于杭州,文章采用通俗的白话文体,旨在"开民智和作民气两事并重"。《译林》是浙江省最早的翻译刊物,1901 年由伊藤贤道和林纾监译,林长民等人主编,其主要译员有日文学堂的林文潜、金保康、徐鼎等人,所译内容涉及经济、历史、法律、游记、人物传记等。从以上所列《浙江潮》作者名单可以看到,1902 年底赴日的孙翼中、汪希、袁文薮、钟玉瑂是《杭州白话报》的创办人或编撰者,林潜是《译林》的译员,他们到东京后没有进入正式的学校,大概因为时间比较宽裕且具有较丰富的办报经验,所以理所当然地成为《浙江潮》的重要参与者,特别是在杂志初创时期起了不小的作用。从《浙江潮》各期栏目看,他们很可能主要负责了《新浙江与旧浙江/调查会稿》《谈丛》《日本闻见录》这几个栏目,同时也为《论说》《小说》等其他栏目撰稿。

其二,不少作者来自开风气之先的杭州地区(包括仁和、钱塘、海宁),其中多数曾在杭州求是书院就读或任教。求是书院是浙江大学的前身,清光绪二十三年(1897 年)由杭州知府林启利用普慈寺创办,是浙江首所新式高等学堂。1898 年以来的浙江籍留

日学生中,有不少来自杭州求是书院的师生,名单如下:㉖

  光绪廿四年(1898 年) 何燏时(燮侯)、陈榥(乐书)、陆世芬(中芳)、钱承志(念慈);

  光绪廿七年(1901 年) 蒋尊簋(百器)、蒋方震(百里)、王嘉榘(维忱、伟人、伟臣)、李辰身、施调梅(承志)等。

  光绪廿八年(1902 年) 韩永康、许寿裳、钱家治(均夫)、周承菼、寿昌田、励家福、陈其善(拜言)、施霖(雨若)、沈启芳(祚延)、俞大纯、陈威(公猛)、陈仪(公侠)、袁毓麟(袁文薮)、孙翼中、汪希等。

  光绪廿九年(1903 年) 戴克敦、来裕恂、沈眽民等。

  光绪三十年(1904 年) 汪希、袁毓麟、陈汉第、张任天等。

  《浙江潮》杂志可以确定的作者及编辑中,至少有何燏时、陈榥、蒋尊簋、蒋方震、王嘉榘、许寿裳、陈威、孙翼中、袁毓麟、汪希10 人来自求是书院(实际人数肯定不止,因为还有不少署名无法辨识身份),且蒋方震和孙翼中担任该杂志的主编,王嘉榘、陈威、汪希、袁毓麟等其余几位也都是重要的编撰者。

  其三,很大一部分作者系自费生,在东京没有正式入学,其中一些人是由于参与了反对满清政府的活动而避居日本,到日本留学具有流亡避难兼考察性质。

  在《东京题名》所录 130 人中,有 29 人为"自费",除 3 位女性进入了女子学校,其余因各种原因赴日的 26 位自费生都没有正式入学,处于自学日语准备入学的状态,其中一部分或进行个人翻译著述,或加入《浙江潮》的编撰。我们目前所知 1902 年赴日的 13位《浙江潮》参与人员中,除沈沂、任允、陈威、周树人、许寿裳这几位,其余都是这种情况。资深报人蒋智由、章太炎,以及《杭州白话报》的孙翼中、汪希、袁毓麟、钟玉瑶等,赴日前都程度不同地参与过反对满清、鼓吹革命的活动;此外两位温州瑞安的作者林文潜、孙任(孙诒棫)的情况也类似。晚清启蒙思想家宋恕系孙锵鸣女婿、孙诒棫姐夫,1903年在他的书信里曾提及《浙江潮》,在当年6月致妻子孙季穆的信中他言及当时新党风波,要求妻子"速请恺、忱诸弟严谕季芃万万格外小心,不可再入演说所,再作《浙江潮》……"㉗查癸卯四月二十日(1903年5月16日)发行的《浙江潮》第四期,内有无署名的《温州瑞安城内教育区所表》,据此,当为孙诒棫所作,或他与林文潜等温州瑞安籍留学生共同撰写。另,第二期《大势》栏目的《斯拉夫人种与条顿人种之竞争》一篇,署名"孙林",有可能是孙诒棫与林文潜合署名。又,根据温州瑞安籍留学生林摄(林调元)所起草的《抗俄宣言》(1903年5月),宣言署名的有温州留学生林调元、陈蔚、孙任、黄瓒、许燊、林文潜、吴钟镕、王鸿年、朱鼎彝、陈华、游寿宸、黄曾延、黄曾楷、黄曾铭、林大同、林大闾、张正邦17人,可见温州留学生也积极参与到晚清的革命活动中,参与《浙江潮》撰稿的温州籍留学生可能并不仅仅孙诒棫、林文潜两人。

结　语

根据目前可考的编辑及作者身份,《浙江潮》的主编为蒋百里、孙翼中、蒋智由等,参与的作者主要来自两大群体,其一为1898—1901年较早赴日且与译书汇编社及励志会关系密切的一批浙江籍留学生,如陈榥、王嘉榘、何燏时、夏循垲、蒋百里、吴振麟等;其二为1902年后赴日的留学生或预备入学的人员,包括沈沂、任允、陈威、周树人、许寿裳等官费留学生,以及孙翼中、汪希、袁毓麟、林文潜、孙诒棫等自费赴日预备入校的人员,他们在1903年创刊的《浙江潮》相遇,以刊物为阵地鼓吹革命思想,激荡起20世纪初汹涌澎湃的社会变革浪潮。

附录

表 1 《浙江潮》作者、编辑及发行人②
（按到东京年月先后排序）

姓名	笔名/署名	籍贯	年龄	到东京年月及费别	学校及科目	文章篇数/期刊号	备 注
陈榥，字乐书	义乌陈榥	金华义乌	30	1898年（光绪廿四年四月），本省官费	帝国大学工科	续无鬼论（连载第1，2，3期）	（）内年月，以下省去"光绪"
何橘时，字燮侯	何橘时	绍兴诸暨	23	1898年（廿四年四月），本省官费	第一高等学校	气体说（第4期）	
吴振麟，字止敬	攻法子	嘉兴	25	1898年（廿四年十月），本省官费	帝国大学法科	敬告我乡人（第2期）	清国留学生会馆第一届干事，浙江同乡会干事
夏循垲，字爽夫	蠡卿⑳	杭州仁和	25	1899年（二十五年五月），使馆官费	东京法学院	血痕花小说（第4期）	清国留学生会馆第二届干事
夏张时田		杭州钱塘	24	1902年（二十八年十二月），自费	日本女子大学		夏张时田与夏循垲系夫妇，故未按留日时间排列
钱恂，字念劬	富士始一	湖州归安	50	1898年或1899年	湖北留日学生监督	庚子阴历除夕述怀时在日本（第2期）	清国留学生会馆副长（第一至第三届）

续表

姓名	笔名/署名	籍贯	年龄	到东京年月/自费别	学校及科目	文章篇数/期刊号	备注
单士厘	受兹室主人	浙江萧山	45	1899年或1900年		江岛金龟楼钱岁和积顾步主人元韵等二首诗(第2期)	钱恂夫人,随钱恂出使日本
蒋方震,字百里	飞生,余一	杭州海宁	21	1901年(二十七年四月),自费	近卫步兵第一联队	国魂篇,民族主义论,近时二大学说之评论,俄人之性质等六篇(第1,2,3,5,7,8,9期)	
王嘉榘(王家驹),字伟人(维伟忱)	顾僧、维僧、韦尘、慧僧	嘉兴秀水	24	1901年(二十七年四月),本省官费	早稻田大学	极东问题,欧洲国际政局之推移,德意志之新政策,二十世纪之太平洋,德国国势之进步(第2、3、4、5、7、8、9、10期)	清国留学生会馆第三届干事③
董鸿祎,字恂土	独头	杭州仁和	24	1901年(二十七年四月),自费	早稻田大学	俄人要求立之宪之铁血主义,国际法上之国事犯规,国际法上之新国家观(第4、5、8、9期)	清国留学生会馆第三届代评议员

续表

姓名	笔名/署名	籍贯	年龄	到东京年月/费别	学校及科目	文章篇数/期刊号	备 注
叶澜,字清漪	叶公③	杭州仁和	30	1901年(二十七年八月),自费	预备入校	印度灭亡之原因(第1、5期)	参与编辑发行事务
章太炎	太炎	浙江余杭	34	1902年		狱中赠邹容等4首诗/第7、9期	1902年2月流亡日本,1903年3月回国
沈圻,字重堪	重堪	杭州海宁	21	1902年(二十八年一月),自费	成城学校陆军	自治篇/第6期	1903年7月前归国(据1903年7月2日《苏报》载《记改进学社向励志学社借款事》一文)
任允,字克任(克诚)	克任	杭州仁和	26	1902年(二十八年三月),自费	物理学校	苦英雄逸史/小说,俄国虚无党女杰沙勃罗克传(第2、7期)	
周树人,字豫才,庚辰子,之江素子	索子,自树,庚辰子,之江素子	绍兴会稽	21	1902年(二十八年三月),南洋官费	弘文学院普通科	斯巴达之魂等5篇(第5、8、9、10期)	
陈威,字公猛	公猛	绍兴山阴	24	1902年(二十八年八月),自费	早稻田大学	浙江文明之概观,希腊古代哲学史概论,并主持三期"回澜丛话"(第1、3、4、5、6、7、10期)	

续表

姓名	笔名/署名	籍贯	年龄	到东京年月/费别	学校及科目	文章篇数/期刊号	备 注
孙翼中，字耦耕	江东	杭州钱塘	33	1902年（二十八年九月），自费	预备入校	记杭州放足会（调查会稿）（第2期）	1903年7月前归国（据1903年7月1日《苏报》载《记改进学社向励志学社借款事》一文）
汪希，字素民（叔明）	匪石	杭州钱塘	30	1902年（二十八年十一月），自费	预备入校	浙风篇、中国爱国者郑成功传、中国音乐改良说，并主持人期"野获一夕话"（第2—10期）	1903年9月前归国（据周作人癸卯年七月十六日日记）
袁大（袁毓麟），字文薮	文诡、太公	杭州钱塘	31	1902年（二十八年十一月），自费	预备入校	浙声篇、非省界、海上逸史/小说、东京杂事诗（第1、2、3期）	1903年4、5月间回国（据《文薮自撰年谱》）
钟玉瑨，字璞岑	匏尘	杭州钱塘	23	1902年（二十八年十一月），自费		自由魂/小说（第6期）	癸卯九月前回国（1903年11月前，据《清国留学生会馆第三次报告》）
蒋智由，字观云	愿云、观云	绍兴诸暨	38	1902年（二十八年十二月），自费		四客政论、儒教国之变法，东京除夕等4首诗（第2、7、9、10期）	清国留学生会馆名誉赞成员

续表

姓名	笔名/署名	籍贯	年龄	到东京年月/费别	学校及科目	文章篇数/期刊号	备注
孙任字公侠，原名名械，字季苋		温州瑞安	24	1903年（二十九年二月），自费	预备入校	温州瑞安城内教育区所表（第4期）㉟	1903年11月同回国（据《宋恕集》，《宋恕集》，第1120页）
林潜（林文潜），字筑髓	固髓	温州瑞安	26	1903年（二十九年三月），自费	预备入校	论欧美报章之势力及其组织（第4期）	1903年秋因病回国，不久去世
冯圻，字君木，号回凤	君木	浙江慈溪	30			剌时并序等4首诗（第10期）	非留日生
江起鹏，字内民，号南溟㉟	再世冯生	浙江奉化	33			新奉化歌（第1期）	非留日生，时任奉化龙津学堂教习
陈拜庚	绍兴新昌陈拜庚	绍兴新昌				绍兴新昌县物产表（第4期）	非留日生
沈复生	山阴沈复生	绍兴山阴				绍兴全府当业架本调查表（第8期）	非留日生
刘成禺，字禺生	壮夫	湖北武昌	27	1900年	成城陆军预备学校，后赴美加州大学	地人学（第4、5、7、10期）	清国留学生会馆第二届干事

续表

姓名	笔名/署名	籍贯	年龄	到东京年月/费别	学校及科目	文章篇数/期刊号	备注
马君武，字君武	大我	广西	30	1902年，自费	西京大学工科	新社会之理论（第8、9期）	
许寿裳，字季黻		绍兴山阴	21	1902年（二十八年八月），本省官费	弘文学院普通科		后期担任编辑事务
章宗祥，字仲和		湖州乌程	23	1898年（二十四年十二月），南洋官费	帝国大学法科		清国留学生评议员，浙江同乡会干事
蒋尊簋，字伯器		绍兴诸暨	22	1901年（二十七年四月），本省官费	近卫骑兵联队		清国留学生会馆第二届干事，浙江同乡会干事
汤槱，字尔和		杭州钱塘	26	1902年（二十八年十一月），自费	成城学校陆军		清国留学生会馆第三届干事
其他未确认身份的署名37个	喋血生、侬更有情、大陆之民、爱孟鲁者、无逸、二十世纪男子、孙林卢中人、不惹子、尚变子、没生、美峰、龙川学人、黄孙、铁拳、明心、支那子（那子）、霖苍、通界、毅巨、经济研究生、支那寄生、遏国男、列客、师孔、群侠、东瓯女士张静仪、亚公、黑公、健足生、汲轩、粹英、觳娑子、诗侠						

注释

① 《记吾浙夏季同乡大会》,《浙江潮》第 6 期,癸卯六月二十日(1903 年 8 月),"留学生记事"栏目第 2 页。

② 许寿裳:《亡友鲁迅印象记》,载鲁迅博物馆、鲁迅研究室选编:《鲁迅回忆录》(专著上册),北京出版社 1999 年版,第 220 页。

③ 陶菊隐:《蒋百里先生传》,中华书局 1948 年版,第 13 页。

④ 上海图书馆编:《汪康年师友书札》(三),上海书店出版社 2017 年版,第 2668 页。

⑤ 王嘉祎,应写作王嘉榘,参见《浙江潮》第三期《浙江同乡留学东京题名》。

⑥ 沈瓞民:《鲁迅早年的活动点滴》,《上海文学》1961 年第 10 期。

⑦ 冯自由:《中国革命运动二十六年组织史》,商务印书馆 1948 年版,第 68 页。

⑧ 张枬、王忍之编:《辛亥革命前十年间时论选集》第一卷下册,生活读书新知三联书店 1960 年版,第 966 页。

⑨ 丁守和:《辛亥革命时期期刊介绍》,人民出版社 1987 年版,第 269 页。

⑩ 詹文元:《浙江早期报业史访辑》,浙江省新闻出版局(内部印刷),1995 年,第 222 页。

⑪ 黄福庆:《清末留日学生》,台湾"中研院"近代史研究所 2010 年版第三版,第 132 页。

⑫ 刘训华:近代留日学生的革命性——对《浙江潮》编辑群的历史考察,《江西社会科学》2014 年第 3 期。

⑬ 根据蒋百里早期的文风,及他后来与文学研究会、新月社的关系,笔者推测在《浙江潮》上发表了多篇翻译小说的喋血生可能是蒋百里,但无确证。如是,则蒋百里也是"小说"栏目的负责人。

⑭ 张月:《中国人留日学生杂志研究(1900—1910)——以所受日本方面影响为中心》,硕士学位论文,华东师范大学外语学院日语系,"附录四《出版广告上的单行本》",2015 年,第 287 页。

⑮ 据教科书译辑社出版的《物理易解》一书的版权保护令。转引自实藤惠秀:《中国人留学日本史》,三联书店 1983 年版,第 222 页。

⑯ 张月:《中国人留日学生杂志研究(1900—1910)——以所受日本方面影响

为中心》，第 285 页。

⑰《吴稚晖全集》第 10 卷，九州出版社 2012 年版，第 28 页。

⑱ 张月：《中国人留日学生杂志研究（1900—1910）——以所受日本方面影响为中心》，第 285 页。

⑲ 庄驰原：《近代中国最早的法政翻译期刊〈译书汇编〉探微》，《翻译论坛》2018 年第 3 期。

⑳ 陶菊隐：《蒋百里先生传》，中华书局 1948 年版，第 14 页。

㉑ 张月：《中国人留日学生杂志研究（1900—1910）——以所受日本方面影响为中心》，第 295 页。

㉒ 实藤惠秀：《中国人留学日本史》，三联书店 1983 年版，第 232 页。

㉓ 陈灵海：《攻法子与"法系"概念输入中国》，《清华法学》2017 年第 11 期。

㉔《浙江潮》第六期《小说》栏目刊发《自由魂》，署名"匏尘"。上海支那翻译会社曾出版钟匏尘重译《世界政策》。钟玉瑻，又名钟枚，钟丰玉，字璞岑，又字朴岑、卜岑、卜臣，笔者据此推测"匏尘"可能是钟璞岑，即钟玉瑻。

㉕ 章小丽：《杭州日文学堂学生之研究——以林长民与林文潜为例》，《浙江外国语学院学报》2013 年第 1 期。

㉖ 钱斌、宋培基：《辛亥革命前期蔡元培与求是书院事迹述略》，《绍兴文理学院学报》2013 年第 1 期。

㉗ 1903 年 4 月 12 日致瑶女书，《宋恕集》下卷，中华书局 1993 年版，第 714 页。1903 年 6 月 12 日致孙季穆书，《宋恕集》下卷，第 717 页。

㉘ 撰稿人基本情况主要根据《浙江潮》第三期所刊《浙江同乡留学东京题名》。《浙江潮》部分撰稿者的真实身份，本文参考了张静庐、李松年：《辛亥革命时期重要报刊作者笔名录》，载中华书局编辑部编《文史》第一辑，中华书局 1962 年版。但这个笔名录一则不全，二则有错误，故笔者做了一些勘定。如指出第二期《东京杂事诗》作者"太公"当为"袁太"（袁文薮），而非钱恂；"富士始一"系钱恂，而非夏循垲。

㉙《辛亥革命时期重要报刊作者笔名录》中指"蕊卿"为夏循垲，笔者根据小说内容和行文，判断有可能是夏循垲夫人夏张时田所作，或他们二人合作。

㉚ 表中各位担任干事情况据《清国留学生会馆第一次报告》（1902 年 3—10

月)、《清国留学生会馆第二次报告》(1902年10月至1903年3月)、《清国留学生会馆第三次报告》(1903年4—10月)。第一届干事中还有浙江籍留学生钱承志和陆世芬。

㉛ 据笔者推测。存疑,待进一步确认。

㉜ 上海支那翻译社出版钟匏尘译《世界政策》一书,笔者据此推测。

㉝ 据清国留学生会馆第二、第三次报告,名誉赞助员相当于捐资赞助人。

㉞《浙江潮》第四期《调查会稿》栏目刊载《温州瑞安城内教育区所表》,无署名。参见宋恕致孙季穆书(1903年6月12日),胡珠生编:《宋恕集》下卷,第717页。

㉟ 江内民:《读新奉化年刊》,《新奉化》1924年第2期,转引自傅宏星:《江起鹏及其〈国学讲义〉》,《湖南科技学院学报》2018年第7期。

就几篇疑似陈望道早年佚文的推敲

陶喻之

本文缘起于新近有关纪念距今 100 年前的 1920 年 8 月,陈望道先生翻译出版《共产党宣言》诸多报道,正是受这些信息激发,促使有关他早年撰著生涯,特别是以"晓风"笔名发表时评始末议题,又重新进入笔者研究领域并再度唤起索隐探赜兴趣。

2009 年秋,应旅日学者陆宗润先生引荐,荷蒙日本汉学家西上实先生邀请,笔者有幸出席由京都国立博物馆主办的"中国近代绘画研究者国际交流集会",提交并发布论文《海上仰高:岭南"三高"沪上史迹新证》的第二部分《岭南"三高"的"南社"背景》(一)《〈真相画报〉作者队伍的"南社"身份》,① 通过检索《中国近现代人物名号大辞典》,整合"岭南画派"创始者高奇峰三兄弟,民

图 1　《论社会主义之取缔》

国元年（1912）由穗来沪，于6月5日在福州路"惠福里"创办共17期《真相画报》上以笔名出现的作者群，逐一还原和阐述这些南社成员与高氏团队多所交集，先后介入特约或固定作者队伍这一最新研究成果，其中就包括考察创刊号《论说》专栏《论民国成立与各国之承认》；6月21日第2期《时评》栏目《但懋辛：若使当时身便死，一生真伪有谁知》和8月1日第6期《论说》专栏《论社会主义之取缔》共3篇文章作者同署"晓风"的真实面目疑似正是陈望道。

检张静庐、李松年编《辛亥革命时期重要报刊作者笔名录》，②并无梳理陈望道笔名记录。《中国近现代人物名号大辞典》和《陈望道全集》第十卷　附录"陈望道同志曾用的笔名"互有遗漏；前者收录29例，③后者略少为24例，④但都录见"晓风"。陈望道去世两年后的1979年10月上海人民出版社集其评论、杂感、文艺、书信等编辑出版《陈望道文集》第一卷，业经考证录选最早"晓风"笔名，系1921年1月17日《民国日报》副刊《觉悟》上《不能以常理论了！》。此后以此署名不胜枚举，全以"随感录、诗、通信、言论、文坛消息、介绍、游记、记者导言、评论、文学小辞典、谈话、讨论、研究资料、诗歌和译述"等体裁样式，发表在叶楚伧任总编、邵力子为副刊编辑，以拥护共和、发扬民治、唤起国民奋斗精神为宗旨的《民国日报·觉悟·妇女评论》上。

据不完全统计，文集第一卷共15个笔名中"晓风"出现率最高达84次稳居第一，"不齐"使用17处，"佛突"出现16次，其他如"瑰琦""一介""任重""毕铭""齐明"几乎只一次性点到为止而下不为例；但"晓风"不光见报频率极高，而且贯穿他1921—1923年《民国日报·觉悟·妇女评论》撰稿始终，最后署名时间为1923年6月19日《民国日报·觉悟·"情节离奇"》。据此判断"晓风"当属陈望道20世纪20年代初期知名度很高的曾用名；甚至他翻译的《共产党宣言》后来在上海书店重印也易署"陈晓风"。⑤

进一步跟进《中国近现代人物名号大辞典》索引,清光绪十六年(1891)⑥生人的陈望道确属"晓风"笔名仅见两位使用者之一;⑦另一位名号"晓风"系1903年出生中共理论家华岗(1903—1972)。可按其生年评估一望而知,分明不可能在1912年创刊《真相画报》发表政论文字;况且辞典条目显示华岗的"晓风"笔名,均见于他抗战和解放战争时期任《新华日报》总编时。⑧如此,《真相画报》署名"晓风"指向更不可能为华岗了。不过,有必要指出的是,中共成立后组织出版的《共产党宣言》全译本,正是华岗重新翻译于1930年,并由中共领导地下出版发行机构上海华兴书局推出。故而华岗拟取"晓风"笔名,似乎不无追随陈望道脚步,沿袭其风格的意思,至于是否真如此,委实耐人寻味。

陈望道赴日留学前的时代背景,业已经历辛亥革命而跨入改朝换代民国新天地;他本身则是头脑成熟、思想进步的热血时代青年,倾向于社会主义信仰,发表过论述社会主义系列文章,《陈望道文集》第一卷收录涉及社会主义言论便不在少数。如1920年11月7日《民国日报·觉悟》的《评东荪君底〈又一教训〉》,显然在跟日本东京帝国大学毕业宣扬"基尔特社会主义"哲学家张东荪(1886—1973)开展社会主义性质论战。尽管以篇名出现"社会主义"名目的,大抵仅见1920年8月22日以"佛突"笔名刊发在《民国日报·觉悟·日本社会主义同盟会底创立》,1921年6月10日《东方杂志》上的《社会主义底意义及其类别》,和同年8月26—30日以"晓风"笔名在《民国日报·觉悟》上翻译日本国家社会主义创导者高畠素之的《个人主义与社会主义》3篇,当属1919年"五四运动"爆发,他从日本回沪借重报刊广而告之社会主义理论的重要宣传文章。表明他对社会主义的认识,固然跟俄国"十月革命"后在日本接触结识日本马克思主义研究先驱河上肇、日本共产主义传播者和日本共产党创建者山川均等人一同学习和传播马克思主义新思潮有关。⑨但同时似乎也不可排除他赴日留学前,已然自习过社会主义理论知识,因而1912年初夏即以"晓风"笔名向有南社背景的高剑父⑩、高奇峰兄弟领衔主持而创刊于沪上《真相画报》投稿,表达对时局与当局禁止取缔社会主义的不同见解。换言之,陈望道的"晓风"笔名使用上限,一定程度上具备从1921提前突破至1912年的理由和时间上升合理性。

再譬如《真相画报》署名"晓风",议论民国成立与各国承认涉及"国际法"等专业知识术语,是否也意味着1915年元月赴日,次年6月至1917年5月就读早稻田大学法科,1919年7月6日毕业于东京中央大学法科,该校在日本社会拥有"法科的中央"称誉(第34届),获法学士学位⑪的陈望道,泛槎扶桑留学前其实早就自学或进修过法学科目,以至于对驾驭国际法知识也游刃有余,足以信笔为文替新生的民国从法律层面加以维护呢?看来这将又是一个有待探究的学术新命题。

另外,《真相画报》第2期《时评》上"晓风"署名文章本事,牵涉一年前4月27日(农历三月廿九)广州黄花岗起义(即文末所称"三月廿九之役")时一桩扑朔迷离敌我甄审裁判。蜀籍志士但懋辛(1886—1965)不幸被捕,威逼之下提笔急就一纸虚与委蛇供述状,博得同为蜀籍金石书法藏书家、时任广东按察使王秉恩(1845—1928)赏识。念及乡谊和惜才,王遂以但懋辛年轻悔过自新名义将但开释回籍。讵料此举深为同盟会成员唾弃不齿,误解但懋辛气节有亏,操守不保。同盟会机关报上海《民立报》为此还专门发表文章加以鞭挞,对但懋辛变节投敌衣锦还乡行为口诛笔伐。《真相画报》那篇时评杂文同样从标题到内容,都充满对但懋辛的敌意,怪罪和不信任感也显而易见。如讥讽但懋辛为反复无耻小人,指其摇身一变为民国成都执政当局云云,正是指两月前的1912年4月成渝军政当局合署成立都督府,但懋辛出任成都知府兼团务督办。而此文出自当年关心时事政治的陈望道之手未尝没有可能。试想他既然后来敢跟年长他5岁张东荪展开论辩,难道血气方刚,斗志昂扬年华,反而没有勇气与胆量向同样年长他5岁而卖友求荣却自我粉饰者抛出象征投枪匕首般杂文了?虽然但懋辛自白偷生其实无非是王秉恩玩弄炮制救但一命的"阴谋论"与伪命题,可许多有识之士还是不约而同受骗上当,其中恐怕就包括陈望道等一些同情黄花岗起义烈士而同仇敌忾的《真相画报》南社作者。

说到南社,1923年陈望道与叶楚伧、邵力子等8人领衔在沪发起组织旨在"鼓吹三民主义,提倡民众文学。而归结到社会主义的实行,对于妇女问题、劳动问题,更情愿加以忠实的研究",有别于1909年成立于苏州老"南社"的"新南社",立场几乎跟《真相画报》办刊"以监督共和政治,调查民生状态,奖进社会主义,输入世界智识为宗旨"不无异曲同工之妙。而既然"新南社"脱胎于旧南社,足以证明陈望道与《真相画报》作者群都曾是同一条战线、阵营的志同道合者,只不过后来由于高层人事纠纷而分道扬镳却又藕断丝连,如柳亚子,还有陈望道在浙江省立第一师范学校校长经亨颐(1877—1938)等,就都先后是南社社员。这也是陈望道或许确实为《真相画报》署名作者"晓风"的证据链之一。

此外,按照《真相画报》办刊精神,特别注重推介社会主义学说,第9期开卷就曾独家报道《孙中山先生社会主义大演讲》,随后是在沪岭南籍南社社友马小进的《社会主义之实行》;第10期则有署名"乐观"的《社会主义之真相》。已知《真相画报》固定作者马小进名骏声,生卒年为(1889—1951)[12],1910年赴美留学回国到沪结识南社元老柳亚子入社,与胡汉民、吴铁城、廖仲恺等游。辛亥革命后海归在穗拜谒黄花岗七十二烈士后赴沪出席1912年3月13日在"愚园"举行南社第6次雅集,继而加入江苏金山(今上海金山区张堰)社友高燮、姚光成立"国学商兑会"。《真相画报》创刊之际,偕粤籍诗僧、社员苏曼殊到沪郊华泾访问安葬"革命军中马前卒"邹容大将军的义士、南社先驱"神交社"盟主刘三,并参拜位于其别业"黄叶楼"附近邹容墓,晚间"联床共话,达旦乃止",事后有《华泾夜话录》⑬。鉴于马骏声仅年长陈望道两岁,彼此追求相同,年龄相近,所以,陈望道当初完全可能由于某种因缘际会而将那篇有关社会主义的文章投给了《真相画报》。

综上各节,笔者主张《真相画报》3 篇署名文章"晓风"真名实姓能够对标为陈望道,并认为这或许是目前已知他以"晓风"笔名创作最早的几篇政论文章。他撰写此斗争檄文具有理想信仰与学术底气而顺理成章,完全具备奋笔疾书的时间(年龄)、学识、价值取向等方面相应条件;尽管目前尚不掌握《真相画报》核心人事圈,是否有他熟悉的人脉关系主动向他约稿推荐,因为就创刊号而言本该如此的。

以上就是笔者 10 多年前大胆假设却未曾在国内学术界公开而仅点到为止的大致观点,今拟借纪念陈望道先生翻译《共产党宣言》100 年和即将诞辰 130 周年,以上海中国近现代新闻出版博物馆主办馆刊为探讨平台,进一步就《真相画报》署名作者"晓风"真实身份为陈望道属实与否,再加详尽推敲,以求教于党史和新闻出版史研究专家学者。

前已论及,陈望道虽然农家子弟出身,但辛亥革命和赴日留学前已然思想进步。惟囿于自述早期史料极其匮乏,目前仅知 1907 年 17 岁回乡"带领村上激进青年破除迷信,兴办村学,招募村童入学"⑭,如此而已。邓明以原编、陈光磊增订《陈望道先生生平年表》涉及 1908—1912 年记载也相当有限,惟有"考入浙江省立第七中学(金华中学)学习数理化等现代科学知识"的简单表述,仿佛至迟 1912 年他尚未涉足上海,因为直到 1913—1914 年才有抵沪证明记录在案:"在上海某补习学校及浙江之江大学学习英文和数学,为留学欧美等国作准备"⑮,却也语焉不详。至于确定来沪时间,特别辛亥革命前后在江浙沪结交哪些志同道合者,是何原因导致未赴西方留学并往理工科方向发展,反倒于 1915 年初东渡进修日语、法科等,这些关键提案回应全部付诸阙如。而就此空缺盲点,其实反而打破拘束限制,为人们探索爬梳他民初活动轨迹,提供了多重认知视角和更为广阔的自由空间。

尤其值得注意和重视的是,上海图书馆开发馆藏资源近代历史文献检索平台,已列举出作者署名为"晓风"而包含"近代图书"与"近代刊文"共 217 条,其中见诸《民国日报·觉悟·妇女评论》,自如前所考属于陈望道著述无疑。而有的则明显属于其文集或全集漏网遗珠,如 1921 年 5 月《民国日报·觉悟》上"天底[16]画、晓风题"和"晓风又题"版画"世风",显示系他与活动在江浙沪地区中共早期革命家叶天底(1898—1928)合作图文并茂小品文与漫画。而次年 6 月 28 日《民国日报·妇女评论·随感录》上以"平沙"笔名撰写《敬告某美术专门学徒》,应该也出自其杂感毋庸置疑。唯一遗憾的是他在《大江月刊》上连载的《名雕名画名影录》,却不见于今编其所有文集和全集。

至于另以"晓风"笔名刊登于 1949 年前《北方杂志》《展览会月刊》《艺术》《战时记者》《微波副刊》《广播周报》《文饭》《武宜青年》《三六九画报》《燕大月刊》《弹花》《台湾营造界》《学校生活》《华洋月报》《新民半月刊》《宝山民众》《铎声月刊》《燎原》《工商管理杂志(上海)》《野草(南京)》《照明弹》《读者导报》《东北中学校刊》《联青季刊》《时潮》《江苏广播周刊》《市美学生》《美术年刊》《海晶》《农业推广通讯》《湖南青年》《艺风》《新北夏》《南路抗建》《慈音》等众多刊物上作者,大多数据刊名主题或标题内容,一望而知非陈望道而另有其人。

但也有个别文风接近陈望道而给人模棱两可印象者,许系未被打捞其佚文也未可知。如 1932 年"一·二八事变"后《新社会》第 2 卷第 5 和 9 期《随感随笔》上《日本政府输送她一批一批的国民到上海战场来厮杀》《在十九路军积极抵抗的时候,政府没有派什么大军来增援……》,第 3 卷第 2 期同栏目《近来看看日本的各种杂志……》,1934 年第 4 期《新泉》的《日帝国主义对华侵略的一瞥》,1936年《时代批判》第7期各篇文章如《应当守土了!》等等,皆然。唯限于笔者知识储备,不具备立竿见影、立等可取的判断力,期待后续学者能更深入细致地甄辨识别认定。相信随着研究不断数据精细精准化,会有更多确凿史料和明确答案结论浮现水面而水落石出。

而笔者密切留意和最为关注的,是除了以上论证陈望道"晓风"笔名使用上限,有无可能上溯至1912年初夏在沪创刊《真相画报》,还包括通过"上图"检索平台意外获悉该年和次年《紫阳》杂志,连续有好多篇署名"晓风"诗文作者是否也是陈望道。至于"上图"平台原列为"晓风投稿"而登载于1912年《民权画报》题为"快醒醒之东方已明了"漫画,经登陆胶片谛审识释,"晓风"实为"晓岚"目测误录,故该条目现足以被排除在外。可《紫阳》杂志1912和次年均署"晓风"诗文均有案可查,且时间恰与《真相画报》几乎同时前后衔接,自令解析文本蛛丝马迹而顺藤摸瓜,追根究底,顿时变得敏感热议起来。

综合《〈紫阳〉杂志社缘起(附简章)》,尤其署名"焕文"《发刊辞》"志何以名紫阳,以本校乃紫阳书院之旧址也;书院何以名紫阳,以朱晦庵先生(南宋理学家朱熹)讲学之所也。重其人,故取以为名……沧浪之歌声,寒山之钟声,三吴共和之声,将藉紫阳学子之天声为之联结,而成为中华惟一自由之声,进而为世界大同之先声"表述分析,《紫阳》杂志应系清康熙五十二年(1713)理学家兼江苏巡抚张伯行在苏州府学创设"紫阳书院"基础上,于民国成立后改制为江苏省立第一师范学校(今苏州中学)学生自发创办自由投稿的一册手写体油印刊物。"晓风"5篇诗文分别见于1912年第2、3期和1913年第2期;标题相继为《南通州一夕谈》、《夏夜偶成》(诗)、《遣怀》(诗)、《上海博物院之内容》和《自题小影》(诗)。

列在《调查》栏目下《南通州一夕谈》开宗明义:"南通州,余素未履其地,缘友人有从处归来者,始悉其政教、风俗,兹略记其大概于左。……"表明这是一篇不曾亲履其地考察的口头社会调查资料。因为《发刊辞》明确寄希望于同学:"学海横流,消息甚微,教育之合于社会趋□与否?学问之适于国家之急务与否?是非月旦平章不足以真相;竞争比较不足以□进行。所谓:以人为鉴,可知得失。吾侪少年,当以学界为鉴也可。录《记事》第三,《调查》第六。"所以,作者"晓风"开展了向南通学友的口述社会调查。不仅如此,《上海博物院之内容》则是"晓风"1912年暑假回上海,身临其境,设身处地到徐家汇博物院和外滩上海博物院踏勘参观的另一篇实地访问调查报告。文章开始叙述缘起道:今夏假归沪上,思于教育界之情状,一为调查以资研究,而人地生疏,苦无问津,加以溽暑恼人,竺未果。惟于博物院,幸得寓目,述其概略如左。

而既然"夏假归于沪上"又"人地生疏,苦无问津",分明透露该就读苏州最高学府年轻后生"晓风"既非苏州本地人,也非"十里洋场"上海人,哪他是何方流寓上海学生呢?就此疑问目前暂无答案。其次,既然关心时事,热衷写作,苏州、上海乃近邻,人员往来密集切,消息传递灵通迅速,两地又是众多南社重要社员活动频繁聚散地,《紫阳》与"晓风"政治倾向就很值得洞察探底了。案《〈紫阳〉杂志社简章》制定办刊是"以交换智识,敦促进步为宗旨"。内容"分《论说》《科学》《记事》《文苑》《小说》《杂俎》《调查》《问答》八门"。其中《文苑》栏目就有署名"血花"作诗歌《黄花冈》,写的相当荡气回肠:

> 头颅换得好山河,血洒黄冈安乐窝。坟土未干花烂漫,魂兮高奏大风歌。

联系上述《真相画报》"晓风"著文强烈谴责抨击但懋辛辜负黄冈烈士,足见《紫阳》跟《真相画报》办刊立场一致,相关政治态度不言自明。虽然刊登在《紫阳》杂志上"晓风"的《夏夜偶成》《遣怀》和《自题小影》抒发个人情感和精神世界,仿佛充满颓唐阑珊旧式文人的苦闷况味,跟早年南社文人平日里无病呻吟、吟风弄月气息颇为相通。

> 一番疏雨洗梧桐,凉透簾栊小院风。焚罢篆香吹玉笛,流萤点点入花丛。——夏夜偶成
>
> 大千世界渺尘埃,歌哭无泪酒一杯。往日青衫仍似旧,清风明月好徘徊。——遣怀
>
> 范范人世感秋蘋,酒府愁城寄此身。有限韶华同逝水,无端哀乐忆前尘。是空是色浑难辨,怜我怜卿是有因。四塞风烟正多垒,请缨壮志几时伸?——自题小影

但由此怀疑此"晓风"缺乏金刚怒目一面也未必尽然。譬如以上笔名"血花"同学居然也有风花雪月形式旧体诗《水中月影》与"晓风"《夏夜偶成》并列《紫阳》,恕不赘录。

总之,种种迹象给人的印象是:1912、1913 年江苏省立第一师范学校学生主办《紫阳》杂志,和几乎同时上海《真相画报》上共同署名作者"晓风"应系同一人,他极可能正是本文主人公,民国成立之初由浙江往来于苏州、上海而具有一定南社背景的青年陈望道也未可知。事实上,早年江浙沪乃至平穗知识界互相流动,远比今人想象的热络自由,岭南高氏北上沪渎同时拟赴赣北开发瓷业即然;再譬如上述陈望道好友兼同志、浙江上虞籍志士、李叔同得意门生、上海社会主义青年团创始人叶天底,1916 年秋入浙江省立第一师范学校,1920 年经陈望道推荐来沪担任《新青年》编辑部文稿校对,1924 年到苏州乐益女中任教亦然。而本文之所以对陈望道的苏州和上海踪迹作此合理假设,既建立在对相关史料合乎情理的解读和逻辑推理判断之上,更是鉴于有关陈望道 1915 年

1月赴日留学之前确切史料凤毛麟角,因而似乎应当允许作一定程度乃至相当程度上小心求证前的丰富联想与谨慎推演。如"晓风"的江苏省立第一师范与浙江省立第一师范过度调动关系究竟如何? 何以出现彼此对等雷同关联?

最后再以"新南社"盟主,亦陈望道挚友柳亚子、胡怀琛担当上海通志社主编,邵力子作序,1939年8月《上海研究资料续集》署名"火山"撰《近代名人在上海》"高奇峰"条目披露相关线索,追踪陈望道与岭南画派创始者暨《真相画报》主持者可能存在供稿、出版合作关系始末真实可靠性如何亦然。

> 高奇峰,广东番禺人,早年留学日本,习美术。其作画能融合欧亚中东而自成一家。高氏已于民国二十二年病故,林主席为题墓碑,称为"画圣高奇峰",可想见其推崇备至。今人对于高氏,但知其在日本时追随总理,从事革命,及民十以后在广州为教师事。殊不知其民元至民十之间,寄寓上海及来往沪粤间之生活,亦有足记者。高氏于民元在上海创办《真相画报》,为图画杂志之先进。内容文字与图画相参,而尤偏重在图画。材料颇为精美。但彼时读者对于此类杂志之兴趣,殊不浓厚;因之不能持久,旋即停办。地址在福州路东首惠福里内(今该处已无此里名),旋迁移至棋盘街,改办审美书馆,专售精印西洋名画,并高氏自作画片。如此数年,高氏则往来于沪粤之间。在民十以后,审美始停办,后来棋盘街民智书局即审美馆之旧址也。[17]

有必要提醒的是,民智书局尚未正式开业[18]前的1922年3月,特地将曾先后连载于1921年10月到次年2月《民国日报·觉悟》的陈望道《作文法讲义》作为出版第一本新书礼遇,到1927年8月连续重印再版达7次。现在问题是,假如该书问世于两年后的 1924 年 3 月，人们或许很容易产生陈望道必定是通过他同在国民党上海执行部共事好友说项帮助才实现付梓心愿的猜测。因为当初执行部青年妇女部长叶楚伧、工人农民部秘书邵力子，以及后来组织部长胡汉民和宣传部长汪精卫离沪负责两部的叶楚伧和戴季陶，抑或甚至还有文书科主任兼组织部秘书毛泽东，都有可能出面替他向会计科主任兼民智书局老板林焕廷打招呼。

而粤人林焕廷一名业明（1880—1933），⑲1907 年加入同盟会，既是辛亥革命志士，又是国民党元老。曾在香港创办《真报》进行声讨袁世凯活动。1921 年他接续高奇峰开设在河南路 90、91 号（原棋盘街，今河南中路）"审美书馆"为"民智书局"，⑳自然了解高氏之前主办拥戴孙中山反对袁世凯《真相画报》政治主张与政治态度。作为 1924 年 3 月起协助孙中山在沪开展首度国共合作，担任位于环龙路 44 号（今南昌路 180 号）国民党上海执行部会计科主任的他开办民智书局，成为当时上海相当有影响而有官方色彩的出版机构之一。

不过出人意料的是，《作文法讲义》问世于 1922 年 3 月的不争事实，彻底打破了人们原本看似合乎情理、顺理成章的浮想联翩，尽管 2 月 25 日陈望道自序最后也的确对给予他帮助，"给我寻觅了几个确切的例证"的刘大白、叶楚伧，还有"我写这一册书时，曾承邵仲辉（邵力子）先生供给了几个有益的意见"，就表达过鼎力玉成的谢忱之意——"我很感谢这三位朋友。"然而倘若就此认为《作文法讲义》是由叶楚伧、邵力子等向后来同事林焕廷荐举的，时间因素明显不符合支撑这一假设为证据。同理可证的尚有 1923 年成立的"新南社"，叶楚伧和陈望道均为发起人，邵力子、陈望道和胡朴安还同为编辑主任，但没有证据表明他们向后来共事的南社社员林焕廷推荐由其民智书局出版陈望道的《作文法讲义》。

《作文法讲义》初版于 1922 年春，岭南林焕廷开设沪上民智书局,其前身为岭南画派创始人结业于 1921 年后审美书馆,此前高氏于 1912 年夏在附近福州路创办《真相画报》,发表过疑似陈望道以"晓风"笔名撰写政论时评。由此倒叙梳理相关举措和前因后果,给笔者的印象是:陈望道与岭南高氏或许达成过政治与出版合作约定。但审美书馆停业前,陈尚身处海外求学;等他海归,高奇峰因与苏州女子杨翠杏婚姻关系破裂,兼以身体欠佳选择结业回归岭南;何况民国 10 年以前陈望道尚无完整著述可供结集;再加之他对审美书馆借印刷技术推出中外裸体美女画片盈利的商业行为未必苟同,1923 年 5 月 28 日还在《民国日报》副刊《艺术评论》第六期刊发《看了东方艺术研究会底春季习作展览会的感想》,认为"摹写裸体妓女(因为现在上海底裸体女画范多是无路可走的原来以卖淫为业的人)的东西;几年来累次开的展览会差不多全被这类东西占去了全体底百分之百或百分之九十九"。所以,即便高氏曾主动向他伸出援手,他恐怕也未必乐意像岭南画派创始者"二高一陈"的陈树人般,于民国 3 年由审美书馆推出其《新画法》一书。但就出版相对严肃正经图书如 1922 年版《孙大总统广州蒙难记》、次年《德国宪法》等官办出版社而言,民智书局在同行业界社会地位明显高出商业美术以营利为目的私营审美书馆。

因此,陈望道《作文法讲义》和《美学概论》先后于 1922 年和 1926 年由民智书局出版,可谓水到渠成绝佳选择;尤其高、陈、林的南社背景,相继跟旧新南社高层存在错综复杂交游关系。林焕廷与胡汉民则是儿女亲家,而曾留学日本弘文学院师范科和法政大学的同盟会筹建者之一的胡汉民,也曾翻译过《产业革命时代社会主义史》《马克思时代社会主义史》和《社会主义史》等著作。这些剪不断、理还乱的相似经历,均足以解释何以陈望道《作文法讲义》会在继高氏审美书馆后由林焕廷接手民智书局从速推出且连版 7 次,《美学概论》也于 1934 年再版。此举难道跟 10 年前陈望道先后在《真相画报》发表多篇署名"晓风"的杂文毫无关系而仅仅纯粹巧合？难道这不是岭南高氏和林氏出于对陈望道投桃报李般的回报？虽然目前就此暂以事出有因而查无实据，因为其中不少历史真相，特别是相关细节已然湮没在历史的尘埃之中，恐怕连当事者本身也记忆模糊甚或失忆了，但笔者深信读者端倪已察，如果笔者的推测获得证实，自然也就意味着此"晓风"同属陈望道早期笔名议题得以确证了。

综上考述，"晓风"乃陈望道议论风生常用笔名之一由来已久，而《紫阳》和《真相画报》上署名"晓风"真名实姓，虽暂时缺乏直接鉴定依据，却也无法将陈望道排除在外；至少按《中国近现代人物名号大辞典》搜索定论，"晓风"等于陈望道为第一选项乃至唯一研判对象而别无选择。所以把 20 世纪 30 年代前"晓风"对标陈望道具有合并同类般等量代换理由，因为小心求证证据链接显示正在逐渐接近真相进程中，故而笔者依旧维持原先认证不谬。

（上海博物馆）

注释

① 陶喻之：《海上仰高：岭南"三高"沪上史迹新证》，日本京都国立博物馆《中国近代绘画研究者国际集会论文集》，2009 年版，第 231—252 页。
② 张静庐、李松年：《辛亥革命时期重要报刊作者笔名录》，新建设编辑部编《文史》第一辑，中华书局 1962 年版，第 87—114 页。
③ 陈玉堂编著：《中国近现代人物名号大辞典》，浙江古籍出版社 1993 年版，第 528 页。
④《陈望道全集》第十卷附录，复旦大学语言研究室编，陈光磊、陈振新增补《陈望道著译编述目录》"陈望道同志曾用的笔名有"，浙江大学出版社2011 年版，第 310 页。
⑤《中国近现代人物名号大辞典》，第 528 页。
⑥《中国近现代人物名号大辞典》，陈望道，《中国近现代人物名号大辞典》

作生于 1890 年有误,应当生于 1891 年,第 528 页。

⑦《中国近现代人物名号大辞典》名号索引,第 338 页。

⑧《中国近现代人物名号大辞典》名号索引,华岗,第 174 页。

⑨ 邓明以原编,陈光磊增订:《陈望道先生生平年表》,上海鲁迅纪念馆编《陈望道先生纪念集》,复旦大学出版社 2006 年版,第 496—497 页。

⑩ 关于"岭南画派"创始人高剑父的"南社"社员身份,感谢《南社大辞典》编纂者、上海南社学研究中心李之方先生提供早年"南社"入社社员登记表等珍贵史料,特此鸣谢!

⑪ 陈光磊、陈振新:《追望大道:陈望道画传》第一章:求道 5 东渡扶桑,上海书店出版社、复旦大学出版社 2005 年版,第 16 页。

⑫ 一说马小进生于 1887 年。

⑬ 参看柳无忌、殷安如编,马以君执笔:《南社人物传·马骏声》,社会科学文献出版社 2002 年版,第 14 页;孙之梅:《南社研究》,人民文学出版社 2003 年版,第 185—190 页。

⑭⑮ 邓明以原编,陈光磊增订:《陈望道先生生平年表》,第 496 页。

⑯ 署名"天底"当为叶天底(1898—1928),浙江上虞人,原名霖蔚,学名天瑞,改名天底("五四"时期因参加学生运动而被校方退学后改名。1920 年 12 月,在《民国日报·觉悟》发表诗作署名)。又名天砥、谢启瑞。1916 年入杭州浙江省立第一师范,因参加"五四"运动而被退学。1920 年,在上海与俞秀松等创建上海社会主义青年团。1923 年任《民国日报》副刊《觉悟》的艺术评论栏编辑。同年加入中国共产党。1925 年,与侯绍裘、张闻天等在苏州乐益女中建立中共苏州独立支部,任书记。1926 年因病回乡,抱病仍为革命而工作,任上虞《教育月刊》总编辑。同年秋,创建中共上虞支部,任书记,并任国民党上虞县临时县党部执行委员。1927 年 11 月被捕,次年在浙江陆军监狱牺牲。参看《中国近现代人物名号大辞典》,第 103 页。

⑰《上海研究资料续集》,上海书店影印出版 1984 年版,第 671—672 页。

⑱ 据王子澄《回忆民智书局》记载,民智书局自 1921 年初筹设,次年秋才正式开业;但作为书局问世第一本新书,陈望道《作文法讲义》版权页明确署明 1922 年 3 月初版。俞子林主编:《百年书业》,上海书店出版社 2008 年

版,第 112 页。

⑲《中国近现代人物名号大辞典》作名业明,字焕廷,生卒年为 1881—1933,
第 555 页。

⑳《中国近现代人物名号大辞典》作"1918 年后,在上海创办民智书局。病
逝于沪",第 555 页。另据陶喻之《高奇峰上海时期传世作品系年考》确认
高奇峰上海时期作品到 1917 年新秋止。上海市历史博物馆丛刊《都会遗
踪:上海往事探寻》,上海书画出版社 2010 年版,第 72—81 页。

"五四"时期周作人艺术教育思想探究

崔云伟　　林会娟

　　艺术教育思想是周作人思想构架中的一个不可或缺的组成部分。目前学界更多地关注他的儿童教育、女子教育、语文教育思想,鲜少关注他在艺术教育方面的主张。这主要在于周作人的艺术教育思想并不多见于长篇累牍的集中探讨,而是散见于他关于游戏、童话、歌谣等的论述中。作为一位艺术家、教育家,周作人对艺术教育有着独到的见解,他将艺术教育置于与智育、德育独立并举的位置,把艺术当作人的健全发展所必需的常识之一种,认为"艺术是人人的需要,并没有什么阶级性别等等差异"[①],"儿童同成人一样的需要文艺"[②]。他从自己童年读书、画画、演剧的经验出发,认识到戏剧、童话、歌谣等资材于艺术教育的重要作用,并致力于歌谣的搜集和研究、童话的翻译和介绍。不过,在周作人的相关表述中,并未出现"艺术教育"一词,而是偶见"美育"一词。因此,这里需要对其进行概念界定。艺术教育有二义:狭义概念是指针对在校生进行美术、音乐、体操的专业基础教育;广义概念是指以音乐、美术等艺术形式面向所有人进行的审美教育活动。美育也有二义:狭义地讲,美育是指通过艺术手段对人们进行美的教育;广义地讲,美育是指运用自然界、社会生活、物质产品与精神产品中的一切美的形式对人们进行的美的教育。显然,广义的艺术教育与狭义的美育出现了概念上的等同。[③]本文拟取两者相同之义,从趣味之教育、审美之教育、人之教育等3个层面来展开论述。

一、艺术教育即趣味之教育

周作人非常重视趣味,认为艺术教育即趣味之教育。1913 年 11 月《绍兴县教育会月刊》2 号刊上,周作人在其所译日本文学士黑田朋信《游戏与教育》一文中明确提到:"小儿教育中,有智育、德育、体育之分,今余之所主张者,则在趣味之教育,曰美育是也。"④这里,周作人不仅将艺术教育(美育)置于与智育、德育、体育独立并举的位置,而且明确"趣味"为其艺术教育(美育)思想的本位表述。此后,关于艺术教育即趣味之教育的理念一直贯穿在周作人对于儿童游戏的提倡、儿童玩具的研究,以及儿童文学的提倡等文章中。1920 年,周作人在其著名演讲《儿童的文学》中指出,儿童文学应"顺应满足儿童之本能的兴趣与趣味"⑤。其中尤其值得注意的是他对戏曲(指儿童的表演,大致与舞台剧相似——笔者注)之于儿童趣味之教育作用的强调。"儿童的游戏中本含有戏曲的原质,现在不过伸张综合了,适应他们的需要。在这里边,他们能够发扬模仿的及构成的想象作用,得到团体游戏的快乐。这虽然是指实演而言,但诵读也别有兴趣……"⑥戏曲游戏(实演、诵读)的教育作用主要在于趣味之教育。3 年后的《儿童剧》一文中周作人重申了这一观点。他不仅引用了美国《小女人》的著者阿耳考忒(Louisa Alcott)的话——"在仓间里的演剧,是最喜欢的一种娱乐"来做说明,还回想了自己儿时扮演日常童话剧"大头剧"和喜剧"打败贺家武秀才"的经验:"在那时觉得非常愉快,……演着这剧的时候实在是得到充实生活的少数瞬间之一。""这大头剧要算第一有趣味了。"⑦他因此很感到儿童剧的必要,希望"有美而健全的儿童剧本出现于中国,使他们得在院子里树阴下或读或唱,或扮演浪漫的故事,正当地享受他们应得的悦乐"⑧。1922 年,周作人在《儿童的书》一文中指出,即使在人们认为教育文艺比较发达的当时,适宜趣味教育的书却依然少见。以儿童用的画本为例,"这童话绘却正是儿童画本的中心,我至今还很喜欢看鲁滨孙等人的奇妙的插画,我觉得比历史绘更为有趣。但在中国却一册也找不到"。"偶然有些织女钟馗等画略有趣味,也稍缺少变化。"⑨翌年,周作人在《读童谣大观》中表达了同样的感受:"我所看了最不愉快的是那绣像式的插画,这不如没有倒还清爽些。说起这样插画的起源也很早了,许多小学教科书里都插着这样不中不西,毫无生气的傀儡画,还有许多的'教育画'也是如此。这真是好的美育哩!易卜生说,'全或无'。我对于中国的这些教育的插画也要说同样的话。"⑩因此,他颇羡慕日本的情形,"在日本这情形便很不相同,……画家来给儿童画插画,竹久梦二可以说是少年少女的画家,最近如田河水泡画作的'凹凸黑卫兵'的确能使多多少少的小儿欢喜笑跳,就是我们读了也觉得有兴趣。可惜中国没有这种画家。"⑪1947 年,周作人在《儿童杂事诗》写完后的附记中,仍感叹"儿童故事诗本应多趣味,今所作乃殊为枯燥,甚觉辜负此题"⑫。

既然艺术教育即趣味之教育,那么进一步的问题便是,趣味之教育的"趣味"所指为何,也即何种艺术作品适宜于趣味之教育?通观从 1922 年的《阿丽思漫游奇境记》《王尔德童话》《童话的讨论》到 1936 年的《安徒生的四篇童话》4 篇文章,从中可以发现,周作人针对儿童文学提出了一个非常重要的标准——"有意味的'没有意思'",他在《阿里思漫游奇境记》一文中评价此书时说"这部书的特色,正如译者序里所说,是在于他的有意味的'没有意思'"。⑬在周作人看来,正是这种"有意味的'没有意思'"尤其符合儿童视角的审美趣味,适宜儿童艺术教育,因为"儿童大抵是天才的诗人,所以他们独能鉴赏这些东西"⑭。此外,就是大人也不可不看,它在成人的文学上也有价值。至于何为"有意味的'没有意思'",周作人在《阿里思漫游奇境记》一文中并没有予以明确说明,只是提到在安徒生《伊达的花》、望蔼覃《小约翰》里也有类似的写法。嗣后,周作人在《儿童的书》一文中再次评价《伊达的花》时才予以明确说明,即"无意思之意思"。他指出,在儿童文学里,最有趣的是那"无意思之意思"的作品,而《小伊达的花》属此类佳作,"这并不因为他讲花的跳舞会,灌输泛神的思想,实在只因他那非教训的无意思,空灵的幻想与快活的嬉笑,比那些老成的文字更与儿童的世界接近了。我说无意思之意思,因为这无意思之原自有他的作用,儿童空想正旺的时候,能够得到他们的要求,让他们愉快的活动,这便是最大的实益……"⑮这里,"没有意思"便指没有教训的意思。与之相对应,在儿童文学里,周作人认为最无趣的则是那些"有意思"("载道")的作品,"他们看不起儿童的歌谣,只因为'固无害'而'无谓',——没有用处,这实在是绊倒许多古今人的一个石头"⑯。他尤其不满意那种含有"教训味"的"有意思"的艺术作品,甚至对于提倡国货的儿歌也感到厌恶:"便是一首歌谣也不让好好的唱,一定要撒上什么应爱国保种的胡椒末,花样是时式的,但在那些儿童可是够受了。"⑰如此,"有意味的""非教训的无意思的"艺术作品才适宜于趣味之教育,"有意味的'没有意思'"的艺术作品才符合有"赤子之心"者的兴趣与趣味。因此,我们可以说,"有意味的'没有意思'"即趣味之教育的"趣味",也即儿童独立的审美趣味。

周作人这种以"趣味"为本位表述的艺术教育思想,从受教育者(儿童)身心发展程度的实际情况出发,满足受教育者(儿童)的审美趣味,顺应受教育者(儿童)的自然本性,以"艺术的而非教训的"艺术作品为教育资材加以引导,促其发达,不仅给受教育者(儿童)一个快乐有趣的童年,还促使其成为一个健全的"人"。而且,如此趣味之教育还使得艺术教育从以"礼乐教化"为核心的传统德性教育中独立出来,具有教育现代化的意义。

二、审美地感受、审美地生活、审美地创造

周作人的艺术教育思想主张在趣味之教育的基础上以美术、音乐、玩具等为教育资材进行审美的艺术教育,强调以审美体验贯穿艺术教育。在周作人看来,审美之教育首先要满足受教育者的审美愉悦感,也就是通过审美刺激引起个体心理上的快乐感受。因为人于具体的生存需要之外,还需要有精神上的愉悦,而艺术即生存于此。在民间童话、儿歌对儿童的几种作用中,周作人认为审美愉悦是最重要的。在《童话研究》一文中,他强调:"盖凡欲以童话为教育者,当勿忘童话为物亦艺术之一,其作用之范围,当比论他艺术而断之,其与教本,区以别矣。故童话者,其能在表见,所希在享受,撄激心灵。令起追求以上遂也。是余效益,皆为副支,本末失正,斯昧其义。"[18]在《儿歌之研究》一文中,他强调"儿歌之用,亦无非应儿童身心发达之度,以满足其喜音多语之性而已。童话游戏,其旨准此"。[19]对于游戏,周作人倾向于游戏是一种滋养精神的审美愉悦的说法。在女性的教育问题上,周作人也特别地提到了艺术学习之于女性情感愉悦的重要性。因为"艺术的效果大抵在于调弄这些我们机体不用的纤维,因此使他们达到一种谐和的满足之状态……古代的狂宴——基督降诞节的腊祭,圣约翰节中的夏祭——都证明古人很聪明的承认,日常道德的实生活的约束有时应当放松,使他不至于因为过紧而破裂。我们没有那狂宴了,但我们有艺术替代了他。"[20]周作人认为与男性相比,女性更为情绪化,他说:"女人容易为低级的感情所支配,轻易的流泪,或无谓的生气。"[21]他认为这些情绪可以通过艺术来调节和疏导,"因了高尚的艺术,使得感情清新,于是各人的心始能调整,得到文明妇人的资格"[22]。这样的妇人不仅能成为贤妻,更能成为益于儿童教育的良母。

审美之教育在带给人感性愉悦和官能享受的同时,更重要的

是培养受教育者的审美感受力。《童话研究》一文中,周作人在强调了前引童话之于儿童的审美愉悦作用之后,紧接着指出了童话能促进儿童想象力的发展,培养儿童审美的能力。"童话之用,见于教育者,为能长养儿童之想象,日即繁富,感受之力亦益聪疾,使在后日能欣赏艺文,即以此为之基始。"㉓为使童话合于艺术教育之用,他还列出了选择民间童话的四条标准,第一条即是优美。"以艺术论童话,则美为重,但其美不在藻饰而重自然,若造作附会,则趣味为之杀,而恶俗者更无论矣。"㉔其实,早在1914年2月《绍兴县教育会月刊》5号刊上,周作人撰文《玩具研究一》谈及玩具之于儿童教育的几个方面,其中就已有审美方面。"由审美上言之,凡养成儿童美感,初不在直接教训,示以艺术之极品,告以美学之理法也;但在乎日居家庭中,耳闻目染,感受快乐,由习而成。成人以后,复以学力分别美丑,趣味自更上遂,……尚美而外,当更求合于儿童趣味。……故选择儿童玩具,当折其中,即以儿童趣味为本位,而又求不背于美之标准。如事物形色近于童心,而又具调合变化,均齐匀称,诸德合于艺术之则,则斯为上选矣。"㉕这里,周作人不仅说明了玩具之于儿童的审美教育作用,而且指出了如何施于儿童美感教育——对于儿童美感的教育并不在于"示以艺术之极品,告以美学之理法"㉖,而是在于平时生活中的耳濡目染,亦即艺术教育范围的社会化和日常化熏陶。儿童最喜欢玩玩具,玩具的色彩、形状和花样都会影响到儿童的审美观,甚至可以帮助儿童养成美感习惯。因此对于玩具的选择要"足助精神之发达,有益于品性之修养","色彩形状花样皆求其美,以儿童趣味为主"㉗。由是,周作人艺术教育思想的要点,即是借艺术品的力量,以陶冶儿童的美感,以涵养儿童的美情,使其审美地生活。

审美之教育中审美愉悦感的满足、审美感受力的培养都是为了达到审美之教育的最终落脚点——培养受教育者的审美创造力。周作人认为,画画、歌舞、演剧等这些儿童游戏的主要内容都是绘画、雕刻、表演的起步。艺术的起源之一就是人类的游戏冲动,在艺术创作的过程中除了获得游戏的愉悦(此即根本),儿童的专注力和创造力才能也得以展现,所以从游戏(画画、演剧等)中教育儿童,多数也培养的是艺术的教育。"今观小儿游戏,非特好得绘本人形而已,且喜自作画,折纸造像,歌咏舞蹈,模拟人事,是实为绘画雕刻音乐演剧诸艺之初步。且尤可留意者,其艺术的游戏生活中,赏鉴与制作二质,函量同等,故若放任之,其趣味亦自变化趋于丰富。第导其方向,责在大人。"[28]大人(监护人、艺术教育工作者等)主要的职责就在于对儿童的特征和兴趣进行正确地观察和指导,以发展儿童的特长,培养儿童鉴赏与制作的能力。如若指导不当,将来儿童的兴趣不免会因为丰富而不易于指导,因此游戏(画画、演剧等)于儿童的艺术教育有着重要的导向作用。周作人在看到他满3岁的小侄儿小波波游戏时曾这样感慨道:"他这样玩,不但是得了游戏的三昧,并且也到了艺术的化境。"[29]"抓住了他的玩具的顽童,便是一个审美家了。"[30]他认为儿童游戏有着"兴之所至"的性质,是一种无目的有意识的嬉戏,是出于本能的创造冲动,可以通达跟艺术相类似的"忘我"境地,直指审美经验。因此,对孩童这样的游戏状态,周作人是羡慕的:"我们走过了童年,赶不上艺术的人,不容易得到这个心境,但虽不能至,心向往之……"[31]"我们如能对于一件玩具,正如对着雕像或别的美术品一样,发起一种近于那顽童所有的心情,我们内面的生活便可以丰富许多。"[32]由此,周作人的艺术教育思想从审美之教育的层面确立了艺术教育的意义,确立了艺术教育的现代性内涵。

三、造就"完全之个人"

周作人艺术教育思想的核心内涵是关于"人"的教育,他期望能通过艺术的教育作用来造就各个完成的人,改变"中国人现在还不将人当人看也不知道自己是人"的状况。因此,无论是趣味之教育,还是审美之教育,都是围绕人之教育展开的,其最终目的都是为了使受教育者成"完全之个人"。当然,周作人不仅要造就"完全之个人",还要造就女人和小儿,使人们意识到,女性不仅是"人",而且是"女人";小儿不仅是"人",而且是"儿童"。因为"人类只有一个,里面却分作男女及小孩三种;他们各是人种之一,但男人是男人,女人是女人,小孩是小孩,他们身心上仍各有差别,不能强为统一"㉝。在周作人的话语系统里,"以人为本位"的艺术教育思想,针对受教育对象妇女和儿童的独立人格问题,便可具体体现为"以儿童为本位"的儿童艺术教育思想、"以女性为本位"的女子艺术教育思想。

周作人艺术教育思想关注儿童艺术教育,着眼于新生和未来。他呼吁"救救孩子",强调儿童本位教育。"以儿童为本位"可以说是其儿童艺术教育思想的核心。1914年5月周作人在《绍兴县教育会月刊》第9号上的《学校成绩展览会意见书》一文中首次明确地使用"以儿童为本位"一语,"故今对于征集成绩品之希望,在于保存本真,以儿童为本位,而本会审查之标准,即依此而行之。勉在体会儿童之知能,予以相当之赏识。如稚儿之涂鸦,与童子之临帖,工拙有殊,而应其年龄之限制,各致其志,各尽其力,则无不同。斯其优劣不能并较,要当分期而定之。世俗或以大人眼光评儿童制作,如近来评儿童艺术展览会者,揄扬少年(十四五之男子或女子)所作锦绣书画,于各期幼儿优秀之作未有论道,斯乃面墙之见,本会之所欲勉为矫正者也"㉞。关于"以儿童为本位"这一表述,周作人主要是针对儿童艺术教育而言的。他认为应该"以儿童为本位"评价儿童创造的艺术,把儿童的世界与"世俗""大人"的世界相向而置,强调儿童艺术要以儿童为中心,而不是以成人意志、成人教育目的论为中心,使儿童艺术契合儿童的年龄特征、思维特征和社会化特征,充分考虑与儿童经验世界和想象世界的联系。这里,我们可以看出"以儿童为本位"的要义——强调儿童自身的特点,尊重儿童自身的生活。但在儿童不被承认,更不被理解的中国,对于儿童的认识现状、教育现状并不如此,"以前的人对于儿童多不能正当理解,不是将他当作缩小的成人,拿'圣经贤传'尽量的灌下去,便将他看作不完全的小人,说小孩懂得甚么,一笔抹杀,不去理他。近来才知道儿童在生理心理上,虽然和大人有点不同,但他仍是完全的个人,有他自己的内外两面的生活"⑤。"中国家庭旧教育的弊病在于不能理解儿童,以为他们是矮小的成人,同成人一样的教练,其结果是一大半的'少年老成'——早熟半僵的果子,只适于做遗少的材料。"㊱于是,周作人根据各个阶段的儿童心理、生理状况的特点将儿童进行分期,并提出相应的科学的教育建议。儿童艺术教育要顺应自然,助其发达。如"儿歌之用,亦无非应儿童身心发达之度,以满足其喜音多语之性而已。童话游戏,其旨准此。迨级次逮进,知虑渐周,儿童之心,自能厌歌之诘屈,话之荒唐,而更求其上者,斯时进以达雅之词,崇正之义,则翕然应受,如石投水,无他,亦顺其自然之机耳"㊲。至于"以儿童为本位"的最终落脚点则是使儿童成"完全之个人",即"蒙养之道,亦唯在辅导儿童,俾得尽其性,以成完人耳"㊳。"我们对于教育的希望是把儿童养成一个正当的'人',而现在的教育却想把他做成一个忠顺的国民,这是极大的谬误。"㊴周作人的儿童艺术教育思想根本上是以"人"为核心的,他既不将儿童当作缩小的成人,也不当作不完全的小人,而是当作独立的个人,他关注的是以艺术教育为媒介完成个人的完全的实现,希望能养成健全的个人。周作人这种对儿童独立人格的肯定,具有深刻的思想意义。

"以女性为本位"是周作人女子艺术教育思想的核心。他致力于确立女性"为人为女的双重自觉意识",使女性认识到她也是"人",更是"女人"。周作人在回答妇女运动如何发生的时候,说:"大家都知道,因为女子有了为人或为女的两重自觉,所以才有这个解放的运动。中国却是怎样？大家都做着人,却几乎都不知道自己是人;或者自以为是'万物之灵'的人,却忘记了自己仍是一个生物。在这样的社会里,绝不会发生真的自己解放运动的:我相信必须个人对于自己有了一种了解,才能立定主意去追求正当的人的生活。"⑩也就是说,必须让女性首先对自我有一个合理的认知,觉醒其独立意识,获得自我解放,其次才能去继续其他的追求。他为此开出的良方是:"希望现在主持妇女运动的女子和反对妇女运动的男子都先去努力获得常识,知道自己是什么,人与自然是什么,然后依了独立的判断实做下去,这才会有功效。"⑪这"常识"即是"知道你自己"的工具。周作人把必要知道的正当的人生常识分为五组,第五组即是关于艺术,包含艺术概论、艺术史、文艺、美术和音乐,并附以说明:"第五组特别成为一部,就是艺术一类,他们的好处完全是感情上的。或者有人疑惑,艺术未必是常识里所必需的东西,但我觉得并不如此。在全人生中艺术的分子实在是很强的,不可轻易的看过。我曾在《北京女高师周刊》上一篇文章里说过:'我们的天性欲有所取,同时也欲有所与;能使我们最完全的满足这个欲求的,第一便是文学。我们虽然不是文学专家,但一样的有这欲求;不必在大感动如喜悦或悲哀的时候,就是平常的谈话与访问,也可以说是这个欲求的一种明显的表示,因为这个缘故,文学于我们,当做一种的研究以外,还有很重要的意义与密切的关系,因为表现和理解他人在我们的现代生活里是极重要的一部分。'虽然所说的只是文学,本来可以包括艺术的全体。所谓艺术的常识,并不是高深的鉴赏与批评,只是'将艺术的意义应用在实际生活上,使大家有一点文学的风味,不必人人是文学家而各能表现自己与理解他人;在文字上是能通畅地运用国语,在精神上能处处以真情和别人交涉。'"⑫通过艺术常识的普及,让女性有掌握知识、表达自己的权力,从而使女性认清自己的处境,唤醒其自我主体意识,以至争取其他社会权力。此外,周作人还致力于为女性树立正确的审美观——自然审美观,批判畸形的审美观——"三寸金莲"之美。对于以脚小为美的畸形审美观,周作人是极度厌恶的。因为,女子缠足不仅承受了肉体上的痛苦,更满足了男子的欲望和畸形审美需求,将自己"物化"为男性的附庸。他多次撰文表达对天足的喜爱,极为赞赏日本女子赤足之美,"我相信日本民间赤脚的风俗总是极好的,出外固然穿上屐或草履,在室内席上便白足行走,这实在是一种很健全很美的事。"[43] 如此,女子不但可以拥有自然康健之美的身躯,而且可以拥有女性自我主体意识,从被"物化"的境地中解脱出来,与男性一样成为一个独立存在的"人"。

综上,"五四"时期周作人的艺术教育思想在趣味之教育、审美之教育、人之教育三个层面上层层递进,首先通过趣味之教育顺应满足受教育者之本能的兴趣与趣味,培养并指导这些趣味,唤起以前没有的新的兴趣与趣味;其次通过审美之教育使受教育者审美地感受、审美地生活、审美地创造,"对象世界有多少美,反过来也就证明了人有多少自由"[44]。最终达至人之教育,完成"立人"的目的。周作人对妇女、儿童问题的关注与思考,是对"人"的问题的关注与思考的延续和生发。其艺术教育思想是其"人的观念"中不可分割的一部分,也是"五四"时期整个人道主义思想体系的一个重要组成部分。周作人以其艺术教育思想参与、创构了中国现代艺术教育体系,现代化的启蒙理念则是其艺术教育思想的底色和基石。其艺术教育思想的重大理论价值和现实意义,在今天仍然需要进一步的研究与探索。

(本文为山东省艺术教育专项课题成果,课题名称:《五四时期周作人的艺术教育思想研究》,项目编号:YJ201911007)

(山东艺术学院　山东师范大学)

注释

①②⑨⑮ 周作人:《儿童文学小论·儿童的书》,《周作人自编文集》,河北教育出版社 2002 年版,第 57、58、109、110 页。

③ 现代艺术教育者往往将两者相等同,相关的典型表述如"艺术教育一名美育"(天民:《艺术教育学的思潮与批判》,《教育杂志》第 10 卷 1、2 号,1921 年版),"艺术就是美术;艺术人生就是美的人生;所以艺术教育简单的名称,又叫做'美育'。本书专门研究艺术教育,同样可以说是研究美育。艺术教育一名美育,读者不要把它们认作是两桩事啊!"(雷家骏:《艺术教育学·序说》,上海商务印书馆 1925 年版,第 6 页),"艺术教育这名词……简单地说就是'美育'"。"所谓美育就是艺术教育"(陆其清:《艺术教育的效能》,《音乐与美术》第 5 期,1940 年版)。

④㉘ 周作人:《游戏与教育》,《周作人文类编⑤:上下册》,湖南文艺出版社 1998 年版,第 584 页。

⑤⑥㉟ 周作人:《儿童文学小论·儿童的文学——一九二〇年十月二十六日在北平孔德学校演讲》,《周作人自编文集》,河北教育出版社 2022 年版,第 90、44、37—38 页。

⑦⑧ 周作人:《自己的园地·儿童剧》,《周作人自编文集》,河北教育出版社 2022 年版,第 103、104 页。

⑩ 周作人:《谈龙集·读童谣大观》,《周作人自编文集》,河北教育出版社 2022 年版,第 173—174 页。

⑪ 周作人:《苦茶随笔·长之文学论文集跋》,《周作人自编文集》,河北教育出版社 2022 年版,第 69—70 页。

⑫ 周作人:《老虎桥杂事·儿童杂事诗》,《周作人自编文集》,河北教育出版社 2022 年版,第 67 页。

⑬⑭ 周作人:《自己的园地·阿丽思漫游奇境记》,《周作人自编文集》,河北教育出版社 2022 年版,第 55 页。

⑯ 周作人:《儿童文学小论·吕坤的演小儿语》,《周作人自编文集》,河北教育出版社 2022 年版,第 64 页。

⑰㊱ 周作人:《谈龙集·读各省童谣集》,《周作人自编文集》,河北教育出版社 2022 年版,第 179 页。

⑱㉓ 周作人:《儿童文学小论·童话研究》,《周作人自编文集》,河北教育出版社 2022 年版,第 21 页。

⑲㊲ 周作人:《儿童文学小论·儿歌之研究》,《周作人自编文集》,河北教育出版社 2022 年版,第 36 页。

⑳ 周作人:《自己的园地·文艺与道德》,《周作人自编文集》,河北教育出版社 2022 年版,第 86—87 页。

㉑㉒ 周作人:《苦口甘口·女子与读书》,《周作人自编文集》,河北教育出版社 2022 年版,第 32 页。

㉔ 周作人:《儿童文学小论·童话略论》,《周作人自编文集》,河北教育出版社 2022 年版,第 9 页。

㉕㉖㉗ 周作人:《玩具研究(一)》,《周作人集外文·上集》,海南国际新闻出版中心 1995 年版,第 158、160、158—159 页。

㉙㉛ 刘绪源:《周作人论儿童文学》,海豚出版社 2012 年版,第 234—235 页。

㉚㉜ 周作人:《自己的园地·玩具》,《周作人自编文集》,河北教育出版社 2022 年版,第 106 页。

㉝ 周作人:《谈虎集·小孩的委屈》,《周作人自编文集》,河北教育出版社 2022 年版,第 51 页。

㉞ 周作人:《学校成绩展览会意见书》,《周作人散文全集》第 1 卷,广西师范大学出版社 2009 年版,第 368 页。

㊳ 周作人:《儿童研究导言》,《周作人散文全集》第 1 卷,广西师范大学出版社 2009 年版,第 287 页。

㊴ 周作人:《谈虎集·关于儿童的书》,《周作人自编文集》,河北教育出版社 2022 年版,第 297 页。

㊵㊶㊷ 周作人:《谈虎集·妇女运动与常识》,《周作人自编文集》,河北教育出版社 2022 年版,第 261—262、267、265 页。

㊸ 周作人:《药味集·日本之再认识》,《周作人自编文集》,河北教育出版社 2022 年版,第 134 页。

㊹ 高尔泰:《美是自由的象征》,人民文学出版社 1986 年版,第 54 页。

坠入"困顿"后的鲁迅家靠什么维持生计？

裴士雄

鲁迅说过："听人说，在我幼小时候，家里还有四五十亩水田，并不很愁生计。""但到我十三岁时，我家忽而遭了一场很大的变故，几乎什么也没有了。"①也就是说，鲁迅家"从小康而坠入困顿"，事实果真如此吗？"坠入困顿"后的鲁迅家靠什么维持生计呢？笔者分析，鲁迅家"坠入困顿"境地始于 1893 年秋祖父周福清科场案发，但到 1911 年前后周氏三兄弟相继在学校担任教职，有了稳定的收入后经济困境得以缓解，甚至可摘掉困难户的帽子了。那么，在这近二十年"坠入困顿"的岁月是怎样度过呢？我们不妨逐一分析鲁迅家庭成员对大家庭经济收支的正负贡献情况：

曾祖母戴氏（1814—1893），她于清光绪壬辰十二月三十日（1893 年 2 月 16 日）去世。本身系一介家庭妇女，至多是操持家务。她的后事料理势必耗费一笔钱财，亲友们循礼会送一些吊礼（俗称"白包"），可抵消部分。原先雇用专事服侍照顾曾祖母的名叫宝姑的少女（俗称"白吃饭"）即可辞退，亦可省却一些费用。

祖父周福清（1838—1904），热衷于走读书—应试—取仕的"正路"。起初，他的仕途还算坦荡，系"同治丁卯并补行甲子科举人"（第 86 名）、"辛未科进士"（会试中式第 199 名贡士，殿式入二甲第三十九名进士），钦点翰林院庶吉士。翰林虽有地位、名声，但这种朝廷文官没有什么权势和油水。等到翰林院散馆考试,方可放官。周福清考了二等第三十五名,能奉旨以知县用,于甲戌年正月赴江西金溪县任知县。据知情者说,他在任内"既不贪赃,尤不枉法,……对胥吏衙役,防范周密,驾驭綦严,不容有少些隙漏为其所乘"②。周福清生性过于直爽,也许不懂官场上的游戏规则,不会趋炎附势和谄媚权贵,得罪上司,丢了七品芝麻官,改选教职。他力图东山再起,据说是卖掉祖遗田地,于1879年遵例捐升内阁中书。是年9月"委署侍读,截取同知,历充方略馆誊录官、校对官,会典馆校对官、协修官"等职,③直至1893年2月丁忧回家。其族侄周冠五说他"居官清廉,持正不阿,既不贪赃,尤不枉法"④。显然,光靠清政府的薪俸是不能维持他的开销的。别的姑且不论,只说两点:第一,他要纳妾,除了明媒正娶元配孙月仙(1833—1864)、继配蒋菊花(1842—1910)外,先后纳妾三房:薛氏(1857—1881)、章秀菊(1861—1887)和潘大凤(1868—?)。清光绪十三年(1887),绍兴籍监察御史李慈铭纳娶年仅20岁的姨太太王氏,破费180两银子,我们从中可资参考。第二,周福清还要花钱买官。清光绪十九年(1893),周家5位亲友请托周福清向浙江乡试主考官殷如璋行贿,以每位举人2 000两银子计算,共送去1万两银票。周福清买"内阁中书"官职,恐怕要几千两银子。这样一分析,周福清在经济上是不可能对周家有多大帮助的。周福清似乎从来没有钱寄给家里,顶多托同乡捎带果脯之类的北京特产孝敬娘亲,这使戴氏很不高兴。小孩们能尝尝,享受口福,好不开心。而戴氏却丢下一句冷冰冰的话:"谁要吃他这样的东西!为什么不寄一点银子来的呢。"⑤周福清是鲁迅家这个大家庭的顶梁柱,最主要的男主人,主要的家庭经济来源。戴氏这一言辞表现也充分说明:她对周福清是相当失望的,是责怪他没有承担家庭主心骨的职责。1893年秋周福清科场案发,被清廷当作一个典型科场舞弊案例加以整治处理,其中他被判处"斩监候"。上上下下都要打点,特别是每年快要秋审的时候,鲁迅家都要卖田卖地,当掉首饰等物,以营救周福清的生命。这是致使鲁迅家庭从小康坠入困顿最主要的原因。周福清1893—1901年关押在杭州府狱,实际上享受普通囚犯不可能有的待遇,有小妾潘大凤、幼子周伯升或次孙周作人侍奉左右,这几个人近十年的开支也不是一个小数。所以,从周福清对大家庭经济的贡献来看,应该是负面的。

鲁迅父亲周伯宜(1861—1896),一介文弱书生,好不容易考取秀才后,屡应乡试不中,却在周福清科场贿赂案发后遭受致命打击,卧病多年,刚过了本寿就病逝。鲁迅说"他不会赚钱",其实在他身上反而耗费了大量的财力和精力。周伯宜作为周家的当家,于大家庭经济没有什么补益,这是显而易见的。

周福清、周伯宜父子作为鲁迅大家庭的男主人,均"不会赚钱",而周福清的幼子周伯升比鲁迅小一岁,虽然光绪二十三年(1897)赴南京就读无需学费的江南水师学堂,在校期间和毕业后刚服役的几年,他因较会花钱,又要结婚组建家庭,也不可能在经济上支持鲁迅大家庭的。除了这,这个鲁迅大家庭剩下的是一半女主人。

先说继祖母蒋菊花(1842—1910)。她屈配周福清做填房后,生养的一个女儿周康,也在1894年死于产褥热,精神打击很大。周福清在外纳了三房姨太太,却很少关爱蒋菊花,造成两夫妻关系不睦。她虽然饱受委屈、误解和打击,但为鲁迅大家庭操持了一辈子家务,鲁迅兄弟对她留有深刻而美好的印象。

庶祖母薛氏(1857—1881)、章秀菊(1861—1887)、潘大凤(1868—?)三位周福清的姨太太有几个共同的特点:一是被周福清出资纳妾时年纪都很轻,分别比他小19岁、23岁和30岁,其中小妾潘氏年龄与幼女周康相同;二是出身穷苦,做了周福清的姨太太后,除了侍奉周福清外,都享受官太太的生活,所有费用来自周福清的薪俸,或者卖掉祖辈不动产所得。其中潘大凤将章秀菊所生的周伯升抚养成人,周福清被羁押在杭州府狱,她携周伯升前去服侍。出狱回家后,恪守妇道,悉心照顾风烛残年的周福清至死。周福清死时,潘大凤年仅三十六七岁,周氏族人中有人将周家发生的"变故"和不幸总是归罪于她,这位失去周福清靠山的弱女子在大家庭到了无法容身的地步,跟了她已有私情的年轻光棍离家出走。出走前,主母蒋菊花与潘大凤恐口说无凭,双方还立有契据。

蒋菊花笔据

　　主母蒋谕妾潘氏,顷因汝嫌吾家清苦,情愿投靠亲戚,并非虚言;嗣后远离家乡,听汝自便,决不根究,汝可放心。即以此谕作凭可也。

宣统元年十二月初八日

主母　蒋　谕

代笔　周子珩

潘大凤笔据

　　立笔据妾潘大凤,顷因情愿外出度日,无论景况如何,终身不入周家之门,决无异言。此据。

宣统元年十二月初八日

立笔据　潘　氏

代　笔　周芹侯(押)

　　清宣统元年十二月初八日,即 1910 年 1 月 18 日潘大凤立下笔据后不久,就随那光棍出走了。她恪守诺言,从此"不入周家之门",也杳无音信了。两份《笔据》说到潘大凤不堪周家的"清苦"生活,是她出走的原因。

　　母亲鲁瑞(1858—1943),是乡下安桥头人,以自学获得可以阅读文学作品的能力。她的一生走完孝女、贤惠的妻子和媳妇、慈母和仁慈的长者这一人生之路,口碑甚好。嫁到周家后,挑起了家务重担,一方面侍奉曾祖母戴氏、祖父母周福清和蒋菊花,另一方面,她相夫教子,竭尽全力,去温暖周伯宜那颗在仕途和生活道路上以及与病魔的抗争中日益冷却了的心。并鼓励孩子"穷出山",养育了鲁迅、周作人、周建人这三位彪炳中国史册的著名学者、专家。鲁瑞在周福清、周伯宜男主人相继辞世后,勇挑了料理全家生活的重担,持家精打细算,使周家安然度过"困顿"岁月。显然,这些女主人在当时的社会是不可能挣钱给鲁迅大家庭的。

综上所述,鲁迅大家庭在1893—1911年前后的近20年的时间里,男女主人们均"不会挣钱",只有一笔笔的支出。道墟鲁迅姑婆家章家、吴融鲁迅大姑母马家、东关鲁迅小姑母金家、啸唫鲁迅大姨母阮家、广宁桥鲁迅二姨母郦家,甚至鲁墟鲁迅继祖母的母家蒋家等亲友,可能经济上有所帮助,但这里用得上绍兴人的一句老话:"只能救急,不能救穷。"周福清科场案发生后、周伯宜重病期间,至爱亲朋会伸出援手,但对他家日常生活是不可能提供经常性资助的。听东关周康之女的后人说,他也是听上辈口碑传说,鲁迅东渡赴日留学前,曾启齿向金氏借钱,结果希望是落了空的,便是一例。这个鲁迅大家庭仍有周福清(1904年去世)、蒋氏祖母(1910年去世)、潘氏庶祖母(1910年1月后出走)、叔父周伯升、鲁瑞、鲁迅、周作人、周建人等10多个家庭成员,外加佣工王鹤照(1901年4月开始帮佣)、保姆长妈妈(1899年去世)、忙月章福庆、章运水父子等需支付工钱。那么鲁迅大家庭是靠什么维持生计的呢?

一、上当铺质钱。鲁迅在《呐喊·自序》中,对这段辛酸的生活回忆说:"我有四年多,曾经常常——几乎是每天,出入于质铺和药店里,年纪可是忘却了,总之是药店的柜台正和我一样高,质铺的是比我高一倍,我从一倍高的柜台外送上衣服或首饰去,在侮蔑里接了钱。"⑥此处的"质铺",就是人们常说的当铺。当铺都是官僚、富商和豪绅开办的,如与福彭家周氏有姻亲的著名盐商鲍芗谷在水澄巷开"润德当",曾在台湾任过知府的孙绍棠在南街开"衣德当",福彭桥周氏始祖周绍鹏在友人支持下在清道桥开过"尊德当",在福彭桥西塝周家老台门开过"崇德当",但这位七世祖万万想不到十四世裔孙鲁迅成了"恒济当"等当铺的常客。旧时,上当铺除了像鲁迅家那样极个别的破落官宦人家外,也有极少数盗贼、赌棍急于典当换钱的,但绝大多数当户是破产的手工业工人、农民和城乡其他劳动人民。穷苦百姓常是夏当棉被,冬当单衣薄衫。年尾岁首,冬夏两季,上当铺的人尤多。鲁迅说"有四年多","几乎是每天,出入于质铺",笔者以为这有夸张之嫌,鲁迅家就算一天当去一件衣服、首饰的话,"四年多"时间至少当掉1 500件以上。这不是一个小数,鲁迅家不可能有这么多家当流进当铺的。遗憾的是,迄今为止,没有发现鲁迅他们上当铺的实物佐证。

二、向亲友和其他人借贷。当衣服、首饰等当掉得差不多的时候,势必是向人借钱过日子。绍兴鲁迅纪念馆陈列着一件周伯宜立票据画押的《借约》,全文如下:

借　约

　　　　今将己户拱字印契一纸,内载坐落廿亩头田五亩正,浼(疑为"挽"——引者注)慰农家兄向高姓押借英洋贰佰元整。面议八对月,借洋还洋,利计每月壹分贰厘,起息按月支送。恐后无凭,立此为据。

　　　　附拱字田契一纸。

　　　　　　　　　　　　　　　光绪十三年三月十五日

　　　　　　　　　　　　　　　立票人　周伯宜(画押)

　　　　　　　　　　　　　　　中　人　周慰农(画押)

　　　　　　　　　　　　　　　　　　　周子传(画押)

　　　　　　　　　　　　　　　亲　笔(周伯宜画押)

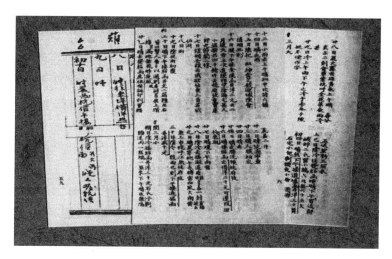

图1　《周作人日记》中关于鲁迅家向亲友借钱的部分记载

　　清光绪十三年三月十五日,即 1887 年 4 月 8 日《借约》中的"廿亩头"是地名,今属绍兴越城区城南街道,"廿亩头"的名称犹存,但早已不是田野,而是居民住宅区。周家的这份唯一尚存的《借约》说明:周伯宜为了向高姓大户借贷 200 元大洋,除了挽亲托眷,请托族叔周子传、族兄周慰农做中人外,把廿亩头的五亩己田抵押给高姓,还要支付"每月壹分贰厘"的高利息。也就是说,每年须付 28.8 银元的重利。据分析,周伯宜借这笔钱是汇到北京让周福清去花费的可能性最大。我们由此也可以想见,自 1893 年秋鲁迅家发生重大的"变故""坠入困顿"后,周家向钱庄、向亲友借钱更多了。只是这方面的现有资料甚为稀缺,但亦有一些。如现存的《周作人日记》虽很不完整,但亦有一些零星的记载,举例如下:

　　"接道墟函并洋三十员。"(1898 年农历三月初四日,道墟,指姑丈章介千家,下同)

　　"接绍函,云借钱二十元"。(1898 年农历三月二十六日,指周

福清在杭州狱中急需用钱,时周作人在杭陪祖父)

"接道墟函并洋贰元。"(1898年农历三月三十日)

"往鲁墟借孔方,得洋十六。"(1899年农历正月二十九)

"往皋埠借洋,热甚。"(1899年农历六月初八,此处皋埠,疑指在小皋埠借住的大舅父鲁怡堂或其岳家秦秋伊、秦少渔父子家)

......

从上述几则周作人的当时记载分析,周福清陷入杭州囹圄已经多年,仍讲究排场,维持官老爷的生活,仍要绍兴家人四处告借或他自己向亲友商借。这也不是他日常生活开支,很可能为保住的自己脑袋或早点恢复自由而用于通关节。

三、卖房卖田地等不动产。这方面有两件珍贵的文物文献现存于绍兴鲁迅纪念馆。(一)有鲁迅(豫才)亲自画押参与的周氏与朱阆仙买卖新台门房地产的《绝卖屋契》,时在"中华民国七年阴历九月",鲁迅将卖房子所得之款换购北平内四区新街口八道湾十一号住房。⑦鲁迅家卖掉绍兴老家房子已离本文主题,恕不探讨了。(二)也有鲁迅(豫才)亲自画押、参与卖田的《公同议单》(亦可参阅《鲁迅与绍兴》)。时在1911年3月7日,鲁迅正在绍兴府中学堂担任监学兼博物教员,已有工资收入养家。而周作人约在1911年9月携妻羽太信子回国,1912年6月曾到浙江军政府教育司任职,时间不长,"领过一次薪水,是大洋九十元"⑧。到1913年3月他被聘为绍兴省立第五中学英语教员,才有了稳定的收入。倒是老三周建人,比两位兄长更早为鲁迅大家庭挣钱,1906年,靠自学,靠自身努力,周建人当上了绍兴僧立小学校长兼教师,他把第一次拿到的8元工资执意交给母亲维持家庭生计和孝敬祖母。应该说,1911年3月7日周氏析分田产时,鲁迅大家庭已开始摆脱"困顿"生活。但是,这是覆盆桥致中和三房周氏族人共同商定卖掉大部分"智公祭田"的。周氏从六世祖开始发迹,到十一世的 100 余年里,是它的黄金时期。可是 1861 年太平天国运动直接打击了周氏家族,损失甚巨,各房族多致一蹶不振。民族危机日益严重,势必危及各地,也造成周氏"子孙无业居多",好多人还养成恶习,游惰成性,挥霍成风,没日没夜地做"街梃头""夜游虫",男女抽水旱烟,甚至抽鸦片烟麻醉自己。像其他败落的家族、家庭一样,处理家产有一公式:先卖金银首饰等浮财,再卖田地产,最后卖房产。而卖田地产,先卖一家一户所有的"己田",再卖若干族亲或整个家族共有的"公田"。可以想见,"宣统三年正月"析分"智公祭田"前,覆盆桥周氏各房已把"己田"卖得差不多了。阅 1899 年十一月初八《周作人日记》,周作人与周子恒、周仲庠两位族叔一起前往南门周鹤鸣处结账,即卖掉五亩田,得款 225 元银洋。第二天他为此事写信给周福清作了说明。

像这样的"公田",覆盆桥周氏肯定还有,如祠堂田、各房始祖和对家族贡献重大的祖宗祭田、办义塾和义学的义田等,无非是迄今未曾发现像"智公祭田"有一份《公同议单》而已。

代表致派智字兴房参与共同商定的是正在绍兴工作和生活的豫才(鲁迅)、乔峰(周建人),两兄弟均有画押。这次析分"智公祭田",单是中派恕房贴补鲁迅大家庭兴房有 9 亩田,还有从致派公议分得的 72 亩田中再可分得至少 10 亩田地。这笔收入是相当可观的。

四、靠祖辈田产的租金。鲁迅有言:"听人说,在我幼小时候,家里还有四五十亩水田,并不很愁生计。"笔者以为,在人多地少的绍兴,有四五十亩水田已是相当富裕的人家,这在绍兴解放后的土改运动中,评地主成分是够格的。就是在鲁迅 18 岁那年赴南京求学后,我们从同期的残缺不全的《周作人日记》里仍可以找到这位"收租老相公"有关收租的记载:

一八九八年十一月廿七日,"夜检田契,作杭信"。

卅日,"小雨,往城[疑脱'东'字]收租。午晴,六和庄午餐,收谷廿五袋、(托苻舫叔收劳家封三户)谷八袋"。

十二月初一日,"阴。往后丁、昌安收租,佃户孟德裕处午餐,食野鸭"。

初三日,"小南山佃户高秉华送租来(二袋)"。

一八九九年十一月初三日,"阴。上午同剑青(即渭叔)、仲庠二叔往南门写契"。

初八日,"晴。上午与周子恒、仲庠二叔往南门周鹤鸣处结账,田五亩,洋二百二十五元正"。

初九日,"发杭信,说卖田事"。

十四日,"阴。上午遣老庆往南门外约租(约廿一、二去收)"。

十九日,"雨。母亲生辰。上午小南山佃高秉祥来。……楼下陈佃亦来(程七斤),说稻(因)天雨难打,求宽期。可笑"。

二十日,"明日征租,约仲庠叔同去"。

二十一日,"阴。黎明早餐,同仲翔叔下舟至诸家湾收租,吃点心,租水九分二。……又至六禾庄,午餐,尝新谷。两[处]共收二十袋,下午放舟回家"。

二十二日,"晨。大雨,往五云门外收租,先至后丁(佃户甚劣,颇费气力,至上午始收讫)。又至昌安,午餐食鸟肉……(共收租二十五袋另),至家已晚"。

二十七日,"夜渭叔处抄租簿"。

十二月初九日,"晴。上午往山阴完粮,洋十七元。(本不用许多,因有积谷捐,每亩八十,真奇闻也)会稽因洋不够不完"。

一九〇一年五月廿五日,"下午楼下陈佃说被灾"。

廿七日,"下午六禾庄佃四人来"。

廿八日,"午后山佃四人来说田被水淹"。

十三日,"偕章庆完粮米,共洋十八元"。

……

从上述《周作人日记》来看,鲁迅"幼小时候,家里还有四五十亩水田",在1893年发生很大"变故"后,并没有全部卖掉,或是像1911年3月7日析分"智公祭田"那样又分得了田地。周作人晚年回忆道:"大概在前清光绪癸巳(1893)年时智兴房还有稻田四五十亩,平常一亩规定原租一百五十斤,如七折收租,可以有四千多斤的谷子,一家三代十口人,生活不成问题。"⑨鲁迅大家庭看样子是部分靠这些田租维持日常生计的。在19世纪末20世纪初,鲁迅家在劳家舍、后丁、昌安、小南山头、楼下陈、诸家湾、六禾庄、五云门外等处还有一些田产,有名有姓的佃户有孟德裕、高秉华、程七斤等。在鲁迅家帮佣30年的王鹤照生前回忆:在父亲周伯宜去世时,"周家尚有田29亩。每亩原租115斤,出租给四郊农民,如果按七折收租,周家一年可收租谷三千来斤,一家三代十口人吃饭是不成问题了。"⑩即使在1919年12月专程回绍把家迁居北京后,有极少量田地出租,并委托信得过的族亲代理。翌年1月3日以周树人、周建人名义给族叔周心梅写信感谢对他家的照拂,也谈及委托他代为收租的事。该信全文如下:

> 心梅老叔大人尊右:谨启者,在越首途不遑走辞,而既劳大驾,又承德厚惠,感歉俱集。自杭至宁一路幸托福荫,旅况俱适,当日渡江,廿九日午抵北京。自家母以下,并皆安善堪舒。绮注在绍时曾告南山头佃户二太娘来城立认票,讵知游约不至,只得请吾叔收租时再催促。寄存之物,兹开单附上。单系临发时所记录,仓卒间恐有错误,请老叔暇中费心一查对

可也。专此布达。

　　敬请

崇安！

　　　　　　　　　　　任　　树人、建人　拜启

　　　　　　　　　　　[一九二〇年]一月三日

　　此信似为周建人执笔，透露了他家在绍兴（小）南山头还有田租给一个名叫"二太娘"的佃户的事实。

　　当然，此时少量田租收入不是用于维持生计，而且用到修缮祖坟等方面去了。据周冠五等周氏族亲和王鹤照等周家佣工、忙月的回忆，周家新台门后面的百草园上半年种植蔬菜，秋后则平整一下土地，用来翻晒从佃户收来的稻谷。1899 年农历十二月十五日《周作人日记》里就有"望　晴。晒谷"的记载，鲁迅小时候也看到过章福庆他们晒谷的情景。否则，鲁迅家直接用钱到台门前的"傅澄记"等米店买大米好了。另据周作人回忆，当时将稻谷加工成大米全靠手工，有牵砻、舂米等工序，多有"阿 Q"式人物谢阿桂和忙月章福庆等人来干。显然，辛亥革命前鲁迅大家庭部分靠祖遗的田产收租来维持生计的，这是不争的事实，也没有必要回避。鲁迅于 1911 年 4 月 12 日致挚友许寿裳信中说："此款今可不必见还，近方售尽土地，尚有数文在手。倘一思将来，足以寒心。"失去了家庭主要稳定的经济收入，难怪他也要"足以寒心"了。

注释

① 鲁迅:《俄文译本〈阿 Q 正传〉序及著者自叙传略》,《鲁迅全集》第七卷,第 85 页。

② 观鱼（周冠五）:《回忆鲁迅房族和社会环境 35 年间（1902—1936）的演变》,人民文学出版社 1959 年版,第 10 页。

③ 周福清:《浙江乡试硃卷》,第一页,绍兴鲁迅纪念馆藏。

④ 观鱼(周冠五):《回忆鲁迅房族和社会环境 35 年间(1902—1936)的演变》,第 10 页。

⑤《知堂回想录》,《周作人散文全集》13 卷,广西师范大学出版社 2009 年版,第 144 页。

⑥《鲁迅全集》第一卷,第 437 页。

⑦ 裘士雄:《鲁迅与绍兴》,上海社会科学院出版社 2019 年版。

⑧《知堂回想录》,《周作人散文全集》13 卷,第 441 页。

⑨ 周遐寿:《鲁迅的故家·九　晒谷》,《鲁迅回忆录》专著(中册),北京出版社 1999 年版,第 908 页。

⑩ 张能耿、张款:《鲁迅家世》,党建读物出版社 2000 年版,第 376 页。

鲁迅与中国济难会(中国革命互济会)的人和事考述

高方英

鲁迅日记1927年10月19日:"晚王望平招饮于兴华酒楼,同席十一人。"鲁迅到上海的第一个月,中国济难会的组织部长王望平在兴华酒楼设晚宴,招待鲁迅、郁达夫等作家,一起参加的人据鲁迅日记有11位。

一、王望平其人

王望平即王弼,名伯恭,皖南人①。1927年2月16日中共上海区委全体委员会议确定济难委员会人选名单,王弼为主任②。王弼约于1927年5月至1931年5月担任中国济难会(中国革命互济会)组织部长③。人民文学出版社2005年版《鲁迅全集》注释王望平为江苏人,应该是错误的。据1925年4月21日《申报》"旅沪安徽同学会改选会纪",王弼当时是上海大学学生,在旅沪安徽同学会改选中当选交际股成员④。据济难会发起人之一姜长林回忆:"济难会筹备委员会的13个正式委员中,除郭沫若、沈育贫、刘一清当时不是党员外,其余都是党员。5个候补委员也都是党员。……王弼,后来到江西鄱阳县当了县长,这是在抗战前听说的。以后的情况就不知道了。"⑤又据赵葵回忆:"我知道最早在济难会的人是吴瑜,还有王弼。因为大革命时期,我是上海宝山支部的召集人。吴、王两人是我们支部的成员。"⑥可见,王弼在中国济难会(中国革命互济会)期间是中共党员。

罗茂先回忆中提道:"(王弼)似 1932 年在广州被捕叛变。抗战期间我在重庆见过他,了解到他在国民党'中统'工作。"⑦这个回忆与上文中姜长林回忆"王弼,后来到江西鄱阳县当了县长,这是在抗战前听说的"有出入。姜长林的回忆内容是听说,罗茂先的回忆中前一句话是不肯定的,所以,王弼是否 1932 年在广州被捕叛变不一定,是否到江西鄱阳县当了县长有待考证。但罗茂先的后一句话是确定的事实,是他亲身经历,所以王弼抗战期间是在国民党"中统"工作了。

关于王弼抗战前后的事情,另外有两则报道,也不妨参考:一、1934 年 2 月 2 日《申报》"匪犯玉山败退":"攻玉山德兴两县境大桥头之匪部,系伪总副指挥方志敏、王弼,伪十军长周建平,亲率伪三十一、三十二等三师七千人进犯。"⑧由此消息倒也有可能王弼曾在江西当过县长,之后参加战斗,与方志敏等同志于 1934 年被捕。二、1935 年 6 月 14 日《申报》"皖南残匪完全崩溃":"汉口,行□顷据报告皖南伪□织自王弼投诚后,已破坏无遗,更以国军厉行搜剿,匪众窜避奔命,现闻国军宽人为怀,准予匪徒自新故来归者甚多,匪□日蹙,殆已完全崩溃。(十三日中央社电)"⑨王弼是皖南人,是否在革命互济会活动逐渐终止后回到了家乡皖南呢?如果这里的王弼是中国济难会的王弼的话,那么王弼是 1935 年向国民党军队投降的。最后,笔者还想提一下 1936 年上海的《工读半月刊》频繁出现署名"望平"的时事评论文章,在该刊第二卷第 1 期还发表了悼念鲁迅的文章《陨落一颗巨星》,不知是否即曾经代表中国济难会设宴招饮鲁迅等作家的王弼。

二、中国济难会及招饮事宜

中国济难会,1925 年 9 月由恽代英、张闻天、沈泽民、杨贤江、郭沫若、沈雁冰等发起,主要宗旨是营救被捕革命者,救济烈士家属。1925年12月,上海北四川路邢家桥童子团成立济难分会,总会代表王弼、阮仲一演讲。⑩1929年12月24—27日"中国革命互济会(即济难会)第一次全国代表大会在上海举行。会议进行4天,正式宣布中国济难会改名'中国革命互济会'"⑪。这个组织曾创办了《济难》月刊及《白华》《光明》《牺牲》等刊物。1934年,互济会全国总会在上海活动逐渐终止。

王弼此次招饮即为了创办中国济难会刊物《白华》。1928年10月16日"济难会全国总会主办的《白华》月刊创刊号出版发行"⑫。11月和12月各出1期,共出了3期,由阿英和郁达夫主编,其出版者和发行者署名"白华社",撰稿人除阿英、郁达夫外,还有林伯修(伯川)、楼适夷(建南)、冯宪章等。⑬由此,王弼为创办《白华》招饮的宴席,阿英(即钱杏邨)和郁达夫作为主编参加是应该的。

据许杰回忆:"事情大约是在1927年的11、12月之间,具体的时间,我记不清楚了,那时,我从浙江临海回到了上海。当时,王弼同志负责中国济难会的工作。一天,他就说济难会准备出版一个刊物,要我参加编辑工作。依照当时的习惯,要办一个刊物,须得先请一次客,找一些作家名人,向他们打一个招呼,约一约稿。我记得,那一次所请的主要客人是鲁迅先生,郁达夫先生,叶圣陶先生等……"⑭又据许杰查核研究,在《鲁迅先生逝世五十周年纪念》一文中补充道:"这是一次共产党外围组织的请客,请的是党的干部和同情、接近党组织的客人……日记中说的'同席十一人'。那十一位客人,究竟是谁呢?我在写那篇文章的时候,几乎完全忘记了,我只记得郁达夫和鲁迅,记得鲁迅和郁达夫这一段重要的谈话。其实,有些人的名字,是应该记得的。这件事情,在过了半个世纪后,在当年,也是参加这一次宴会的,如今还健在的同志——楼适夷同志的回忆中却是比我记得清楚多了。据适夷同志的回忆,这一次参加宴会的,有郁达夫夫妇、蒋光慈、潘汉年、李立三,以及适夷、王弼和我等人。"⑮据楼适夷、许杰回忆,当天参加宴的人员为:王弼、鲁迅、郁达夫、王映霞、楼适夷、许杰、潘汉年、李立三、蒋光慈,叶圣陶最终没有出席。而鲁迅日记所记"十一人"的另一个人很可能是阿英(钱杏邨)。

据 1926 年 1 月 18 日《申报》"济难会游艺会纪 上海市总会昨日成立"中报道:"开会时,主席宣布今日一方为本会募捐性质。一方上海市总会亦于今日成立,并当场散发选举票,由到会代表填写。结果选出韩觉民、李石岑、杨杏佛、吴山、恽代英、孙云鹤、刘俊山、李硕堧、胡寄南、倪无斋等十人为审查委员……萧朴生、郭沫若、陈望道为文书股委员,熊季光、丁晓先、王弼为会计股委员。"⑯王弼不仅是中国济难会组织部长,还被选为济难会上海市总会的会计股委员。又据 1926 年 10 月 25 日《申报》,"济难会全国总会消息":"本埠中国济难会全国总会,昨(二十三)开审干两委员会联席会议,到吴山、杨杏佛、陈望道、周全平、潘汉年、丁晓先、叶绍钧、杨贤江、阮仲一、蒋宗文、郭景仁、王弼等十七人,公推杨杏佛主席……募捐救济万县武汉被难案,公推杨杏佛、李石岑、吴山、丁晓先、王弼□人为筹备委员,与上海各团体接洽联合办理。"⑰由这两则消息可知,除王弼外,杨杏佛、陈望道、郭沫若、周全平、潘汉年、叶绍钧(即叶圣陶)等当时也都是济难会委员会委员。

根据当事人许杰回忆,结合此报道,可以推断:1927 年 10 月 19 日,王弼招饮,受邀请参加者有中国济难会会员至少四人:王弼、叶绍钧(最终未出席)、许杰、潘汉年。

三、对鲁迅大讲一通革命高潮的人是谁

冯雪峰回忆:"我是一九二八年十二月开始和鲁迅先生来往的……但那时,我们党已经有别的同志在和他来往,主要的是经过'革命互济会'这一环。我就记得有一天,我去看他的时候,他刚送走一个客人,这样,他开头就谈起这个客人来,说:'……革命互

济会的,来过三次了。人真老实,每次来都对我大讲一通革命高潮。'"⑱这里提到的在革命互济会(此时应叫中国济难会)里的同志应该是王弼、叶绍钧(最终未出席)、许杰、潘汉年四人中的一位,而且很可能是潘汉年。分析如下:王弼在上文中已经介绍过,他当时担任中国济难会的组织部长,事务繁忙。在鲁迅日记及同时代人的回忆中也没有相关他与鲁迅再次交往的痕迹。故而排除。

叶绍钧(1894—1988),出生于江苏苏州吴县。1911 年 11 月,改为现名叶圣陶,笔名有叶锦、圣陶、斯提、桂山、秉丞、郢生等。同年中学毕业后成为乡镇小学教师。1915 年,任上海商务印书馆尚公学校国文教员,为其编写小学国文课本。1919 年,加入了北京大学的新潮社,开始白话文学的创作,发表小说、新诗、文学评论和话剧剧本。1921 年与周作人、沈雁冰、郑振铎等人发起成立"文学研究会",共同举起"为人生"的现实主义文学旗帜。"五卅"运动中,与胡愈之等人创办《公理日报》,进行反帝爱国宣传,后又主编中国济难会的《光明》半月刊。1927 年,他进入商务印书馆从事编辑出版工作,1930 年任开明书店编辑,主办《中学生》杂志。

鲁迅日记 1926 年 8 月 30 日:"下午得郑振铎柬招饮,与三弟至中洋茶楼饮茗,晚至消闲别墅夜饭,座中有刘大白、夏丏尊、陈望道、沈雁冰、郑振铎、胡愈之、朱自清、叶圣陶、王伯祥、周予同、章雪村、刘勋宇、刘叔琴及三弟。"这是鲁迅离开北京去厦门的途中从上海中转停留期间朋友的宴请。鲁迅这次在上海停留 4 天,寓沪宁旅馆。这应该是鲁迅与叶圣陶的第一次见面。鲁迅日记 1927 年 10 月 14 日有"夜黎锦明、叶圣陶来"的记载,人民文学出版社 2005 年版《鲁迅全集》注释:"系请鲁迅为黎锦明所著小说《尘影》作序。"这是一方面;另一方面,可能正是这次见面,叶圣陶提及了中国济难会想要宴请鲁迅等作家的设想,征询鲁迅意见。在王弼招饮的前一天,鲁迅日记 1927 年 10 月 18 日:"夜章雪村招饮于共乐村,同席江绍原及其夫人、樊仲云、赵景深、叶圣陶、胡愈之及三弟、广平。"叶圣陶与鲁迅非常有缘,鲁迅到上海一次短暂的停留就一起赴宴吃饭;而在1927年10月鲁迅抵达上海的半个月里,叶圣陶就登门拜访,继而一起接到章雪村招饮的邀请,再又一起被中国济难会组织部长王弼招饮。这当然与他们两人各自在中国文坛上的声望有关。细读这段时间内鲁迅日记,叶圣陶是中国济难会会员中最有机会向鲁迅直接发出宴请的人。

从鲁迅1927年10月3日到上海后的日记来看,关于王弼招饮,对于鲁迅的邀请很可能就是通过中国济难会会员、其机关刊物《光明》半月刊主编叶圣陶联系的。此时的叶圣陶还是商务印书馆编辑,1927年5月开始主编《小说月报》。他于1927年5月至1932年春全家居住上海景云里,鲁迅从1927年10月8日—1930年5月12日也正好居住景云里。鲁迅与中国济难会的关系不是一时的,而是持续,显然不会因为其组织部长王弼发出宴请就欣然前往,也不会因为一顿饭就立马热络起来。中国济难会是怎么联系上鲁迅的呢?我想叶圣陶在其中的牵线作用不容小觑。地理位置上的便利也使他更加密切了鲁迅与中国济难会的关系。

查鲁迅日记,1927年12月4日"午后叶圣陶来"。12月16日"得叶绍钧信"。12月18日有"午后复叶圣陶信"。12月24日"午寄叶圣陶信并稿,即得复"。即《卢勃克和伊里纳的后来》,随笔,日本有岛武郎作,鲁迅译文发表于《小说月报》第十九卷第一期(1928年1月),后收入《壁下译丛》。12月27日"寄叶圣陶信并还书"。鲁迅日记1928年9月24日"下午叶圣陶代赠《幻灭》一本"。1929年8月22日"上午叶圣陶赠小说两本"。从以上日记可知,叶圣陶这段时间在上海与鲁迅的联系很多。据叶圣陶回忆:鲁迅曾给他写过信,有一封内容大致为:"聊印数书,以贻同气,所谓相濡以沫,殊可哀也。"[19]鲁迅对叶圣陶的人格给予充分的肯定,并引为"同气",即志趣相投,志气相同。在1927—1928年以及 1930 年代,鲁迅与叶圣陶的交往较多,关系比较密切。那么,叶圣陶是否就是冯雪峰提到的那位与鲁迅保持交往,宣传革命高潮等思想的中国济难会的中共党员同志呢？了解一下叶圣陶生平,获知叶圣陶先生和鲁迅先生一样,并没有加入中国共产党。因此,答案是否定的。

许杰(1901—1993),原名世杰、字士仁,笔名张子山。浙江台州天台人。1927 年 2 月,北伐军光复浙江,许杰被任命为天台文明小学校长兼省立第六中学小学部主任,在临海加入中国共产党。"四一二"反革命政变中,许杰被捕,保释后潜回上海。1928 年春,去宁海中学任教务主任。5 月底因亭旁农民暴动失败,学校被解散,不得已避往吉隆坡,1929 年底才回到上海。可见,许杰与鲁迅见面的可能时间是 1927 年 10 月 19 日之后到 1928 年春之间以及 1929 年底以后到 1930 年。因为许杰回忆 1930 年至 1932 年,他在广州中山大学教书。[20]所以,冯雪峰回忆中 1928 年 12 月左右和鲁迅见面的中国济难会的中共党员同志也不是许杰。

潘汉年(1906—1977),1906 年 1 月 18 日出生于江苏宜兴县,在家乡上过中学,当过小学教师。潘汉年是创造社成员,因常干些捆书、跑印刷厂、跑邮局等杂活,被同事们称为创造社的"小伙计"。1926 年秋,潘汉年加入中共领导的中国济难会工作,11 月由阮仲一、王弼介绍,加入中国共产党,被编入商务印书馆支部活动。[21]1927 年 7、8 月间,潘汉年从九江回到上海。为了加强各文化单位和团体中党员的联系,统一各文化团体和单位在公开文化活动中的方针,1928 年 5 月,在江苏省委宣传部领导下组织形成文化工作党团,由潘汉年任党团书记。[22]与此同时,1928 年夏,潘汉年担任上海文化工作者支部的书记[23]。在此职责范围内,加强与文化名人鲁迅的联络也是非常有必要的。且因为同是中国济难会的会员,也一起吃饭交流过,他们之间也有交流交谈的话题和可能性。据鲁迅日记,除了 1927 年 10 月 19 日王弼招饮共同赴宴外,鲁迅日记1927年12月13日记道:"下午潘汉年、鲍文蔚、衣萍、小峰来,晚同至中有天饭。"1927年12月13日下午,潘汉年、鲍文蔚、小峰等人到鲁迅家里访问并长谈,晚上共赴中有天餐馆吃饭。潘汉年1927年就已经和鲁迅吃过两顿饭,也到访过鲁迅景云里寓所,1928年再要拜访鲁迅也是在情理之中的。

1929年秋,在中共中央宣传部的领导下,根据中共六届二中全会通过的《宣传工作决议案》精神,成立中央文化工作委员会(简称文委),潘汉年担任第一任书记,具体负责"指导全国高级的社会科学团体、杂志,及编辑公开发行的各种刊物和书籍"[24]。在此期间,潘汉年做的最重要的一件事就是召开党员大会,作自我批评,传达党中央指示,坚决地团结鲁迅等党外进步作家,并积极筹建左翼作家联盟。

1929年11月间,潘汉年和文委的另一同志吴黎平,就文艺界的现状和党对文化工作的意见,在内山书店和鲁迅作了交谈,希望文艺界团结起来,组织起来,共同对付国民党反动派的文化"围剿"。鲁迅赞同潘汉年和吴黎平的意见,并答应参加"左翼作家联盟筹备会"。据吴黎平回忆,在内山书店的这次交谈前后,"潘汉年和冯乃超同志也都为此事找过鲁迅"[25]。1930年2月13日,"中国自由运动大同盟"在上海爱文义路圣彼得堂秘密举行成立大会,潘汉年代表中国共产党主持会议,鲁迅和柔石、郁达夫、冯雪峰等50多位作家参加。同年6月,该同盟决定建立全国总同盟,鲁迅和潘汉年等被选为执行委员。1930年3月2日中国左翼作家联盟在当时的北四川路中华艺术大学的一个大教室召开成立大会。潘汉年代表中共发表"左翼作家联盟的意义和任务"的讲话,鲁迅在会上作了"对于左翼作家联盟的意见"的演讲。1930年5月7日,鲁迅由冯雪峰、潘汉年陪同在爵禄饭店与当时中共中央负责人李立三会面。

由鲁迅与潘汉年两人的这些交集和共同的社会活动,我们也可以看出鲁迅与潘汉年是相互信任的。这种信任不仅仅是因为潘汉年是中共党组织在上海的文化工作领导者,也不会是因为多次共同的参加革命组织,还有很大可能是潘汉年与鲁迅之间单独的交往谈话。因此1927年10月王弼招饮之后到1928年12月冯雪峰到上海与鲁迅联络之前,潘汉年多次登门拜访鲁迅,并向鲁迅阐述当时革命形势和自己的政治观点是有极大的可能性的。

四、中国革命互济会时期的鲁迅

许广平回忆说:互济会"是党为了保护一切解放运动的斗士,救济被难者,于1926年由恽代英等同志发起的。鲁迅到上海后,就参加了这个组织,多次捐款,和这个组织的同志保持联系"[26]。许广平所说的"和这个组织的同志保持联系"应该包括王弼招饮的主要事由即《白华》编辑,那么许杰、郁达夫、钱杏邨在此之后与鲁迅应该也有过为《白华》编辑事宜交往的可能;而中国济难会的叶圣陶与鲁迅的联系比较明显,除了上文提到的,之后鲁迅日记还有相关记载:1931年11月16日"晚得叶圣陶信",1931年12月3日"午后得叶圣陶信",12月19日"下午复叶圣陶信",1933年1月11日"上午寄叶圣陶信",1月15日"午后得叶圣陶信",11月20日"寄叶圣陶信"。12月4日"得叶圣陶送来之笺样一本,即析其中之三幅,于晚寄还西谛"。仅从以上日记可知,叶圣陶在上海与鲁迅的联系交往很多。而在中国共产党方面,由中国济难会的潘汉年多次和鲁迅交往联络的可能性极大。

许广平提到鲁迅为互济会多次捐款,鲁迅日记1930年6月7日"捐互济会泉百"即为记录。除了捐款之外,鲁迅也积极参加中国济难会的活动。据当时"牛兰后援会"负责人之一左洪涛回忆:牛兰是第三国际远东局的负责人,1931年夏,他夫妇两人在上海英租界被捕,不久即非法"引渡",随即解押南京交国民党军事法庭审理。济总成立了"牛兰后援会",还在一些工厂、学校、街道成立了分会。宋庆龄、何香凝、蔡元培、鲁迅、柳亚子……等都曾联名声援牛兰，谴责国民党。在"公审"前后，济总在上海组织了一场声势浩大的援救活动，"要求释放牛兰"，"释放一切政治犯"，广泛深入地发动群众签名抗议、通电声援。[27]

除了以上人员之外，还有一个人也值得关注。他就是中国革命互济会的陈同生。陈同生（1906—1968）本名张翰君，鲁迅日记作陈农非、陈依非，四川营山人。1924年加入中国共产主义青年团，1926年加入中国共产党[28]。先后在沪参加"社联"、中国革命互济会和文化界总同盟的党团工作。1933年在民权保障同盟与鲁迅相识，1934年因中国革命互济会事和鲁迅通信[29]，即鲁迅日记1934年7月18日"得陈依非信"，8月31日"得陈农非信"，10月16日"得陈依非信"。据杜宣回忆：他和陈同生是上海中国公学的校友，都参加了革命的组织，他们是一个支部的，白天各做各的工作，晚饭回到住处一起吃饭。"不久，我们均被学校开除，被捕的同志经过互济会的努力都释放了。自这以后，我和张翰君就不在一起工作了。1933年春天，他调到虹口，我就很少和他见面了。秋天我远离了上海，他给了我一个通讯处，要我和他保持通信。1934年秋后，我们的联系中断，后来我才知道，他就是这个时候被捕的。"[30]可见，陈同生即是中国革命互济会会员，也是中国民权保障同盟会会员。而鲁迅也是这两个革命团体的会员。事实上，这两个革命团体就是互相支持，共同从事革命工作的。陈同生是中国革命互济会后期与鲁迅联络的又一位共产党员，具体交往的时间应该是1933年在陈同生被党组织调到上海虹口工作之后。

1932年12月30日，蔡元培、杨杏佛代表同盟在上海华安大楼举行中外记者招待会，这标志着中国民权保障同盟正式宣告成立。宋庆龄任主席，蔡元培任副主席，杨杏佛任总干事。1933年1月17日中国民权保障同盟上海分会成立，选出宋庆龄、蔡元培、杨杏佛、鲁迅等9人为执行委员。中国革命互济会对此给予了极大的支持。济总在 1933 年 3 月 22 日发出的第 13 号通告中,特地提出,"互济会各级组织必须把'动员会员加入民权保障同盟,打进各种救国团体'作为一项重要工作来做。……那时,互济会和民权保障同盟实际上成了两个并肩战斗的革命团体:工作中彼此呼应,人员方面也有不少是合二为一的(民权保障同盟的工作人员中,有些就是互济会的干部)。"③据左洪涛回忆,他的工作之一就是"介绍会员加入民权保障同盟、工会、反日救国团体和其他群众组织。有的经过斗争考验,觉悟高、表现坚决的,则介绍入团、入党"②。

据宋庆龄回忆,同是中国民权保障同盟上海分会执行委员的鲁迅与杨杏佛也是因为加入中国济难会而相识的。"鲁迅和杨杏佛曾于一九一一年同在南京临时政府担任职务,但直到一九二七年同时加入中国济难会以后,两人才有机会相识。"③中国济难会是鲁迅居住上海时期加入的第一个革命团体,鲁迅不仅在文化宣传工作上给予了支持,而且捐钱、救援,做了切实的工作。之后,鲁迅作为中国民权保障同盟的重要成员在中国的革命事业和营救革命人士的活动中起着重要作用。

注释

① 据中国革命互济会援救部干事罗茂先回忆,见肖辅玢、许光顺:《中国济难会革命互济会在上海》,知识出版社 1992 年版,第 187 页。

② 肖辅玢、许光顺:《中国济难会革命互济会在上海》,第 81 页。

③ 据肖辅玢、许光顺:《中国济难会革命互济会在上海》,第 165、173 页,姜长林、黄静汶的回忆。

④《申报》1925 年 4 月 21 日。

⑤ 肖辅玢、许光顺:《中国济难会革命互济会在上海》,第 165 页。

⑥ 肖辅玢、许光顺:《中国济难会革命互济会在上海》,第 193 页。

⑦ 肖辅玢、许光顺:《中国济难会革命互济会在上海》,第 187 页。

⑧《申报》1934 年 2 月 2 日。标点为笔者标注。

⑨《申报》1935 年 6 月 14 日。"□"表示衍字,标点为笔者标注。

⑩ 据《申报》第 18979 期,1925 年 12 月 29 日第 11 版报道,邢家桥童子团于 1925 年 12 月 27 日成立济难分会并召开成立大会。

⑪ 肖辅玢、许光顺:《中国济难会革命互济会在上海》,第 83 页。

⑫ 肖辅玢、许光顺:《中国济难会革命互济会在上海》,第 82 页。

⑬ 肖辅玢、许光顺:《中国济难会革命互济会在上海》,第 21 页。

⑭ 许杰:《回忆我和鲁迅先生的一次见面》,上海鲁迅纪念馆编《回忆鲁迅在上海》,上海书店出版社 2017 年版,第 182 页。

⑮ 许杰:《鲁迅先生逝世五十周年纪念》,上海鲁迅纪念馆编《高山仰止——鲁迅逝世五十周年纪念集》,上海文艺出版社 1986 年版,第 117—118 页。

⑯《申报》1926 年 1 月 18 日。

⑰《申报》1926 年 10 月 25 日。"□"表示衍字,标点为笔者注。

⑱ 冯雪峰:《当给鲁迅以力量》,上海鲁迅纪念馆编《回忆鲁迅在上海》,第 149 页。

⑲ 叶圣陶:《"相濡以沫"》,上海鲁迅纪念馆编《回忆鲁迅在上海》,第 77 页。

⑳ 据许杰:《鲁迅先生逝世五十周年纪念》,上海鲁迅纪念馆编《高山仰止——鲁迅逝世五十周年纪念集》,第 119 页。

㉑《潘汉年年表》,尹骐著《潘汉年传》,中国人民公安大学出版社 1996 年版,第 410 页。

㉒ 张广海:《中国共产党早期文化组织实践考述》,《文学评论》2017 年第 5 期。

㉓ 参考张广海:《中国共产党早期文化组织实践考述》,《文学评论》2017 年第 5 期;孟东:《潘汉年与鲁迅与左联》,《文史精华》2003 年第 6 期。上海文化工作者支部于 1928 年夏成立,支部成员是创造社和太阳社的党员。

㉔ 转引自孟东:《潘汉年与鲁迅与左联》,《文史精华》2003 年第 6 期。

㉕ 吴黎平:《长念文苑战旗红——我对左翼文化运动的点滴回忆》,中国左翼作家联盟会址纪念馆编《新编左联回忆》,上海文化出版社 2020 年版,第 778 页。

㉖ 许广平:《鲁迅回忆录》,作家出版社 1961 年版,第 145 页。

㉗ 据当时是"牛兰后援会"负责人之一的左洪涛《互济会的有关情况——答

来访者问》，肖辅玢、许光顺编著《中国济难会革命互济会在上海》，第205页。

㉘ 王乐三:《团结知识分子的典范——怀念陈同生同志》,《戎马书生——陈同生纪念文集》上海市政协文史资料编辑部 2001 年版,第 132 页。

㉙《鲁迅全集》第十七卷,第 129—130 页。

㉚ 杜宣:《陈同生同志青年时代斗争生活片断》,《戎马书生——陈同生纪念文集》上海市政协文史资料编辑部 2001 版,第 32 页。陈同生 1937 年出狱后参加新四军工作。

㉛ 肖辅玢、许光顺:《中国济难会革命互济会在上海》,第 65 页。

㉜ 肖辅玢、许光顺:《中国济难会革命互济会在上海》,第 202 页。

㉝ 宋庆龄:《追忆鲁迅先生》,《鲁迅回忆录》一集,上海文艺出版社 1978 年版,第 1 页。

从"平面的'画像'"到"立体的'塑像'":
两代"启蒙者"的接力(上)
——许幸之与《阿 Q 正传》的话剧改编*

胡　荣

1921 年 12 月 4 日,鲁迅署名"巴人"写作的《阿 Q 正传》首登《晨报副刊》,至 1922 年 2 月 12 日全文登载完毕。自此,阿 Q 这一在作者心目中"似乎确已有了好几年"的"影像"①,终于借助于其妙笔一跃而为新文学的经典人物,能照出"现代的我们国人的魂灵"②。此后,阿 Q 成为鲁迅作品中最受话剧舞台青睐的人物,《阿 Q 正传》亦成为中国新文学中最早受到新兴话剧改编的作品之一。

1920 年代,随着文学研究会和创造社的成立,新文学的几大体裁——白话诗、小说、散文的创作探索都已展开并迅速取得佳绩,唯独"新剧"的发展相对缓慢——毕竟,作为一门综合性艺术,无论在体式上还是内容上,被视为舶来品的"新剧"都只能白手起家,从编译外国(欧美)的话剧或小说开始逐步奠基。在《阿 Q 正传》发表前夕(1921 年 11 月)成立的北京实验剧社,虽在《宣言》里提出"现代的戏剧是由剧本的文学与舞台的演作双方缔结而成的",但实际公演极少③;1924 年 4 月,上海戏剧协社改编自英国作家王尔德原作的《少奶奶的扇子》演出成功,这才标志着"新兴话

* 许幸之长子许国庆先生为本文的撰写提供了重要的历史文献支持,特此致谢。

剧经过艰难的探索,终于立足于中国舞台"④,亦意味着"中国话剧现实主义演剧体制的正式确立","中国话剧在舞台实践中真正摆脱了文明戏的窠臼,创造出完整的现代话剧的艺术形态"⑤。而中国话剧文学的成熟,还须等到 1930 年代中期曹禺的《雷雨》(1933)、《日出》(1935)接连问世。现代话剧确立之初,剧作者们或着力于编译外国剧作,或从传统戏曲文学中改编题材,或直接自行创作新剧本,与同时期新小说较少交集,阿 Q 直到 1928 年才首度进入剧作家的视野⑥。其后,伴随着现代话剧的曲折发展,《阿Q正传》历经 1934 年的大众语改编实验、1936 年鲁迅逝世后的改编热潮,以及 1981 年纪念鲁迅诞辰 100 年的改编再版热潮。

在相距近半世纪的两次热潮中,都可看到许幸之的名字。集画家、诗人、话剧和电影编导于一身的许幸之,先后 6 次修订《阿Q正传》话剧剧本:他于 1936 年下半年着手改编,四易其稿,第 4 次修订本发表于 1937 年 4—5 月的《光明》半月刊,不久就由"中国人民抗日剧社"搬上延安舞台;1939 年 6 月完成第 5 次修订,7 月亲自执导中法剧社进行首演,在孤岛剧坛掀起波澜,8 月该版本作为"中法剧社戏剧丛刊第一种"印行,1940 年 8 月由光明书局出版,持续翻印,1953 年 4 月已印至第 10 版;1980 年 11 月,他在近古稀之年完成第 6 次修订,次年 8 月由中国戏剧出版社出版。可以说,从青年到晚年,《阿Q正传》的舞台再创造几乎贯穿了许幸之的大半人生,而在此过程中他对话剧改编锲而不舍的理论探索和编导实践,不论对于鲁迅作品的改编研究还是中国现代话剧的名作改编研究,都具有不可忽视的重要意义。

一、鼓起"傻子的勇敢":许幸之改编《阿Q正传》的缘起

许幸之(1904—1991),学名许达,是中国 20 世纪文艺史上不可多得的通才式人物,从 1920 年代起,活跃于绘画、诗歌、戏剧和电影编导等多个领域,都取得了耀目的成绩。他 1922 年毕业于上

海美术专科学校,1924年秋赴日学画,1925年考取东京美术学校(今东京艺术大学前身),1929年夏秋之际回国,担任中华艺术大学的西洋画科主任,并与沈西苓一同加入郑伯奇、夏衍发起的进步话剧团体——艺术剧社,为剧社的两次公演绘制布景,做舞台设计。1930年2月,许幸之与沈西苓等人发起成立中国第一个左翼美术团体"时代美术社",3月加入左翼作家联盟,又加入中国左翼戏剧家联盟,6月发起成立中国左翼美术家联盟(简称"美联"),并被推举为"美联"主席,完成了从早期追随创造社的文艺青年到普罗艺术家的转变。⑦

1930年5月中华艺大被查封,许幸之被迫离开上海,辗转南京和苏州谋生,但仍与左翼文艺界联系密切,对戏剧和电影的研究也日见其深,接连在《戏》《电影画报(上海1933)》《申报》等沪上报刊发表《构成派的舞台装置》《普特符金给中国电影家的提示》《电影上光学的研究》等文章。1934年,他重返上海,担任天一影片公司的美术设计及置景工作,开始涉足实际的电影制作。1934年秋,他与好友吴印咸接受夏衍建议,从天一影片公司转到中共地下组织领导的电通影片公司,并在电通公司导演了自己的处女作《风云儿女》,主题歌《义勇军进行曲》风靡全国。1936年4月电通公司停业,而此时以抗日救亡为主旨的国防戏剧运动正在热烈进行,创作国防剧作的需求十分迫切,许幸之积极响应,利用受聘为大晚报童友会编排儿童剧的机会,9月写成独幕儿童话剧《最后一课》,10月又写成一幕三场儿童话剧《古庙钟声》,皆从儿童视角出发,号召全民抗日。⑧这些话剧作品的问世,标志着原先的画家、诗人许幸之,已成长为一名兼具较高理论修养和丰富实践经验的影剧编导。

1936年10月19日,鲁迅病逝。对于许幸之而言,鲁迅不仅是文学界与思想界的巨擘,还是一位始终在身边关注和支持左翼美术青年的导师。1930年春,鲁迅曾受其邀请,为中华艺大师生做《题未定》演讲,后又提供图片资料,慷慨赞助时代美术社组织的《苏联革命美术图片展览》,"从精神到物质,始终不渝地大力支持"⑨新兴美术活动。他的离世,令许幸之"仿佛丧失一个温厚的祖父一样,接连好多夜也不能安睡"⑩。他在殡仪馆忍住悲痛,为鲁迅遗容做速写,就在面对先生的画像时,想到了其不朽的《阿Q正传》——这部作品他还是在留学东京的时候第一次读到,那时身处异国的他"便在脑海里浮起了一幅江南旳农村的画境"⑪,后来还画过一幅阿Q的水彩画像;从事电影工作后,"更具体的把阿Q的形象,及其周围人物的各种姿态,如像电影似的一幕幕在我的幻觉中展开";而此时全身心投入戏剧编导的他,"脑海中浮起的已不是'画像',而是塑造起阿Q及周围人物的'雕像'了"。⑫他强烈地意识到,如能将鲁迅的代表作《阿Q正传》改编为剧本,"让活生生的阿Q走上舞台来纪念鲁迅先生"⑬,才是更具长远效力的纪念方式,将先生的精神发扬光大。

1936—1937年,正是上海话剧迈入成熟期的重要节点。1936年秋,沪上几大进步剧团开始筹备举行联合公演,⑭急需新的原创剧本,"如果没有自己的创作剧本,实在不足以发扬民族艺术的光华",这也是促成许幸之下定决心改编《阿Q正传》的一大现实原因。在内心追怀鲁迅精神、外在民族时代需求和事业追求趋于一致的强大驱动力下,他鼓起"傻子的勇敢"⑮,自嘲"不得不带着八分的阿Q精神"⑯,立志把阿Q搬上舞台。

二、《阿Q正传》话剧改编的背景和
许幸之的舞台本位立场

作为鲁迅小说宝库中唯一的中篇,《阿Q正传》的人物和故事内容都较短篇更为丰富,反映的社会时空更为广阔,改编价值毋庸置疑;而作为"中国人品行的结晶"⑰的主人公阿Q,连带派生出的"阿Q相""阿Q主义""精神胜利法"等词,也已深入人心,改编话剧的受众面相当可期。然而,其话剧改编绝非易事。首先,这篇杰作被公认为中国现代小说的艺术高峰,盛名在前,一经改编,必将成为评论界热点。而当时公众及评论界对改编的再创造性质认识尚不成熟,评判标准亦未达成共识,改编者动辄得咎,心理压力极大。其次,鲁迅生前曾明确表示,《阿Q正传》"实无改编剧本及电影的要素,因为一上台,将只剩了滑稽",且因不能"偏重女脚"⑱,难以吸引观众,这是出于对同时期影剧艺术发展水平和观众素养不高的担忧。虽然他并未反对改编⑲,且毫不在意所谓"表演摄制权"⑳,但其改编之难,既经夫子自道,足令人知难而退。再次,《阿Q正传》的独特艺术手法和风格,给话剧改编带来了极大挑战。小说采用第三人称叙事,叙述者全知全能,不受时空限制,跳跃性叙事和连贯性叙事转换自由,以近乎漫画式的笔法,从容不迫地描绘出阿Q的数个人生片段。而这自由灵动的笔法却极不利于舞台呈现,正如时人所言:

> 《阿Q正传》既不是固定于一时一地的短篇小说,也没有严整的故事发展,……在一个小说家底笔下要叙述一个人,很容易地可以由叙述这个人今年的事而一笔掉到他到那儿的事,转折之间,可以活泼自如,而写戏剧就不这么便当,这儿那儿,此时彼时的事,都要在一定的场面或一定的人嘴里表达出来。㉑

不仅如此,《阿Q正传》的"缺乏戏剧性"㉒更是突出问题。所谓戏剧性,"实含'意外'之意,且往往表示某种'震惊',而这震惊或起于奇异的巧合,或由所述情节反乎日常生活之正规所致"㉓;当时的戏剧研究者认为,"凡剧本中将大小震惊布置得愈巧愈有力,则其戏剧性亦愈紧张"㉔。以此要求来看小说《阿Q正传》,阿Q故事的戏剧性显然远逊于《雷雨》等成功剧作了。总之,在剧本的组织结构上,改编者如何选择最重要的场景,如何巧妙地编排场景中的各色人物,如何有效加强一个家喻户晓的故事之戏剧性而不致"凭空捏造",无疑是对改编者功力的一大考验。此外,《阿Q正传》的喜剧外壳和悲剧实质,阿Q等人物的复杂民族性内涵,都要求改编者吃透原作,并能以新的艺术形式再创造,挑战性可想而知。

在许幸之着手改编之前,话剧界已有过两次尝试:一次是陈梦韶于1928年改编、1931年出版的六幕剧。陈梦韶被称作"鲁迅在厦门的最后一个学生"㉕,极崇敬鲁迅,而他创作的《阿Q剧本》,虽具有重要的开创性意义,但由于在改编上"忠实到拘泥的地步"㉖,再创造性不足,且将阿Q定性为"忠诚的劳动者"㉗,过于强调阿Q令人同情的一面,而将人物原有的复杂内涵单一化,使得剧作中的阿Q与原作中饱满鲜活的形象相去甚远,艺术上是不成功的。对此剧本,鲁迅未作直接评论,与之关系甚密的《文艺新闻》报曾于1931年8月3日"每日笔记"中登出一则简讯,透露"唯据鲁迅之意,此剧本不能作实际表演之用"㉘。

另一次尝试是田汉与袁牧之合作的"大众语的实验剧本"。1934年,在关于大众语的讨论热潮中,田汉将《阿Q正传》改编为话剧剧本,再由袁牧之译成"绍兴话"㉙,署名"袁梅",自1934年8月19日起连载于袁牧之主编的《中华日报·戏周刊》,至1935年1月6日止,连载未完,仅存两幕。这个不完整剧本最大的贡献是,在人物编排上,剧作者创造性地"将《呐喊》中的另外的人物也插进去,以显示未庄或鲁镇的全貌"㉚,这一方法得到了鲁迅本人的首肯;而在剧本人物语言上,鲁迅并不赞成地方化,主张"编一种对话都是比较的容易了解的剧本"㉛,"这剧本最好是不要专化,却使大家可以活用"㉜;关于阿Q的造型,鲁迅认为《戏周刊》上登出的几个阿Q像"都太特别,有点古里古怪",而实际上"阿Q该是三十岁左右,样子平平常常,有农民式的质朴,愚蠢,但也很沾了些游手之徒的狡猾","没有流氓样,也不像瘪三";㉝同时,他亦诚恳地提醒剧作者,阿Q的思想觉悟、言语行为"不要超过一个辛亥革命当时的农民的理解"^③。这些从原作者角度提出的意见,无疑为后来者的改编指明了方向。

不出意料,许幸之的改编尝试颇不顺利。初稿不尽如人意,只能重起炉灶做新的构思。第二稿"仍缺乏戏剧性,尤其缺乏纷争"^⑤,经修订后形成第三稿,于是邀请夏衍、阿英、沈西苓、宋之的、孙师毅等戏剧专家朋友评议,结果令人失望,"亲切的朋友们都认为这是失败的作品",是"一出不堪入目的剧本",许幸之"灰心已达极点"。^⑥听闻戏剧家田汉也在南京改编阿Q剧本后,许幸之索性将这第三稿送去供其参考,而田汉的剧本却迟迟未出。在《光明》半月刊主编沈起予的邀约下,许幸之鼓起勇气完成第4次修改,六幕剧《阿Q正传》才在《光明》1937年第10—12期公之于世。两年后,又经过"对于戏剧有深刻研究的殷扬先生、陈西禾先生和吴天先生等的批评和指示",完成第5次修改,1940年8月由光明书局出版。许幸之分别撰于1937年和1939年的两篇文章《改编阿Q正传的我见》(上下)和《〈阿Q正传〉的改编经过及导演计划》,忠实地记录了这五次修订的经过,阐明了在此过程中逐渐确立的改编目的、立场和方法,就小说改编话剧的探索发表了鲜明的观点。

许幸之始终站在戏剧舞台本位的立场来看待改编。在深入研究小说文本后,他分析道:"《阿Q正传》与其说它是一篇故事完整的小说,毋宁说它是一篇描绘着各种典型人物的散文。我以为鲁迅先生对于《阿Q正传》的企图,正和他爱好木刻与漫画等的意思一样,用那生花的笔,把《阿Q正传》里的一群人物漫画化。"^⑤而话剧改编的目的,就是"让平面的'画像',变成立体的'雕像',让文字形容的'假想的阿Q',变为活生生的'有目共赏的阿Q'走上舞台"^⑧——也就是说,从小说"变为"戏剧,在许幸之看来,其实是从文字艺术单纯媒介的表现("平面的")"变为"融合了语言文字、表演、舞美、音乐等综合性艺术媒介的表现("立体的"),也是一个将读者对文学人物形象的无穷想象落实为舞台上鲜活的戏剧人物的过程。这是艺术形式的大转换,必然要取舍,要改造,要变化,绝非一一对应的简单关系。因此,许幸之坚定地认为,剧作者的任务并不在于忠实原著:

> 剧作者的任务并不在于忠实原著,而在于如何使原著的主题明朗化,如何使原著的故事成为有规律的发展,如何加重他们的纠纷和葛藤[39],如何展开他们之间的斗争的场面,如何使他们的个性明显而具有典型,如何使全般的戏剧成为舞台艺术的形象化,如何使原著向着另一方向的舞台领域来发展,剧作者,要使原著在获得多数的读者之外,获得更多数的观众,这才是剧作者忠实于原著的唯一方针。[40]

从戏剧的效果——"获得更多数的观众"——来评判改编对原著的"忠实度",实则试图纠正一种不仅存在于普通观众、在文艺评论界也相当常见的错误认识:改编忠实与否,取决于文本内容的复制程度。同时,这一标准的提出,也巧妙地将讨论的重心从喋喋不休于场景置换、人物增删、情节变动等具体文本内容的比较中解脱出来,转而更关注戏剧的社会作用——以笔为枪,启蒙大众,发挥文艺的现实战斗性,这恰好是鲁迅所代表的"五四"一代先进知识分子的精神传统,在新的时代条件下由许幸之等下一代知识分子、艺术家,以新的艺术工作形式来传承。因此,阿Q没有过时,是因为自"五四"以来的改造民族性的运动远未结束,十多年后不过是叠加了更紧迫的抗日主题而已。某种意义上,可将《阿Q正传》从小说到话剧的改编看作两代"启蒙者"的接力,一种"鲁迅精神"在新的历史舞台上的坚守与承继。

这样一来,就不难理解许幸之为何反复强调"看戏的观众"

视角：

　　站在戏剧的立场上，我们知道，看戏的观众和读小说的观众，是具备着两种不同的心理的。读小说的观众，可以把小说里的人物在脑筋中意想出来，但看戏的观众，是需要舞台上的人物给与他们的实感。读小说的人，只能模糊的追忆那些人物的抽象的形影，但看戏的人，是要看戏剧中的人物明确而具体的行为。读小说是思维的幻想的满足，看戏是视觉的存在的满足。读小说是可以站在客观的无关心的立场，看戏是立在主观的附和者的地位的。因此，看戏的观众，是要看戏剧里的主人公是好人还是坏人，同情他，还是憎恶他。㊶

　　戏剧舞台的核心是人物，这人物具有鲜活的实感，行动明确具体，性格鲜明生动，能直接激发观众的情感反映，带来视觉的存在的满足，比小说更富于直观的感染力、冲击力。何况，剧院是一个极易产生"共情"、在不知不觉中实现思想转变的公共场所，也是左翼戏剧工作者们公开又隐秘的战斗场所：不论是国防戏剧，还是抗战戏剧，都期望戏剧演出唤醒公众的抗日救亡和民族自强意识，改变他们的精神世界，从而凝聚人心和力量去改变身边的现实世界。正是怀着这样乐观和坚定的信念，当很多人以为"阿Q还是只能活在人们的脑海中，不能活现在舞台上㊷"时，许幸之却深信，自己可以"使先生书本上的阿Q及其周围的人物，走上舞台，将来甚至于在银幕上演戏"，并且"想把知识阶层对于《阿Q正传》的鉴赏力不断地扩大开去，扩大到市民阶级，甚至不识字的劳农大众当中去"，"希望最通俗的戏院也能演我的戏，即连外国观众虽听不懂对白也能了解。换句话说，不但要使《阿Q正传》雅俗共赏，而且要送到国际的舞台上，为中外人士所共赏"。㊸

　　为了这一目标，为了达到话剧观众"虽听不懂对白也能了解"

的戏剧效果,许幸之确立了若干具体的改编方法,下一节将结合该剧加以详解。(待续)

(上海外国语大学文学研究院)

注释

① 鲁迅:《〈阿Q正传〉的成因》,《鲁迅全集》第三卷,人民文学出版社2005年版(以下各卷同,不另注),第396页。

② 鲁迅:《集外集·俄文译本〈阿Q正传〉序及著者自叙传略》(1925年5月26日),陈漱渝主编:《说不尽的阿Q》,中国文联出版公司1999年版,第98页。

③④ 陈白尘、董健主编:《中国现代戏剧史稿1899—1949》(修订版),中国戏剧出版社2008年版,第54—55页。

⑤ 丁罗男主编:《上海话剧百年史述》,广西师范大学出版社2008年版,第60页。

⑥ 1928年4月,陈梦韶首次将《阿Q正传》改编为六幕《阿Q剧本》,供其任教的厦门双十中学新剧团表演,后经修改润色,于1931年10月由上海华通书局出版。

⑦ 关于许幸之1920年代的人生轨迹与思想转变,可参见拙文《青年许幸之:从创造社走向普罗艺术》,《解放军艺术学院学报》2012年第1期。

⑧ 遗憾的是,两个剧本先后因题材敏感、含有"抗帝成分"未能通过工部局的审查,演出被禁。见君燕:"大晚报童友会举行的游艺会被禁",《大公报》(上海)1936年12月15日本地增刊第16版。

⑨ 许幸之:《鲁迅先生对新兴美术运动的关怀和支持》,《回忆鲁迅先生的美术活动续编》,人民美术出版社1981年版,第190页。

⑩ 许幸之:《〈阿Q正传〉的改编经过及导演计划》,《戏剧杂志》1939年第3卷第1期。

⑪⑫ 事实上,辛亥革命前后江南社会的生活场景深刻留存在许幸之的童年记忆中,革命前夕富人转移隐蔽财产是其亲眼所见,甚至连上街被学生剪辫子的情节也发生在其大哥身上。见许幸之晚年撰写的自传《我的生活和艺术活动史》(未完成),许国庆先生提供。

⑬ 许幸之:《改编阿Q正传的我见(上)》,《大晚报》1937年1月6日第5版。

⑭⑮ 见"上海剧团联合公演",《铁报》1936年8月30日第2版。1937年3、4月间,上海业余剧人协会、中国旅行剧团、四十年代剧社、光明剧社和新南剧社五大剧团举行了声势浩大的"上海各剧团春季联合公演"。

⑯ 许幸之:《改编阿Q正传的我见(上)》,1937年1月6日《大晚报》。

⑰ 雁冰(茅盾):《致谭国棠信》,陈漱渝主编《说不尽的阿Q》,第232页。

⑱ 鲁迅:《1930年10月13日致王乔南信》,陈漱渝主编:《说不尽的阿Q》,第106页。

⑲⑳ "此外别无要保护阿Q的意思,或一定不许先生编制印行的意思,先生既然要做,请任便就是了。"鲁迅:《1930年11月14日致王乔南信》,陈漱渝主编:《说不尽的阿Q》,第107页。

㉑ 欧阳凡海:《评两个〈阿Q正传〉的剧本》,《文学(上海1933)》9卷2号。

㉒ 林榕:《阿Q正传与其剧本:(四)阿Q正传的剧本》,《文学集刊》1944年第2期。

㉓㉔ 陈瘦竹译著:《论戏剧性》,《文艺先锋》1947年第10卷第2期。

㉕ 沈世豪:《鲁迅在厦大的最后一个学生——我记忆中的陈梦韶先生》,《厦门文学》2009年第5期。

㉖ 参见杨剑龙:《"将阿Q一生的命运表演出来"——论陈梦韶的〈阿Q剧本〉六幕剧》,《现代中文学刊》2021年第4期,第100页。

㉗ 陈梦韶:《写在剧本之前》,《阿Q剧本》,上海华通书局1931年版,"序"第1页。

㉘ 1931年8月3日《文艺新闻》第2版《每日笔记》栏目下相关短讯全文:"鲁迅所作之阿Q正传,现由陈梦韶编成剧本,由华通出版,唯据鲁迅之意,此剧本不能作实际表演之用。"

㉙ 但袁牧之是宁波人,所以他的绍兴话"翻译"鲁迅表示"有很多地方看不懂"。见鲁迅:《答〈戏〉周刊编者信》(1934年11月14日),陈漱渝主编《说不尽的阿Q》,第114页。

㉚ 鲁迅:《答〈戏〉周刊编者信》(1934年11月14日),陈漱渝主编《说不尽的阿Q》,第114页。

㉛ 鲁迅:《答〈戏〉周刊编者信》(1934年11月14日),陈漱渝主编《说不尽的

阿 Q》,第 115 页。

㉜ 鲁迅:《答〈戏〉周刊编者信》(1934 年 11 月 14 日),陈漱渝主编《说不尽的阿 Q》,第 116 页。

㉝ 鲁迅:《寄〈戏〉周刊编者信》(1934 年 11 月 18 日),陈漱渝主编《说不尽的阿 Q》,第 117 页。

㉞ 沈宁:《阿 Q 的作者鲁迅先生谈阿 Q》,陈漱渝主编《说不尽的阿 Q》,第 123 页。

㉟㊱ 许幸之:《〈阿 Q 正传〉的改编经过及导演计划》,《戏剧杂志》1939 年第 3 卷第 1 期。

㊲ 许幸之:《改编阿 Q 正传的我见(上)》,《大晚报》1937 年 1 月 6 日。

㊳ 许幸之:《〈阿 Q 正传〉的改编经过及导演计划》,《戏剧杂志》1939 年第 3 卷第 1 期。

㊴ "葛藤"是日语词,比喻纠缠不清的关系。——笔者注

㊵ 许幸之:《〈阿 Q 正传〉的改编经过及导演计划》,《戏剧杂志》1939 年第 3 卷第 1 期。

㊶ 许幸之:《改编阿 Q 正传的我见(上)》,《大晚报》1937 年 1 月 6 日。

㊷ 林榕:《阿 Q 正传与其剧本:(四)阿 Q 正传的剧本》,《文学集刊》1944 年第 2 期。

㊸ 许幸之:《〈阿 Q 正传〉的改编经过及导演计划》,《戏剧杂志》1939 年第 3 卷第 1 期。

三味书屋《松鹿图》作者生平、创作年代考

许武智

三味书屋是鲁迅早年求学的私塾,屋内文物众多,挂于中堂的《松鹿图》①尤为引人注目。历经岁月,此画能完整地留存至今,殊为不易。

这幅画高 159.6 厘米,宽 81.7 厘米,内容为"一只很肥大的梅花鹿伏在古树下",包含了中国传统文化中常见的"松""鹿"吉祥元素,寄托着福禄长寿的寓意。也有学者认为这是一幅典型的双关图,有明确的象征意味:只有真心拜伏在古树(书)下,有朝一日才有机会荣登"梅花榜",获取功名利禄。②画左侧有落款:"甲午秋初,法悟先老人笔意,陈肇域写。"题款下两方钤印:朱文"陈肇域印",白文"小坡氏"。单从艺术角度而言,这幅《松鹿图》价值平平,在艺术史上没有一席之地;但它在文学史和教育史上的意义,可谓独一无二,尤其是对于再现鲁迅少年时代的读书学习场景,此画功不可没。

然而,由于这幅画的作者名不见经传,我们能得到的信息仅是画上所题的寥寥数语,其生平事迹则付诸阙如。因此,今人除略知此画为"陈肇域"所绘外,其他则一无所知。如绍兴著名书法家沈定庵云:"关于陈肇域的生平事迹尚难查考……"③绍兴鲁迅研究专家周节棠也认为:"关于画家陈肇域的生平事迹未详,还有待考证。请能者提供线索资料,或加阐释,则文物幸甚。"④绍兴知名作家杜文和同样写道:"查陈氏,画史无传,但不失为画坛高手……"⑤

　　由于缺少作者资料的缘故,这幅画的创作年代也是模糊不清。比如有人看到了款识中的"甲午秋初",就想当然地认为:"从时间上看,成画的年代正是鲁迅去三味书屋读书的年代。那么,画的绘成比匾额和楹联已晚了近百年了。"⑥但六十一甲子,此甲午未必就是彼甲午。而且鲁迅初入三味书屋读书是在 1892 年⑦,早于"甲午年"两年。而且,据寿氏家族成员寿耕梅回忆:"正中一幅梅花鹿,这是传下来的多年古画,衬映出书屋朴实无华"⑧。寿耕梅作为塾师寿镜吾的孙辈族亲,还曾在三味书屋就读过,他的话具有较高的可信度。从这点看,此画至少应该是创作于清中期以前才可被称为"传下来的多年古画"。综上,题款中的"甲午秋初"绝不可能是晚清的甲午。而在绍兴鲁迅纪念馆编著的《鲁迅故里图文集》中,将《松鹿图》创作年代标注为"1884"年⑨,1884 年为农历甲申年,与落款中的时间完全不符,如果不是单纯的印刷错误,实在令人费解。

　　尽管众说纷纭,我们如果回到图画本身,从有限的线索中还是可以推理出一些关键性的假设。

　　首先,题款中所提到的"悟先老人",在以收录明末清初画家见长的《图绘宝鉴续纂》中有一则简短的记载:"鲁唯,清武林人,字悟先,善画鹿。"虽然"悟先老人"的史料相当有限,但至少也指明了画家鲁唯生活的朝代——清朝。而且根据此画出现的地点"绍兴",临摹对象鲁唯的籍贯"武林(杭州)",作者陈肇域生前很可能曾在浙江生活。其次,画中"法悟先老人笔意"这类题款是典型的"仿某家"款式。与之类似的还有"学某某、宗某某、仿某某法或笔意"等等。凡此种种,一般都属于临摹前人的作品,反映画家对前人作品的敬佩和自身的谦虚,明清时期最为盛行,在"清初四王"的画作中表现尤为突出⑩。综合以上几点,根据题款信息可以顺理成章地作出推论:《松鹿图》极有可能是一幅清代画作,其作者陈肇域应该和鲁唯大致生活在同一时代或是其晚辈,时间上不会早于明末清初。

那么,在浩如烟海的史料中,究竟有没有关于"陈肇域"的记载? 答案是显而易见的。笔者查阅了绍兴及其周边地区的地方志等资料,发现了不少关于"陈肇域"[⑪]的史料:

> 陈肇域《余清堂集》(续耆旧传)
>
> ——乾隆《鄞县志》卷二十二·艺文下
>
> ……孙[⑫]肇域,字甸绥,一字草亭,以武学生为金塘百户。鲁王监国总兵王之仁奇其才,擢都司,垦金塘田以饟军,时年二十八。浙东既平,赁一廛于市,卖书画以终。
>
> ——咸丰《鄞县志》卷十七·人物
>
> 陈肇域,字甸绥,以武学诸生为金塘百户。乙卯(应为乙酉,原书错印),总兵王之仁奇其才,擢为都司,垦金塘田以供军需,时年二十有八。浙东既下,赁一廛于市,卖古书画,曰迎碧楼,著有《草亭诗集》。
>
> ——同治《鄞县志》卷三十六·人物传十一

三个不同时期的《鄞县志》中,都记载了一个叫"陈肇域"的人,后两种县志中还有其小传,而且都确切写明:他以卖书画来谋生。笔者按图索骥,又找到了方志中小传的原始资料来源:《续甬上耆旧诗》。

> 陈都司肇域,字甸绥,一字草亭,按察副使大章孙也,以武学诸生为金塘百户。乙酉六月,王总兵之仁奇其才,擢为都司,垦金塘田以供军需,时年二十有八。浙东既下,赁一廛于市,卖古书画器物以糊口,曰漱芳斋、曰贯日船、曰雾陆、曰影岩、曰迎碧楼,皆其转徙廛名也。……因叹草亭以年少布衣徙戎,国亡家破,能守故侯卖瓜之操,其人足以传,其诗亦

不可没矣。

——《续甬上耆旧诗》卷七十四·故将军之二

《续甬上耆旧诗》不但有"陈肇域"详细的传记,而且还收录其诗28首。因为"陈肇域"的《草亭诗集》并没能流传下来,这些仅存的诗歌尤为珍贵。在这些诗中,诗人流露出的情绪以消极为主,集中反映了他在改朝换代之际理想抱负、身份认同、社会地位等方面内心的挣扎冲突。笔者根据诗中的干支纪年信息,结合其传记资料,为"鄞县陈肇域"制作了一个简单的年表:

表1　鄞县陈肇域年表

公元纪年	干支纪年	帝王纪年	事件	年龄
1618	戊午	明万历四十六年	出生	1岁
1641	辛巳	明崇祯十四年	作《有感》	24岁
1645	乙酉	清顺治二年	擢升为金塘都司	28岁
1646	丙戌	清顺治三年	作《丙戌初度》	29岁
1649	己丑	清顺治六年	作《己丑元日遇雨》	32岁
1650	庚寅	清顺治七年	作《生朝书怀》	33岁
1654	甲午	清顺治十一年	???	37岁
1661	辛丑	清顺治十八年	作《辛丑阳至书怀》	44岁
1681	辛酉	清康熙二十年	作《次天酒闻子岁暮感怀》	64岁

由表1可知,这个"陈肇域"是明末清初人士,而且他一生中刚好经历了"甲午年"这一关键年份。尽管受资料所限,我们并不知道他去世的确切年份,但他在康熙二十年(1681)已过花甲之年,推测其在康熙年间去世是没有问题的。

此外,陈肇域所在的家族称得上是当地的名门望族,其家族被全祖望收入《甬上望族表》中。据全祖望记载:

其先世本奉化之朱氏，明初迁鄞，改姓陈。观察大章，其宗老之显者也。西皋陈氏三十六族，难以识别，故称公家为乌楼陈氏。⑬

这里的"观察大章"就是陈肇域的祖父。陈大章⑭，字祖尧，号夔石，嘉靖壬戌年进士，曾出任南京刑部郎中、福建按察司金事以及江苏、江西等地官员，告老还乡后也是地方上有名的士绅。而整个陈氏家族，也是文风昌盛，名人辈出。清代中期成书的《四明谈助》对乌楼陈氏以及家族名人有详尽记载⑮。除了上面提及的陈大章外，还有与内阁首辅沈一贯同为"甬上七子"之一的陈大鲁⑯；长于论史的陈大鲁侄子陈陛⑰；"西皋三陈"陈士绣⑱、陈士京⑲、陈弼肩⑳；康熙年间被举为博学鸿儒授翰林检讨的陈鸿绩㉑等。陈肇域在所作的诗中，也称自己家族"清白贻谋冠褵城，簪缨奕奕有家声"㉒。以上都能说明乌楼陈氏是名门世家，陈肇域有深厚的家学渊源。

那么这位出身不凡的"陈肇域"是否就是《松鹿图》作者"陈肇域"？我个人认为是确定无疑的。主要基于以下五个方面的依据：

一、姓名相同。"肇域"一词出自《诗经》中的《商颂·玄鸟》："邦畿千里，维民所止，肇域彼四海。"依笔者所见，史料有明确文字记载的，同样用"肇域"作"名"的古人，只清代陆肇域㉓一人；用作"字"的古人，只见明人"堵应几"㉔和清人"宋鸣轫"㉕两人，说明这个词用作名字并不常见。所以以"陈肇域"和"陈肇域"是同名同姓两个人的可能性，不能说完全没有，但概率非常低。

二、时间相合。前文我们通过画中题款"悟先老人"这条关键线索，将作者限定在明末清初至清代中期。而现有史料《鄞县志》《续甬上耆旧诗》等都已经证明"鄞县陈肇域"恰恰生活在明末清初时期，而且经历了"甲午"年这一关键年份。如果此画绘制于顺治时期的甲午年,距清末已近250年,不但印证了寿耕梅"传下来的多年古画"的说法,而且和清初当时流行的书画题款形式相吻合。

三、志趣相投。除去一枚姓名印章外,画中的另一枚钤印"小坡氏",颇值得玩味。"小坡"原是时人对于苏轼幼子苏过的称呼,与苏轼的"大坡"相对应。宋代以后,一些文人出于对苏轼才华品格的仰慕和崇拜,乃自称"小坡",以此显示以他为师为范的态度。㉖最典型的当属陈肇域的同乡,旅居金陵的陈沂㉗。"少学苏氏之学,笔势澜溢,气局浑健,人咸谓其类东坡先生,亦自号曰小坡。"㉘除此之外,晚清著名词人郑文焯㉙也是同一缘故,自号小坡。所以,这枚印章表明《松鹿图》的作者对于苏轼是极为推崇的。而在"鄞县陈肇域"仅存的28首诗中,恰恰就有一首涉及苏轼。在《次天逦闻子岁暮感怀》的诗前按语中就出现了后世仰慕者对于苏轼的美称——"坡仙"㉚。画中钤印"小坡氏"和诗文内的"坡仙",不约而同地表明了作者对于苏轼的欣赏,恐怕不是巧合。

四、地理相近。杭州(武林)、绍兴(山阴)、宁波(鄞县)相隔不远,最早从西晋时期开始,三地就通过浙东运河相连接,就古代交通状况而言,已属便捷。"鄞县陈肇域"的人生主要活动区域为宁波。但其诗中有一首《西兴怀古》㉛,西兴古镇是浙东运河的西端起点,明清时为绍兴府萧山县所辖,证明他到过绍兴地界。而西兴与杭州近在咫尺,只有一江之隔,所以极有可能也去过杭州。《松鹿图》临摹对象鲁唯就是杭州人士,这幅画则藏于绍兴,作者如果是临近杭、绍的宁波人,从古代的交通及书画流传范围而言,客观上也很合理。

五、身份相符。宁波乌楼陈氏为书香门第,世家子弟"陈肇域"有家学传承,吟诗作画自不在话下,而且史料中多处都明确提及,在明朝灭亡后,陈肇域以卖书画来养家糊口。这些关键性的文字记载,直接证明其拥有创作《松鹿图》的技能和动机。

以上五点，互相印证，形成完整的证据链。据此本文认为三味书屋《松鹿图》的作者"陈肇域"实为《鄞县志》中记载的"陈肇域"，两者应为同一人。他出身于四明乌楼陈氏，官至金塘都司，参与过抗清活动，明亡后，弃职隐居，不再出仕，以卖书画为生。这幅《松鹿图》则创作于清顺治十一年（1654）。至于这幅画何时以何种方式流入绍兴寿氏家族，又是从什么时候起挂于三味书屋的中堂上，可能很难考证。我们现在所知道的是，在陈肇域画完《松鹿图》200多年后，有个叫周树人的少年，每天早晨上课前照例要对着这幅画鞠躬行礼。这个场景一定给年幼的他留下了极深的印象，以至于他人到中年提笔著文时，仍然对此记忆犹新。而原本普普通通的《松鹿图》借助于鲁迅的文章，登上课本走进课堂，由私人回忆变为一代又一代中国学子的集体记忆。

（绍兴图书馆历史文献馆）

注释

① 此画又名《松鹿图轴》《鹿卧古树图》《梅鹿古树图轴》等，现藏于绍兴鲁迅纪念馆。

② 盛文庭：《三味书屋中的"松鹿图"辨解》，《教与学》1980年第4期。

③ 沈定庵：《三味书屋的字画与匾对》，《文化娱乐》1981年第2期。

④ 周芾棠：《塾师·三味书屋——鲁迅幼年的读书生活》，《鲁迅研究年刊》1981年，第321页。

⑤ 杜文和：《乌篷醉卧镜中行——绍兴》，上海古籍出版社2000年版，第153页。

⑥ 崔石岗：《关于"三味书屋"的匾额、楹联、松鹿图》，《语文教学》1983年第8期。

⑦ 鲁迅博物馆、鲁迅研究室编：《鲁迅年谱长编第一卷（1881—1921）》，河南文艺出版社2012年版，第20页。

⑧ 寿永明、裘士雄：《三味书屋与寿氏家族》，浙江大学出版社2010年版，第

64 页。

⑨ 绍兴鲁迅纪念馆编:《鲁迅纪念馆馆藏文物精品集》,西泠印社出版社 2011 年版,第 140 页。

⑩ 张岩:《试论中国画的题款与题跋》,《陕西师范大学学报》(哲学社会科学版)2001 年第 2 期,第 99—103 页。

⑪ "肇"同"肇",在本文中,为尊重原文,松鹿图作者陈肇域一律写作"肇",史料中的陈肇域一律写作"肇",以示区分。

⑫ 上文紧接其祖父陈大章传记。

⑬ 全祖望:《鲒埼亭文集选注》,黄云眉选注,商务印书馆 2018 年版,第 245 页。

⑭ 其史料详见康熙《鄞县志》卷二十、乾隆《鄞县志》卷二十二、同治《鄞县志》卷三十六、咸丰《鄞县志》卷十七等。

⑮ 徐兆昺:《四明谈助》下,宁波出版社 2003 年版,第 129 页。乌楼陈氏最近一次尝试编修家谱是在清末(见《四明乌楼陈氏修谱》,《申报》1910 年,第 13451 号到第 13457 号),笔者虽努力查找,仍未发现其现存家谱,甚为遗憾。

⑯ 陈大鲁,字颖叔,号农山,邑诸生,精于史学,尝上取羲皇,迄于元,论断其事,尽为有韵之文,名曰《诗史》。

⑰ 陈陜,字公步,一字海岱,自号海岱居士,为《诗史》作注并序。

⑱ 陈士绣,字伯纶,少时为大鲁所爱。及长,传其家学,益有名,官光禄寺署丞,著述极多。

⑲ 陈士京,字齐莫,一字佛庄,号海年渔长。明崇祯年间进士。明末随鲁王朱以海举义抗清,授兵部职方司主事。清顺治五年陈士京来厦门,辅佐郑成功,筑鹿石山房以居,与徐孚远等创立"海外几社"。清顺治十六年逝世于鼓浪屿。

⑳ 陈弼肩,字幼仔,一字古愚,号峨雪道人,诸生,著有《奥囊集》。其诗多残山剩水之痛,最为查伊璜所赏,可惜大多已散佚。陈肇域是其弟子。

㉑ 陈鸿绩,字子逊,顺治十四年(1657)举人,初任睢宁知县。康熙十八年(1679)荐举博学鸿词科,考取二等,授翰林院检讨。诗、书俱佳。

㉒ 沈善洪、方祖猷、魏得良等点校:《续甬上耆旧诗・下》,杭州出版社 2003

年版,第 9 页,《忆居》。

㉓ 陆肇域(1726—1800),字豫斋,清代长洲县相城人。以量才选拔授官至
州同官至州同,《虎阜志》主纂。

㉔ 堵应儿,字肇域,宜兴人,万历末年任昆山训导,见同治《苏州府志》卷七十
三·名宦六。

㉕ 宋鸣轫,字肇域,浙江萧山人,诸生,著有《逸亭诗草》七卷。见[清]潘衍
桐编纂:《两浙辑轩续录》卷八。

㉖ 方星移:《论苏东坡在明代文学家中的接受》,陈文新、余来明主编:《明代
文学与科举文化国际学术研讨会论文集》,武汉大学出版社 2010 年版,第
186 页。

㉗ 陈沂(1469—1538),初名宗鲁,改字鲁南,号石亭。因好苏氏学,又号小
坡。祖籍浙江鄞县,寓居南京。正德十二年(1517)进士。篆隶、绘画多有
上乘之作,尤以诗赋出众,与顾璘、王韦并称"金陵三俊"。著有《金陵古
今图考》《金陵世纪》《石亭集》等。

㉘ 顾璘:《陈石亭墓铭》,黄宗羲编《明文海》卷四百三十七墓文九。

㉙ 郑文焯(1856—1918),字俊臣,号小坡、叔问,晚号大鹤山人。奉天铁岭
人,工诗词,善书画金石,音律乐理,通医理,有《大鹤山房全集》。

㉚㉛ 沈善洪、方祖猷、魏得良等点校:《续甬上耆旧诗·下》,杭州出版社
2003 年版,第 8 页。

鲁迅先生的印象

[日]森三千代 文　潘世圣　岳笑囡 译

想起来，仿佛是很久以前做过的梦一样。

在平日里会循着顺序逐一忆起的往昔，却因山崩地裂般剧烈变幻的时代风暴而远去，以至于我竟会怀疑自己究竟是不是亲身经历过那一切。

我在上海时期的生活，恰好就属于这样一种情形。

上海那段经历，虽然才过去十几年，但感觉上却仿佛非常遥远，完全不像是 10 年、20 年前的事情。

北四川路遭受战火劫难以后的上海，是我绝对想象不出来的。浮现在我眼帘中的，依旧还是昔日上海的那些光景：走出余庆坊那铺着石板的弄堂口，右边便是那个长着黑痣、光着膀子的男人，手里拿着长柄勺子，舀起大铁锅里的热水，给提着水壶来买热水的女孩儿打水；那时候，附近专做外卖的饭馆儿，早晚两顿将饭菜放到蒸笼里送到家里来，一个月也只要 12 块钱而已。那是我们——金子光晴和我——从日本前往欧洲的中途，大约是昭和三四年（1928—1929）前后。

那时候，上海的创造社成员们正如日中天。记忆中创造社是在北四川路月亮殿舞场的斜对面，从新开业的广东菜馆"新雅"往南隔两三家便是。那一带是共同租界的繁华地带，再往弄堂里面走，便是复杂交错的日本妓院。常有形迹可疑的男人们在弄堂口转悠。

那时,张资平、郑伯奇、王独清等人声名鹊起,向人们显示着他们不同以往的新鲜价值。

而说到中国文学家和日本文学家,在他们之间存在着一个强有力的桥梁,那就是内山完造所经营的书店。正是因为内山书店的存在,日中两国文化人的手才握到了一起。几十年中,包括战争期间,这座桥梁一直发挥着重要作用。如果没有这座桥梁,中国人的内心想法将便很难传递到我们这里,而我们也不知会怎样被中国人误解。想到这些,真不知道该如何感谢内山先生!内山书店卖出的大批书籍,也为中国的文化发展提供了可观的精神食粮。

那时候,内山书店还在福民病院对面那条窄窄的巷子——魏盛里。光头的内山先生身穿灰色毛衣,夫人那边则是浅黄色的,两人一起照看着操持书店。细长的店铺里满是站着看书的客人,中国人和日本人大约各占一半,还有些人坐在椅子上闲聊天。后来老板又在弄堂对面开了个杂志部,由一个名叫松尾的女人照看。我没地方可去的时候,哪怕是没有事,也总是要去内山书店坐一坐。

"王先生,王先生。到这儿来坐!我来给你介绍个人。"

内山先生将一位身穿中式服装,站在书架前看书的年轻中国人叫过来,介绍给我。他就是共产主义诗人王独清。王独清有些口吃,人也很害羞,内山先生介绍时,他脸一下子就红了。

就这样,在这间不大的店面,内山先生介绍我认识了好些人。

我和鲁迅先生的相见相识也是这种情形。

当时鲁迅先生和郁达夫先生正在一起。他俩亲密地并肩而立,正出神地看着从书架上抽出来的一本书。

听到内山先生的介绍,鲁迅先生扭过头朝我这边看过来。那是一双安详的眼睛。浓密的短胡须,胡须尖端略微向下卷曲。那风貌和孙逸仙颇有几分相像。郁达夫先生个子比鲁迅高,什么地方有些像个调皮的孩子,眼睛很小,要是画简笔画的话,点个点就够了。但他没留胡须。两人都穿着中式衣服,戴着礼帽。鲁迅先生的衣服是黑色的缎子布料,郁达夫先生则穿着类似工人的工作服那样的蓝色棉布衣服。

打这以后,郁达夫先生或者来我们的住处做客,或者带我去作家黄白薇女士——她在东京留学时与我是同窗——那里。总之,我们之间有很多的往来交际。但郁达夫先生什么时候都是那件蓝色棉布服,里边还套着一件色调相近的纹缎衫。但在我看来,那的确是很潇洒的。

在欢迎日本作家前田河广一郎先生的宴会上,我忝列末席,这才有机会与鲁迅夫妇从容聊天。

鲁迅先生的夫人,据说是先生的学生,也是先生的崇拜者。但看上去的确是一位娴静的女士。宴会由内山先生精心安排,在四马路的陶乐春举行。那时的前田河先生风头正盛,与鲁迅先生的谈话也不免有咄咄逼人之处。据说那时鲁迅先生的思想立场与郁达夫很相近,具有文学家的特征,倾向于无政府主义。

"在苏州城外,每月月初,乡下的花农会带来盛开的兰花,举行一整天的兰花花市。城里的文人墨客们举家前来赏花。有人赏花品花,有人买花带回家。这种风俗自古有之,现在还保留着。嗯,这种旧时代的文人墨客在今天的中国也还有很多!"

对于鲁迅先生这番有关中国文人的低调谈话,前田河先生似乎毫无兴趣。

鲁迅先生的夫人大口大口地喝着烈性虎骨酒,但却毫无醉意。

那之后,又有一次去内山书店,碰巧赶上书店的例行聚会,一位中年日本绅士与鲁迅先生正谈得热火朝天。绅士是一位日本的大学教授和博士,专攻汉学研究。那位日本博士试图从中国儒教的角度解释现代中国社会;而鲁迅则反复解释,离开道教的功利思想就无法理解现在的中国。鲁迅一再强调自己一贯认为,在任何时代儒教都不过是统治阶级的一个幌子,而民众的生活则无法脱离道教。那位博士并不服气。最后两人的谈话不了了之,话题也转到别处。

我们启程欧洲的日子终于临近了。

为了筹措旅费,金子在上海日本人俱乐部楼上举办了上海百景风俗画展览会。作品多是画在宣纸上的水彩画小品,有很多描绘的是黄浦江景色和戏曲场面。画框是请一家中国店赶制出来的,他们用的木料未经干燥,结果画展还没结束,画框后面的木板便有潮气渗出,导致画本身严重皱缩。画展开始后,那些认识我们的中国人和日本人接踵而来,3 天的画展下来,共签约售出了约1/3 的画作。画展结束后,疲惫不堪的我们在回家途中顺路来到内山书店。

"鲁迅先生拿钱来放在这里了,他说想要唱诗人和戏曲那两幅。"内山先生告诉我们。

"是吗。那可对不起了。我们没有想过要鲁迅先生买我们的画啊!"金子说道。

"哎,不要紧的。办画展原本是为了卖画的。你又没有让人家买。"

"那倒是不错……。"金子不禁搔搔头,显得很难为情。

所谓唱诗人那幅画,画的是演唱山东大鼓(类似日本的净琉璃,以演唱形式讲故事)的年轻姑娘,演唱的内容大体是《水浒传》和《金瓶梅》之类。

第二天,我也在内山书店,正赶上鲁迅先生独自一人来到这里。我马上向先生表示感谢,谢谢他特意买我们的画。

"可是那唱诗人的脸啊,怎么看都是一张日本女人的脸。"鲁迅先生说。

"不过,日本女人和中国女人有那么不同吗?!"

"不一样,不一样!"鲁迅先生一边说一边朝内山先生那边望去。接着又把目光转向内山夫人，然后目光再次回到我这里。显然，鲁迅先生是希望内山先生发声赞同自己的意见，并且觉得内山夫人就是一个例证。不过，当他看着我的时候，似乎想法变得有些犹豫。

"不过，长得像她这样的中国女人倒也确实有。"内山先生看着我说道。鲁迅先生也连连点头表示同意。

"什么时候离开上海啊？"

"再过一个月就出发了。"

"注意身体啊。希望你们满载而归。"

我仿佛感受到一种父亲般的关怀，不禁鼻子一酸。

原定一月出发，结果一直拖到了三月。其间又有好几次见到鲁迅先生，有机会和先生比较深入地交换意见，可谓是我的收获。自然，对先生而言，不过是把我当成女儿一般，给予我关怀和教诲。

岁月如梭。

三年多又过去了。我从欧洲回日本，再一次路过上海。

得知满洲事变（即 1931 年爆发的九一八事变，也称"柳条沟事变"——潘世圣注）爆发的消息时，我还在巴黎。在巴黎，人们大多同情中国方面，而作为侵略国家的国民，日本人的处境不免尴尬。但那只是我个人的感觉。从巴黎的中国人那里，我们并未明显感觉到他们表现出对我们的露骨反感。在回国的旅途中，客船上每天可以看到有关上海事变的船内新闻，客轮渐渐离日本越来越近。我和光晴是一同去的欧洲，但在欧洲旅行期间，鉴于我们各自的生活原则和兴趣，更重要的是由于一些经济上的原因，我们或是在一起，或是各处一方。我回国的时候，光晴正驱身深入马来的热带地区。我丢下他一个人登上了回国的轮船"鹿岛丸"。客轮经过吴淞时，从岸边的炮台上有子弹射过来。我和其他乘客们都大吃一惊，慌忙逃回船舱。

汇山码头的船桩越来越近，我的脑海里不断浮现出鲁迅先生、郁达夫先生、内山先生,以及其他朋友们的面庞,不知道他们是否平安。无论如何,我都要上岸去拜访一下这些朋友。

得知北四川路的北部(那里有我很多的朋友)正是战事最吃紧的区域,我试图努力说服客轮的大副。

"无论如何,请您允许我上岸!"

"不行啊!实在是太危险了!"

"我知道。但我真的需要上岸!"

我又去找了船长。最后大副总算让了一步:那好吧,上去瞧瞧就回来吧。哼,不过只要让我上了岸,那还不是我说了算!我心想。

走出码头一看,满大街空空荡荡,不见一个人影。我顺着右边那条路,朝杨树浦方向走去。才走出去不过百米,便看到刺刀林立,再往前则是沙袋堆垒起的掩体小山。

一群戴着钢盔的日本兵,密密麻麻地围了过来,严厉地质问我来干什么,要去哪里。我一说出目的地,立刻就是一声怒吼:不行!我无可奈何转身往回走。这时只见靠近杨树浦的码头上有一个日本妇女背着孩子站在那里。

"看,一只船,一只船,划呀,划呀!"母亲让孩子看那船。这时,沉闷颤抖的炮声接连不断地响了起来。我赶紧来到那母亲身旁。

"太危险了!带着孩子在这样的地方。"

那母亲回头看着我,笑了笑,达观地说:

"没事儿。就是在家里,该死也得死。"

无奈,我只能回到船上。

有很多逃离上海回国的人上了船。从这些人的口中得知,内山一家都安全,另外还听说一个朋友的孩子受了点伤。不过关于中国朋友的消息却一点也没有。

轮船启航之后,听上海一家报社的人说,内山先生遭到日本军队方面忌恨,因为他们怀疑内山先生窝藏了很多中国人;又因为藏匿的都是中国的危险分子人物,所以中国政府当局也一直盯着他,处境十分不妙。记者的这番话虽算不上有什么好意,但让我大体了解到事情的真相,我还是觉得很高兴。

从满洲事变的前一年开始,蒋介石政府开始加强对共产主义作家的镇压,迄今为止已有 11 人遭到杀害,鲁迅先生也遭到通缉。想到原本有着那般超逸的文人风度的鲁迅先生也不得不遭受时代狂潮的冲击,不禁感慨万千。创造社也是踪影全无。听说成员们均已四处逃散,潜入法租界最杂乱的角落。郑伯奇用了化名以防暴露踪迹。所幸我所认识的人在人身安全上没有大碍。

毫无疑问,鲁迅先生的境遇对中国众多的知识青年影响巨大。为此,政府方面也一定煞费苦心。藏匿鲁迅先生的,应该就是内山先生。每当想到这些,我的脑海里就会浮现出内山先生夫妇的面容,我就会觉得痛心。

写作这篇随笔时,我突然想起曾经收到过鲁迅先生写给我的信,便立即去找。但疏散时打包的行李物品还未整理,终于没有找到。因而在这里不能介绍给读者,非常遗憾。那是我回到日本后,出版了自己的第一本诗集,我把它寄赠给鲁迅先生,信便是鲁迅先生收到诗集后寄来的。信里回忆到当年讲兰花花市的事。收到那封信后不久,我便得到鲁迅先生逝世的消息。

我与鲁迅先生见面虽然有限,但却留下了终生难忘的印象。日本发动了一场很大的战争,并且吃了败仗。我之所以为这场屠杀了无数中国人的战争感到极度痛心和困惑,那原因之一,无疑便是惧怕背叛已经深深烙刻在我心中的对鲁迅先生、对郁达夫先生的友爱。(文笔家、作家)

(华东师范大学外国语学院)

译后记:回忆录《鲁迅先生的印象》(日文),原题「鲁迅さんの印象」,发表于(日本)同人杂志《新树》1947 年 1 号第 34—39 页。作者系日本现代诗人、小说家森三千代(女,1901—1977)。有关该回忆录的发掘、翻译和考察,系 2018 年度国家社会科学基金一般项目"日本鲁迅资料文献的搜集翻译研究"(18BZW131,2018—2022 年)的阶段性工作成果之一。项目研究团队成员于 2017 年下半年通过日本国立国会图书馆资料系统发掘到该回忆录原文。现译出全文予以披露。

一部具有开拓性的图传
——评上海鲁迅纪念馆编著《鲁迅图传》

陈漱渝

2021 年金秋,欣逢鲁迅 140 周年诞辰,全国各地以各种方式隆重纪念,不少新的鲁迅研究著作纷纷问世——其中上海文化出版社出版的《鲁迅图传》即是其中十分耀眼的一种。这是上海鲁迅纪念馆业务人员的集体科研成果,是该馆文物征集、学术研究、展陈设计、宣传社教诸方面工作的一次综合性展示,也是对该馆开馆 70 周年的一种切实纪念。

据粗略统计,国内外各种不同形式的鲁迅传记约有 60 余种。但在我的阅读视野当中,真正的鲁迅图传本书应该是第一部。这既是一种传统又是一种时尚。

在人类文明史上,重视图像的传统源远流长。在中国的旧石器时代,我们的先人就会在兽骨片上刻

图1　上海鲁迅纪念馆编著:《鲁迅图传》,上海文化出版社 2021 年版(邢魁　摄)

上羚羊、飞鸟以及猎人的图像。战国时代,楚国的丝织品缯书的四周就绘有青赤白黑的彩色图案,作为随葬品,祈求天佑。同一时期,欧洲出现了壁画,非洲出现了岩画。至于以图配文,图文并茂的出版物,更是中外出版史上的珍贵遗产。如中国的绘画《山海经》《全相平话五种》,以及明清的绣像小说。《神曲》《堂·吉诃德》《失乐园》《十字军》等外国文学名著,也都配有精美的插图。说是时尚,因为当下图像文化的发展已经进入了一个新的历史阶段。特别是由于影视技术与电子复制技术的迅猛发展,读者对印制粗劣的纸质出版物更产生了疏远和隔膜。

众所周知,鲁迅自幼喜爱美术,一生收集了不少中外版画、画谱笺谱、汉代画像、插图本书籍,等等。应该特别提及的,是鲁迅喜爱购阅图文并茂的传记类著作。在北京鲁迅博物馆的藏书中,就保存有《新刊古列女传》,晋代顾恺之绘画;《高士传》,清代任熊绘画。还有《于越先贤像传赞》《清代学者象传》《二十四孝悌图说》《男女百孝图全传》等。

由于图片具有直观性、注释性、史料性、审美性,能丰富读者的阅读体验,增强读者的阅读兴趣,笔者长期以来即有编撰插图本鲁迅作品集以及鲁迅画传、图传的想法。1981 年,由周海婴先生领衔,笔者参与了人民美术出版社出版的《鲁迅画传》的文字撰写工作,以中、英文两种版本出版。但这本画传以照片为主,没有系统的文字传记和其他类型的插图。2005 年,笔者跟友人萧振鸣合作,在福建教育出版社出版了一套《编年体鲁迅著作全集》,但书中配置插图均系历史图片,只是对鲁迅作品的某些内容进行直观性诠释。在编辑过程中,我切身体会到搜集和印刷图片史料的艰难,所以这部书的最终成果跟我们的预期仍有很大差距。因为知难而退,所以我从此打消了编选《鲁迅图传》的念头。在目前的图书市场,《鲁迅图传》的同名出版物可能偶有,但在严格的学术意义上,真正的《鲁迅图传》应该把上海鲁迅纪念馆编著的这一部视为首部。这部厚重的著作共有 34 万字,配置文物史料图片 360 多张,这的确是没有先例的。

我刚触摸和翻阅的这本《鲁迅图传》,首先赞叹的是印刷装帧的精美和图片的高度清晰。我此生连编带写的书有 100 余本,但没有一本达到过这种印制水准:封面、封底采用 400 克牛皮卡纸,书脊裸脊,内文采用宣清艺术纸,书名烫印在深褐色的细纹布上,庄重典雅,古朴稳重,充分表达了编写者和出版者对鲁迅的无比崇敬之情。书中选收了程十髪、赵延年、彦涵、何白涛、黄新波等著名画家、版画家为鲁迅作品所作的插图,其中彦涵为《狂人日记》所作插图,赵延年为鲁迅散文诗《秋夜》所作插图,尤其使我心灵震撼。

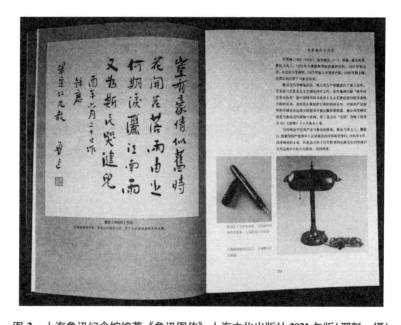

图 2 上海鲁迅纪念馆编著:《鲁迅图传》,上海文化出版社 2021 年版(邢魁 摄)

翻开这本图传,不少珍稀史料迅速扑入眼帘。我专门从事鲁迅研究约 40 年,很多图像还是从这本书中第一次看到。该书第 11 页所收意大利传教士利玛窦进献的《坤舆万国全图》,打开了中国人看世界的视野,破除了鲁迅嘲讽过的那些无知谬说,如世界上有两个地球,一个叫东半球;另一个叫西半球。鲁迅母亲鲁瑞晚年戴眼镜坐在藤椅上的照片,章太炎在日本时期着和服盘腿而坐的照片,鲁迅友人范爱农的画像,鲁迅在教育部筹办儿童艺术展览会的会场略图,估计从别的相关书籍中是很难看到的。

该书图片之所以给读者以珍稀之感,很重要的原因是其中不少属上海鲁迅纪念馆的特藏,亦即"镇馆之宝"。比如,鲁迅跟周作人合译的《神盖记》原稿,鲁迅为高长虹《心的探险》一书的封面临摹稿,鲁迅签赠厦门大学德国教授艾锷风的《阿 Q 正传》英译本,应修人日记,冯雪峰赠送鲁迅的金笔和台灯,就都是在其他地方所看不到的。1926 年,鲁迅曾购买了青年画家司徒乔的两幅作品:一幅是炭笔画《四个警察和一个○(按:○代表孕妇)》,另一幅是水彩画《馒头店前》。前一幅是悬挂在北京阜成门鲁迅故居的书房,为人们所熟知,而另一幅《馒头店前》则是上海鲁迅纪念馆特藏,我此次才在图传中看到:画面是一个半裸的瘦削老头,在初冬的清晨经过馒头店前,刚出笼的馒头热气腾腾,面香扑鼻,而饥饿的老人却只能背过脸朝胡同深处走去……鲁迅购买司徒乔的作品,当然绝不止于欣赏其中的中国色彩和中国魂灵,而是关注这些破落穷人、乞丐,表达了自己深切的底层关怀。

图传跟一般图片集和传记的主要区别,在于其图与其文的互补性:互补互读,相得益彰。从这部《鲁迅图传》中,读者可以清晰看到编撰者的这种学术追求。比如,中日甲午之战,是激发中国人增强民族救亡意识和复兴观念的一次战争。本书在谈及这一重大历史事件时,配置了上海鲁迅纪念馆特藏的《勤务日志》。这部由当年参战的日本海军少尉田所广海的日记中,记载了首先向清舰"济远号"开炮射击的是日本军舰"吉野号",这就划清了侵略与被侵略的界限,明确了开战双方正义与非正义的不同性质。

在谈到鲁迅的《中国小说史略》时,这部图传特意配置了1930年2月13日日本汉学家盐谷温、松枝茂夫等10人联名致鲁迅的明信片。鲁迅的这部学术专著长期被某些别有意图的人侮蔑为照搬盐谷温《中国文学概论》,是整大本的剽窃之作。这张明信片用无声的语言证明,盐谷温等汉学家专门集体研读了鲁迅的《中国小说史略》,惊异于该书材料的丰富和体系的完整、是开拓性的学术成果,因此特意持书向鲁迅表达了敬意,在鲁迅的启发下,盐谷温进一步完善了对白话短篇小说《三言》《二拍》的研究。这就有力地戳破了那种贬损鲁迅的不实之词,替鲁迅讨回了公道。

关于本书的文字部分,我仅粗读一过,总的印象就是诚实可信。在这里,我没有使用"祛魅解构""四维空间""宏大叙事""视域融合""现代转型"一类新锐词汇,有些读者可能会认为我的评价不高。其实,"诚实可信"才是我心目当中史传类作品的最高境界。几年前,曾有朋友期待我能写出一部"令人耳目一新"的鲁迅传记。我为他们的好意深受感动,但回答说:"如果我笔下所写的鲁迅传会让你们感到耳目一新,那多半是在观点和史料上出现什么偏颇。"对鲁迅作品的阐释空间可能无限广阔,一千个读者心目当中也允许存在一千个鲁迅,但在19世纪80年代至20世纪30年代客观存在过的鲁迅毕竟只有一个,而鲁迅研究的历史已超过了一个世纪。谁人笔下的鲁迅更能逼近历史上那个鲁迅,那谁人撰写的鲁迅传记就更符合存真求实的要求,不知这种理解能否成立?

寻找恬淡中的感性
——以《鲁迅图传》为视角

林明理

一、前　言

1936 年 10 月 19 日,鲁迅病逝于上海,他生前所存留的手稿等珍贵的史料,在经过 140 年后,由上海鲁迅纪念馆负责编撰并结集成《鲁迅图传》问世。该书不仅形式讲究,也传达着一代大文豪鲁迅独特的思想感情。除了保留鲁迅一生经历的传奇,生动精美的插图、史实的趣味词源知识及经典的文学语录穿插全书,使其编撰的文本也熠熠闪烁着鲁迅思想的光辉。

二、从《鲁迅图传》看鲁迅

作为一位集文学创作、翻译研究及思想于一身的大家,鲁迅的作品中,历来注重诗意充沛的文字、兼容许多新鲜活泼的思想,表现出其冷静而有理性,却又起于感性的悲悯的风格。因此,与同时期的世界文豪或过往的文学家相比,此书不仅记录了鲁迅生于颠沛流离的乱世中种种苦痛或生命的律动,在他以冷静与热情之间的真挚抒写与忧国忧民的情怀中,其精神内涵或咀嚼、回味的强度上,更给读者一种回肠荡气、思古看今的强烈感动。

若从最初鲁迅决计要中断学医,转学文艺的心路历程看,当时的他有两种面貌,一个是就此走向改造中国社会的新征途;另一个是决心利用文艺力量,把心中对文学应传达其思想情感的理想境界实现。这两种面貌的差别,前一个面貌,构筑了鲁迅的人文主义理想图景,促使他一步步勇敢地张扬自己悲悯社会、追求精神自由,与为劳动者发声的爱国精神。后一个面貌,则根据他的思想,把创作与翻译世界文学和推展中国文艺的发展当己任,终其一生,勤奋不懈,像一名无畏风雨的引航者,把希望带给每个人,让光明驱走黑暗。

如果我们追溯鲁迅文学的发展,比较他各个时期的著作,也可以从求学的侧面解开为何鲁迅文学能吸引国际学界研究及兴趣的原因。他在最早的留日时期,就接触到世界文学,并把日本现代文学代表作家夏目漱石(1867—1916)列为心中最爱的四个外国作家之一。或许是夏目漱石精擅书法、汉诗及英文研究,其小说也擅长对人物心理的细微描摹,让鲁迅很快地走进作家创作的心灵深处,并开启了自己心中的一扇窗子;因而,当鲁迅返回祖国后,陆续也出版了多种小说等文学著作及译书。

在留学期间这一时间点上,他的文学创作虽然尚未"崛起",但大量阅读英、日、俄语与课业学习仍在相当大程度上影响着鲁迅的阅读文学惯性,在其精神上与文学的世界观,实际上是一致的。这也影响了返国后的鲁迅,不管是从事教学、创刊、翻译及创作诗歌、小说或论述,写下大量的文学作品,都应与这个时期的他满怀激情和救国的信心有关。

而鲁迅也一直抱着积极的人生态度,以文字的力量,实现其爱国的决心;在书画等作品中,有的流露出悲愤或批判,反对封建的倾向或撰写传奇色彩的人物,也有歌咏友情或爱情等,为社会主义的发展开辟了新的道路,也大多成了文学不朽之作。甚至到了晚年,还翻译了日本药学家刘米达夫的《药用植物》一书[①],由此可见,他的知识广泛地涉及医学、植物学、美学、历史与文学,他的作品,就像一棵松树在阳光雨露下渐渐参天,长成大树,让世人瞻仰。

美国诗人埃默森（1803—1882）曾说，在一切伟大的诗人身上，都有一种人性的智慧，这种智慧要比他们所用的任何才能都更为优越。而鲁迅在 1933 年为惨遭暗杀的好友写下《悼杨铨》的诗中说："岂有豪情似旧时，花开花落两由之。何期泪洒江南雨，又为斯民哭健儿。"②他写出其中的忧患艰难之想，内心的悲怆，写时代风云的激荡，与友人的温情相遇，也写出孤独而勇毅的灵魂，一切都在他笔下自然地流出，以臻艺术的极致"真情"，无疑越发令人动容。其心琴上弹出来的诗音，有别于其他诗人把激愤的豪情、赤裸裸的讽喻之情融入情景和诗语之中，透过其翻译中的英文："I never thought my tears, like southern rain."不难感受到弥散在空中的哀伤气息，这些恰恰是鲁迅显露出感性的一面。

阅览鲁迅作品或书画能明显感觉到其中蕴含的质感与力度，能感觉到他像个勇者的形象永远矗立在那里，在他和许广平之间的鳒鲽情深，何止是一种文字里的涵括。简略地说，鲁迅除了是个强者的形象，其实是个爱家庭的人，只是他将热烈浓郁的深情隐于平和宁静之中。就像两人相互扶持，他们在文学上都有着兀立不羁的共同追求，他们从相遇到相知，也是因对社会人生的思考，以及对深深根植于中国土地的关怀有了同样的志向，才能谱出一段感人的恋曲。这样的相互依存的经历，直到鲁迅死后，大批群众瞻仰其遗容，灵堂的遗像下面，放着许广平的挽词《鲁迅夫子》，不只意味着两人爱情的坚贞，也有着许广平内心强度的激情。

在鲁迅晚年，仍坚强地面对病痛，直到生命的最后一刻，仍抱持以文学救中国的信心。最终在后世的瞻仰与阅读中，从他忧郁的沉思倾吐胸怀到对中国文学的巨大贡献的体悟；他开阔的胸怀，与深爱乡土及文学艺术，是可以让人感受到的。

三、结　语

身为一个时代的巨人，鲁迅总是在自己所在的地方完成许多不容易却令人赞赏的作品,作为喜欢他的文学的读者,我始终相信,他的精神犹在,令人尊崇。至于鲁迅的感性一面,诚如他在1934年题赠给爱人许广平的诗中所言:"十年携手共艰危,以沫相濡亦可哀。聊借画图怡倦眼,此中甘苦两心知。"借此,一种看似朴实无华的语言,其实诗里已表现了一种自由意志的诗性力量。这首情诗,主观感觉印象并不刻意追求与其小说形式技巧的花样百出,反而更能呈现出其感性的真挚情怀,也使人感受到一种崇高的朴素之美。

最后,我想简单谈一下,鲁迅既是一位伟大的作家,又是诗人、翻译家,他笔下的书画及文学作品像他一样,是"说不尽"的。此书编选的目的,就是为了品茗其不可言传的书画神韵及留下的著述、书信之类的语言精华,甚至是其收藏的自制植物标本,也妙不可言。他的感性主要是反映在他的生活和文艺创作中,其中有许多外国的作家、诗人,也有画家、艺术家等朋友,正因他具有鲜明的性格、丰富的想象力和深厚的思想内蕴,才能使其作品具有更高的审美价值,并与世界文学宝库中,相提并论。

德国诗人里尔克(Rainer Maria Rilke,1875—1926)曾写下这样一句名言:"让人变得更公正,并能预知未来,是每个深刻的爱情之特质。"[3]在鲁迅最纯粹的感情中,由此书也可以看出,他与许广平两人之间真诚的爱情与友情,其高贵之处,是他们一起携手走过风雨的心境与精神,彼此诠释爱情,蔚为中国文史上最深邃、推动时代巨轮下的擎手,互补共生,直到晚年,他们俩都不曾在文学的努力上稍懈,仿若浊世中一股清流,让读者初次感受到研究鲁迅的思想感情及其论著的迫切意义。

该书的主要特点是:一、选取鲁迅手稿与照片中存在的背景深入分析。二、充分考虑鲁迅一生与时代背景的关系。三、重视鲁迅家庭背景、求学过程及其文学思想源流的考察,都是依据时间、地点两方面着眼的。

　　笔者以为,鲁迅之所以能成为伟大的思想家,是因他洞悉了时代环境脆弱的黄土地上,只有以民族命运当作考察的视角,在审美观照(aesthetic contemplation)与审悲的甘美之中,转而将思考力集中于描摹人生苦难的一面,并注重在细节部分的突显,其小说才有喜剧的意味。他总是带着温暖的悲悯,在笔下的许多文本中往往流露出一种反讽的思维和崇高性的英雄色彩;同时,也专注于翻译文学的创作与研究上。

　　但细读其中,他心中最伟大的情感,包括爱情和友情以外,鲁迅真正的快乐,就是让中国人民勇敢地走在阳光底下,从而其创作的精神内涵,有着一种道德的崇高性。虽然,至今仍有少数论者对其文学批评的判断有所误解,但都如昙花一现;因为,他既是中国新文化运动的领袖之一,其作品更影响到许多现代文学创作,而其翻译文学也在世界上引起学界的深度认同与强烈共鸣。

　　这是在拜读此书后,对于鲁迅一生的成就,生活恬淡、简朴,留下的深刻印象;我始终认为,鲁迅的为人处世,最引人尊敬的,"悲悯"是其精神,"恬淡中的感性"才是其本质;而鲁迅的写作精神也永久烙印在文人的心中。

　　　　　　　　2021 年 11 月 13 日完稿于中国台湾台东

注释

① 上海鲁迅纪念馆编著:《鲁迅图传》,上海文化出版社 2021 年版,第 99 页。

② 上海鲁迅纪念馆编著:《鲁迅图传》,上海文化出版社 2021 年版,第 259—260 页。

③ 里尔克:《慢读里尔克》,台北商周出版 2015 年版,第 113 页。

上海鲁迅纪念馆编《鲁迅诗稿》出版概览

丁佳园

郭沫若语:"鲁迅先生无心作诗人,偶有所作,每臻绝唱。"又语:"鲁迅先生亦无心作书家,所遗手迹,自成风格。"《鲁迅诗稿》是上海鲁迅纪念馆的一项手稿文献整理重点项目,自 1959 年初版,至 1998 年最近一次出版,数十年间几经修订,成为一个经典成果。现分述如下:

一、版本概述

上海鲁迅纪念馆编《鲁迅诗稿》按出版时间先后主要有以下几版:1959 年文物出版社(以下简称 1959 年版),1961 年上海人民美术出版社(以下简称 1961 年版),1976 年文物出版社(以下简称 1976 年版),1981 年上海人民美术出版社(以下简称 1981 年版),1991 年上海人民美术出版社(以下简称 1991 年版)和 1998 年上海人民美术出版社(以下简称 1998 年版)。若是按开本版式、印刷次数可再进行细分(见表 1)。

过往论述提及《鲁迅诗稿》一般以 1961 年上海人民美术出版社出版的宣纸线装本为正式的初版本。但是从学术研究和尊重史实的角度来讲,上海鲁迅纪念馆编《鲁迅诗稿》的初版应当为 1959 年文物出版社这一版。

早在 1956 年 10 月,时任上海市市长的陈毅同志在参观新落成的上海鲁迅纪念馆时就曾提出关于搜集鲁迅诗稿的指示。这项工作是有许多困难的,因为鲁迅当年书写的诗幅多为书赠友人,分藏于各处。上海鲁迅纪念馆的同志经过不懈努力搜集鲁迅诗稿,终于在1958年初步编成《鲁迅诗稿》,交北京文物出版社。

与此同时,上海鲁迅纪念馆就编订出版《鲁迅诗稿》一事致信国务院副总理陈毅,请他题写书名。陈毅副总理就在收到的上海鲁迅纪念馆的信笺上挥毫书写"鲁迅诗稿 陈毅题"。此件信函现存上海鲁迅纪念馆,为上海鲁迅纪念馆公函笺,编号为"沪文鲁发字2-189号",信的打印时间为1959年9月21日,上盖"上海鲁迅纪念馆"红色公章。信纸

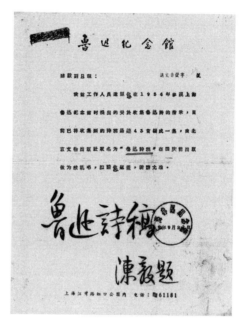

图1

左上角涂抹处原标注"9.25下午收到",陈毅题字就落在信的空白处①。信中写道:"目前已将收集到的诗稿墨迹……由北京文物出版社取名为'鲁迅诗稿'在国庆前出版作为献礼书。"

1959年10月,中华人民共和国成立10周年之际,文物出版社按时出版了《鲁迅诗稿》,采用32开道林纸印刷,封面印陈毅"鲁迅诗稿"四字,钤"文物出版社"红色印章,扉页为"鲁迅诗稿陈毅题"七字。但是这版陈毅题签与上海鲁迅纪念馆公函上的题签是截然不同的版本,何故如此还有待进一步新资料的发现。

初版《鲁迅诗稿》只印了简装本,初印 1 万册,迅速销售一空,也推动了此书的再版。这以后,上海鲁迅纪念馆为编订新版《鲁迅诗稿》又做了大量工作。据《四十纪程》记载,与《鲁迅诗稿》一书的编订相关的内容还有如下之记载:

1959 年 11 月,本馆编辑的《鲁迅诗稿》线装试印本由上海博物馆印成。本书集鲁迅诗稿 34 首,陈毅题签。

1960 年 5 月 8 日,郭沫若应本馆约请作《鲁迅诗稿·序》。

1961 年 6 月,为编印《鲁迅诗稿》,本馆朱嘉栋(负责编辑、稿件提供)、上海人民美术出版社陈之初(负责装帧、封面设计)和上海印刷研究所刘雪棠(负责制版、印刷)去北京工作一个月。在京期间,得到鲁迅博物馆、杨霁云、周海婴等同志的协助。

1961 年 9 月,本馆编辑的《鲁迅诗稿》由上海人民美术出版社出版。本书由陈毅同志题签,郭沫若同志作序。

1962 年 2 月,《鲁迅诗稿》活页(12 页)出版。

1962 年 8 月,《鲁迅诗稿》(普及本)第 2 次印刷出版。

1963 年 1 月,《鲁迅诗稿》第 3 次印刷出版。这次修订,将从《鲁迅日记》上翻拍的 5 件手迹改用原件手稿,修改《后记》,少数手稿作加工编排,增加页码等。

根据以上《四十纪程》的记载,1959 年底上海鲁迅纪念馆将增辑本通过上海博物馆印出试印本,分发有关方面,以广泛征求意见,并请支持征集那些仍然散落的手稿。目前在上海鲁迅纪念馆馆藏中查找到两本试印本,印成时间据书后所记均为 1960 年 5 月,两本都是 16 开线装本。其一为瓷青纸封面,前无序言,后印版权页。版权页上留有拟用于版权印的方框,这一设计在正式出版时并未得到使用;另一本为瓷青绢纸封面,印有郭沫若写的序,后未见版权页,但有一则简短后记。

1961 年 9 月,为纪念鲁迅诞辰 80 周年,《鲁迅诗稿》精装函套本出版。此版前有陈毅题签并印,有郭沫若作序,后有一篇详细的编后记。共选诗 40 题 45 首,以珂罗版用宣纸精印,凡钤鲁迅图章的均套以朱色,并将鲁迅允人所请而写的字幅 21 幅附于书后,定价 20 元,由于印刷上的原因一时不及大量印行,印数仅 100 函;到 11 月又加印了 200 函,同时印平装本 2 000 本,增加了页码,定价 3 元;次年 8 月平装本加印 3 000 本;1963 年 1 月精装本做了一些装帧设计上的微调,将几首放大分散排版的诗幅稍做合并,并第 3 次印刷,印 480 函。

1961 年版《鲁迅诗稿》印刷精美,短时间内再版多次,可见深受鲁迅研究者、诗词和书法爱好者的欢迎。上海鲁迅纪念馆也将此书作为馈赠重要来宾、回赠给文物捐赠者的纪念品首选。如 1963 年 11 月 10 日,黄源将鲁迅《故事新编》手稿捐献本馆后,本馆回赠精装《鲁迅诗稿》一册[②]。

1976 年文物出版社出版的《鲁迅诗稿》印有两种:一为 14 开宣纸线装本(有函套),瓷青宣纸封面;二为 16 开道林纸平装本,果绿色封面。这个版本由于当时的历史原因,卷首统一不再印郭沫若的《序》。最后的后记不同于过去的版本,另写了一版引用毛泽东《新民主主义论》对鲁迅革命性做高度评价的后记,过去的编后记被删除,仅在目录后有一段对《二十二年元旦》一诗的注。这一版的道林纸平装本在印刷排版方面较为紧凑,定价 1.3 元。同期的精装本在印刷上非常注重细节,采用了多色印刷,将鲁迅诗稿原件的笺纸底纹和图案的色彩、文稿纸之绿色框格线等都如实还原,是较前一版更为精当的。且定价未变,还是 20 元。

1981 年 9 月,为纪念鲁迅诞辰 100 周年,上海鲁迅纪念馆根据新搜集到的鲁迅诗稿和照片原件编辑了《鲁迅诗稿》增订本,由上海人民美术出版社出版,收旧诗 46 题 51 首,其中含新诗 6 首,后附录鲁迅书古诗 24 幅,题跋均照原件影印。前恢复了郭沫若的《序》,后有详尽的编后记,印成 16 开宣纸线装本,定价 15 元。这一版在装帧设计上可以视作是 1961 年版的再版,在选诗和不删题赠的做法上沿用了 1976 年版的做法。

1991 年版是为纪念鲁迅诞辰 110 周年而出版的,上海鲁迅纪念馆将 10 年间新征集到的鲁迅手迹和照片原件多幅补入,9 月由上海人民美术出版社出版增订改版本。为更好普及版本改为 24 开,用道林纸精印。诗稿 97 页,目录、序和《后记》18 页,左右两边下端标页码。影印精装、平装两种版本:平装本采用胶纸封面;精装本内用白绸硬封面,上端印陶元庆作的鲁迅素描像,外加护封,护封装帧与平装本封面同一。分别定价 7 元与 12 元,印数均为 6 600 本。

1998 年版是纪念鲁迅先生定居上海 70 周年之作,还是由上海人民美术出版社出版,是迄今为止收录最全的一版。该书同样分平装本和精装本,两种印数分别为 700 册,书后无定价,仅做文创衍生品。装帧设计复刻了 1961 年版,为 16 开宣纸线装本,其中精装本配以锦纹函套。

《鲁迅诗稿》的衍生版本还有很多,例如:

1962 年 2 月,上海人民美术出版社出版《鲁迅诗稿》(活页),12 开宣纸印,外有纸袋封套。每套 12 幅。

1981 年 9 月,人民文学出版社据 1981 年版《鲁迅诗稿》出版了一种 64 开缩影绸面线装袖珍本[③],宣纸印,收鲁迅诗稿 42 题 47 首,咖啡绸面,白丝线装订,封里印"纪念鲁迅诞辰一百周年",轻巧便携。

1983 年,上海人民美术出版社出版过一本 36 开道林纸平装袖珍本,封面为青色底白纹梅花图,此本序、选诗情况、后记完全同 1981 年版一样,是 1981 年正式版的完整缩小版。

再如 1991 年出版的《鲁迅诗撷》是一本日汉对照本，32 开道林纸胶面平装，共收鲁迅诗作 33 题 39 首，配诗稿 37 幅，作为内部资料由上海市新闻出版局准印，1999 年再版时编为中、日、英三语，由百家出版社正式出版，为传播鲁迅文化起到了重要作用。

这些版本都是在上海鲁迅纪念馆编《鲁迅诗稿》的较为准确和全面反映鲁迅诗稿的基础上衍生出来的，也为今后编印更多不同版本提供了可以借鉴的方向。

二、选诗情况

根据前文所附表格可以看到每个版本所选鲁迅诗的数目。需要备注的是，1959 年版只收录了鲁迅创作的诗稿，未收鲁迅录写赠人的诗稿作为附录。1961 年版及此后所有版本均有附录，更能全面反映鲁迅书写的诗歌情况。因此 1976 年版、1981 年版、1991 年版和 1998 年版实际收录的诗稿数目要大于表一最右列中所列数目，以下做具体说明。（见表2）

1959 年版收录诗 36 题，共计 40 首，无附录。其中《哀范君三章》一题下有 3 首，《教授杂咏》一题下有 3 首，其余每题只收 1 首，全都为旧诗，未收鲁迅的新诗。有 12 首的题赠作删除处理，包括《偶成》赠沈松泉、《无题》（禹城多飞将）赠黄萍荪及所有赠日本友人的。

1961 年收录诗 40 题 45 首，未收鲁迅的新诗，相比前一版新增附录 21 首。增加的四题分别为《学生和玉佛》（1976 年版及其后版本更名为《无题》《寂寞空城在》）、《悼丁君》《赠人》（明眸越女）、《赠篷子》。另外，《教授杂咏》由原先的一至三首，改为重新编排过的完整四首，但是改了鲁迅原稿的样貌，因原稿一幅作一至三首（收录在《集外集拾遗》），另一幅作第三、四首（1959 年刘克清捐赠），在 1976 年版和 1981 年版都沿用了这个重排稿，直到

1991 年版恢复原貌作两幅。

　　除了增加的,1961 年版在 1959 年版的基础上对所收鲁迅旧体诗的版本做了替换和修改,尽量采用有手迹原件的版本,并且在同一题下只收录更可靠的一版。举例来说,《无题》(大野多钩棘)现有两个版本分别为"赠内山松藻"和"赠熊君瑄",分别作于 1931 年 3 月 5 日和 1932 年 11 月 24 日。在 1959 年版中收录了"赠内山松藻"版,在 1961 年版中改为"赠熊君瑄"版。查《四十纪程》记载,"赠内山松藻"版的原件于 1961 年 11 月由内山嘉吉捐赠给上海鲁迅纪念馆,1959 年版所收的"赠内山松藻"版应当是由照片翻印而来,因此 1961 年版被替换成了当时原件收藏在北京鲁迅博物馆的"赠熊君瑄"版。有同样的改选录诗情形的还有《送 O.E 君携兰归国》(赠小原荣次郎)、《无题》(洞庭浩荡楚天高)、《答客诮》《二十二年元旦》《赠人》(秦女端容理玉筝)这几首。

　　从中可见研究人员在寻找鲁迅手迹版本上颇费心力。这就不得不提到为编印 1961 年版《鲁迅诗稿》前往北京鲁迅博物馆工作一个月的朱嘉栋。据北鲁保管部老同志叶淑穗回忆:"上海鲁迅纪念馆的朱嘉栋先生就曾为收集鲁迅诗稿而不畏辛劳地四处奔波。当年他来到北京鲁迅博物馆,曾向当时的领导表示上海馆要编鲁迅诗稿出版,请他提供馆藏诗稿。那位领导并不支持,甚至对他有些刁难,迟迟不让我们提供。朱嘉栋先生就耐心等待。这位领导在没有理由再拖下去的情况下,只得提供给他了。"[④]向个人征集鲁迅手稿也并非易事,但是上海鲁迅纪念馆还是经过多方搜集,在 1961 年编成了相对更完善的版本。

　　此后 1961 年版不断再版,上海鲁迅纪念馆又不断征集到鲁迅赠人的诗歌,其中很多都是赠日本友人收藏的鲁迅手迹照片。1963 年又做如下修订:将从《鲁迅日记》上翻拍的 5 件手迹改用原件手稿,修改《后记》,少数手稿作加工编排,增加页码。查找到

《四十纪程》关于《鲁迅诗稿》的编印还有如下记录:

> 1972年,对1961年出版的《鲁迅诗稿》进行调整:去掉从日记上翻拍的12题;增加向日本友人征集到的鲁迅诗稿手迹照片3题,诗稿上赠人的题款除许广平、许寿裳外,其他全部去掉,损坏了鲁迅诗稿的原貌,调整后的《诗稿》计卅一题,卅六首,直至1974年发稿。
>
> 1976年8月,本馆编辑的《鲁迅诗稿》由北京文物出版社出版,此版抽掉了郭沫若的序。
>
> 1981年10月,《鲁迅诗稿》增订本,由上海人民美术出版社出版,本书计收旧诗40题,45首,新诗6首,录古诗24幅,题跋均照原件影印。
>
> 1989年11月,《鲁迅诗稿》增订本经反复修改,编出初稿。

1976年文物出版社《鲁迅诗稿》分为两种,16开精装函套本和小16开道林纸本。对于《四十纪程》关于1972年和《鲁迅诗稿》相关的表述,这里应当指出:由于1972年编完之后到1974年才发稿,也并无最终出版的记载,实际出版的1976年版《鲁迅诗稿》并非是1974年编定的那一版。

首先,1976年版收录42题47首,又加录了新诗6首,还有附录旧体诗24首,从数目上远超1961年版,并非纪程中所记载简单的"去掉从日记上翻拍的12题",但确有将日记版翻拍改为手迹照片或新征集到的原件影印。

其次,早在1959年版和1961年版就因时代原因将部分诗稿删去了作品上被赠者的姓名,多数为赠日本友人者。查1976年版实际上把删除的题赠全部恢复了。因此《四十纪程》中这一句"诗稿上赠人的题款除许广平、许寿裳外,其他全部去掉,损坏了鲁迅诗稿的原貌",也不是指后面出版的 1976 年版。

因此,《四十纪程》中记录的 1972 年对《鲁迅诗稿》做调整,直至 1974 年定稿,应该是一个未出版的特殊版本,实际 1976 年正式出版的《鲁迅诗稿》只是抽掉了郭沫若的序,改了 1961 年版的后记,但是选诗情况和装帧排版如上是优于过往版本的,从恢复题赠到注重各种编排上的细节,可以说 1976 年北京文物出版社出版的精装函套版《鲁迅诗稿》是一版较为全面地反映鲁迅诗稿的里程碑式的版本。

1981 年上海人民美术出版社版《鲁迅诗稿》在 1976 年版基础上的进一步完善。选诗 46 题 51 首(含新诗 6 首),附录 24 首。其中诗稿 40 首、古诗 17 幅各注明原件纵横尺寸。鲁迅《赠蓬子》《一·二八战后作》和《阻郁达夫移家杭州》,原录于《鲁迅日记》,因写件手迹未见而未录入,其余做到了全部按原貌影印。其中《夏曾佑诗》收录时更名为《夏穗卿诗》。《老子语》收录时更名为《老子》(虚用成象韬光篇)。《无题》(十年携手共艰危)收录时更名为《题〈芥子园书谱三集〉》(赠许广平)。

1991 年 9 月由上海人民美术出版社影印增订改版本。此版收入鲁迅诗稿 46 题 51 首(含新诗 6 首),附录收古诗 27 幅,去掉了原件纵横尺寸。诗稿增加了《自题小像》(赠冈本繁)、《哀范君三章》(三章之三)、《答客诮》(赠辛岛骁)、《悼丁君》(赠周陶轩)这几首。其中 1981 年版中的《杀人有将》在修订版中更名为《赠冯蕙熹》。将《教授杂咏》四首恢复原貌作两幅辑录。

1998 年版共计收录 46 题 51 首,附录收古诗 28 幅。是在 1991 年版的基础上增加了 1 幅,增加的是附录中的钱起《归雁》(赠林芙美子)。附录中《项圣谟书大树诗》(赠廖葛民)和(赠杨霁云)更名为"项圣谟《题大树风号图》(赠南宁博物馆)和(赠杨霁云)",《金刚经句》(赠高畠眉)更名为《金刚经句》(赠高畠眉山)。并恢复了 1981 年版的目录要素,标注出已知的所有原件纵横尺寸,标尺寸的计诗稿43首,古诗17幅。

三、后记比较

1959年版《鲁迅诗稿》没有后记。1960年上海博物馆试印版印有一篇简短的后记,与1961年版正式出版发行本的非常详细的后记不同,全文辑录如下:

> 鲁迅先生的诗稿,经本馆多年征集,积有三十四首,都是非常珍贵的。为了对研究鲁迅提供更多的资料,我们去年曾辑《鲁迅诗稿》一册,后又征集到十八首,前后共五十二首均按写作时间,重加编次。其中《无题》六首、《送增田涉君归国》、《一·二八战后作》、《题〈呐喊〉》、《题〈彷徨〉》、《阻郁达夫移家杭州》等十一首,采自《鲁迅日记》,后附先生赠人墨迹十种,一并影印出版。
>
> 本书承陈毅同志题签,郭沫若同志作序,我们表示深切的感谢!
>
> 最后,对北京鲁迅博物馆的大力协助,上海博物馆的代为精印,我们同表感谢。
>
> 上海鲁迅纪念馆
> 一九六〇年五月

从这篇后记可以看出,1959年上海鲁迅纪念馆编《鲁迅诗稿》虽未完备,但起了"抛砖引玉"的作用。截至1960年5月上海鲁迅纪念馆又征集到18首鲁迅诗稿,在经过重新编排后请上海博物馆印刷了几个试印版,也是为1961年再版的《鲁迅诗稿》奠定了基础。6月又派朱嘉栋与负责出版和印刷的同志一起专程赴北京工作,将还未完善的《鲁迅诗稿》重新编印。

1961年版后记不仅对征集、整理工作进行了回顾,还详细展开说明了多首鲁迅诗稿的初稿和定稿文字的不同,作为编者记,这篇后记在当时的鲁迅手稿出版领域是具有开创性意义的,饱含着上海鲁迅纪念馆编辑者的研究心血。后记中明确,除4幅写作时间不详外,其余诗稿均按写作先后为序。并阐明这些珍贵手迹的来源,分别来自北京鲁迅博物馆和上海鲁迅纪念馆,其中间有从《鲁迅日记》辑出或为许广平访日携归的原件照片。

1976年版后记由于时代的特性,将1961年版后记改头换面,深入探讨了鲁迅诗作的革命性。节选如下:

> 鲁迅先生的诗作,特别是在上海近十年间——第二次国内革命战争时期写的几十首,像他所写的"最深刻有力"的后期杂文一样,是中国革命文学不朽的篇章。
> 无情揭露、悲愤控诉和轻蔑嘲笑反革命的军事"围剿"和文化"围剿",是许多首诗歌的共同主题。这些诗,沉痛哀悼牺牲的烈士,深切同情苦难的人民,热烈互换斗争的风雷,对革命前途满怀胜利的信心。这些诗,是当时你死我活的阶级斗争的典型概括,也是它的直接的艺术反映。鲁迅自己说过,他的诗"如此明白"(1935年2月4日致杨霁云信)。所谓"明白",就是爱憎分明,旗帜鲜明。这些诗,是刺向帝国主义及其走狗的锋利匕首和投枪,铭记了鲁迅先生毫不妥协地向着敌人冲锋陷阵的光辉战绩。这些诗,也是反革命的军事和文化"两种'围剿'都惨败了"的历史见证。

此后记又提到"本书把收集到的同一首诗而文字有所不同的几幅一并辑录,以供读者研究",不过后记并无对鲁迅诗歌的初稿和定稿文字不同作阐述的编者记。在诗稿来源中还增加了"北京图书馆",另外也说明了"个别原稿尚未发现者,暂从《鲁迅日记》

或文稿中辑出"等等。

1981 年版后记、1991 年版后记和 1998 年版后记与 1961 年版后记是一脉相承的,因此后来 1998 年版《鲁迅诗稿》出版时将 4 篇后记一并印出,按时间顺序分别名为《初版后记》《再版后记》《三版后记》和《四版后记》。

1981 年版后记作为《再版后记》叙述最详细。由于从 1976 年版开始将同一题不同版本的诗稿一并收录,因此 1981 年版后记"虽同一首诗的手迹,不仅跋语各异,在文字上亦有所变动,今同予辑录,相互校读,并作必要的说明",又恢复了 1961 年版编者记,在对比校读上做了更加详细的阐述,且说明鲁迅的下列三首诗:《赠蓬子》《一·二八战后作》《阻郁达夫移家杭州》本版不收录的原因为"均录存《鲁迅日记》,另外的写件未见,但《鲁迅日记》已有影印本,暂未辑录"。

1991 年版后记言简意赅,回顾了成书的历史,出版缘由是为纪念鲁迅诞辰 100 周年,诗稿命题是按人民文学出版社 1981 年版《鲁迅全集》来标注受件人姓名。文字变动情况请读者自行校读不做说明,只点出鲁迅落墨时误记年份和作者的几首诗。短短数语可以瞥见在鲁迅研究方面的有力成果。

另外,1991 年版后记中关于诗稿来源写道:"编入本书的鲁迅字幅……但有十三幅,是从鲁迅文稿或书刊中辑出",后面的 1998 年版也保留了这些字幅,因此被 1981 年版删除的 3 首诗《赠蓬子》《一·二八战后作》《阻郁达夫移家杭州》只见于《鲁迅日记》,将来重编《鲁迅诗稿》若还未能征集到写件,则还是应当考虑以日记版的原貌形式重新收录,并在后记作说明。

至于 1998 年版的后记,由于此版已将前三版后记一并收录,因此虽十分简短,但充分说明了编此修订版所做的增补和各种细节上的改动、优化,且"为保证诗稿质量,部分诗稿重新从原件上翻拍照片"。

四、版本外观

笔者对现能查到的所有《鲁迅诗稿》的开面尺寸、纸张用材、编排版式都做了整理（见附表1）。除1959年版、1976年平装版和1991年平装、精装两版采用了不同的装帧设计和开本尺寸外，上海鲁迅纪念馆编《鲁迅诗稿》其实是一脉相承的编排风格，均为16开线装本，精装版再配以函套，采用珂罗版精印。

这其中各版本之间所用纸略有不同。1961年9月第1版第1次印刷是宣纸，1961年11月第1版第2次印刷用的是玉扣纸。玉扣纸是竹制的，是一种较重的毛边纸，托墨吸水性能好，适宜于写字，又可用于印刷古籍。宣纸和玉扣纸都是印刷古籍的优质纸，《鲁迅诗稿》选用不同的纸都是为了能更好地保存、传承鲁迅文化。1976年版精装版用的是较薄的宣纸，1981年版的宣纸则相对较厚，1998年版用宣纸厚薄适中。值得一提的是1960年上海博物馆试印版选用了一种非常薄而韧的宣纸，为防过透每页另加衬纸，手感极好，印法考究，只是最终未采用。

除了尺寸、用纸、装订不同，另一个各版本间的区别在于对鲁迅原稿的编辑程度。越是早期的版本越是为追求美观而做编辑修改。1961年版已经开始追求体现手稿原件风貌，尽可能地采用手写稿或原件的照片，其中精装版的诗稿印出时均衬以底色，平装版未衬底色。1976年版注重恢复稿纸底板风貌，采用了四色印刷，是所有版本中对配色最为注重的一版，由于追求体现鲁迅手稿的稿纸原貌，因此未衬底色；并且其中诗稿30首、古诗14幅增加标注了原件的纵横尺寸，在手稿学中是一个规范的做法，此后1981年版、1998年版均采用了标注原件的纵横尺寸的做法，且都采用原稿之上加衬较浅底色。

自1981年版开始越来越注重恢复手稿原貌，逐渐放弃为美观而修改手稿中原有的涂改这种编辑方式。1991年版虽采用胶版纸黑白印刷且开面较小，但是对恢复原貌尤为注重，如将历来合为一幅的《教授杂咏》按原貌作两幅辑录；原稿为长横幅的也不再作裁剪放大处理。1998年版不仅对鲁迅原稿全部按原件影印，体现出了这些珍贵手稿的文物价值，并且在版本上改回宣纸本"以存其初始风貌"来致敬1961年版。

新编《鲁迅手稿全集》中的《文稿编》已经将鲁迅诗稿做全貌收录，采用每幅手稿逐一标注名称、何时作、何时写、数量几件、尺寸的高度和宽度、收藏者等要素，故将来《鲁迅诗稿》若出新版亦可按此规范操作，以馈鲁迅手迹文物爱好者、研究者查询。

总　结

上海鲁迅纪念馆是中华人民共和国成立后第一座人物性纪念馆，馆龄至今已70年，几代研究人员在学术上兢兢业业，深入挖掘馆藏资源的思想内涵和时代价值，不断推出研究转化成果，使上海鲁迅纪念馆保持着南方鲁迅研究中心的地位。而编辑出版这本《鲁迅诗稿》正是上海鲁迅纪念馆学术研究的开端，是建馆后第一项重要的科研项目。1959年版从仅有的几首鲁迅诗稿手稿开始，从无到有编出简装版，到1961年版通过辛劳征集出版初具规模的初版本，到1976年版顶住破坏性改版的压力出版无愧于历史的承前启后的一版，至1981年版为集大成的一版，1991年版是既完整又具有创新性和普及性的一版，1998年版是不忘初心、体现鲁迅诗稿最全版本的一版。这其中有为了不断修正《鲁迅诗稿》共同努力的上海鲁迅纪念馆研究人员几代人的不懈努力，将这项结合了手稿研究和创作研究合二为一的项目作为接力，继往开来，值得记录。

附录

表 1　鲁迅诗稿版本整理

版本	出版时间	出版社	用纸尺寸、材质和版式	定价	出版次数	印数	序言	后记	选诗数目
1959 年版	1959 年 10 月	文物出版社	787×1092 32 开道林纸平装本	0.45 元	1959 年 10 月第一版第一次印刷	10 000	无	无	36 题 40 首
1960 年试印版	1960 年 5 月	上海博物馆	16 开青纸封面衬页线装本	无	未出版	少量	无	无	40 题 45 首
	1960 年 5 月	上海博物馆	16 开青纸绢封面线装本	无	未出版	少量	有	有	同上
1961 年版	1961 年 9 月	上海人民美术出版社	690×1380 16 开宣纸线装本(函套)	20 元	1961 年 9 月第一版第一次印刷	100	有	有	40 题 45 首
	1961 年 11 月	同上	690×1380 16 开玉扣纸线装本(函套)	20 元	第二次印刷	101—300			
	1961 年 11 月	同上	610×1370 16 开宣纸线装本	3 元	1961 年 9 月第一版第一次印刷	2 000			
	1962 年 8 月	同上	610×1370 16 开宣纸线装本	3 元	第二次印刷	2 001—5 000			
	1963 年 1 月	同上	690×1380 16 开宣纸线装本(函套)	20 元	第三次印刷	301—780			
1962 年活页版	1962 年 2 月	上海人民美术出版社	690 ×1380 12 开宣纸 12 页(纸袋)	1.6 元	1962 年 2 月第一版第一次印刷	1 700	无	无	12 题 12 首

续表

版本	出版时间	出版社	用纸尺寸、材质和版式	定价	出版次数	印数	序言	后记	选诗数目
1976年版	1976年8月	文物出版社	787×1092 16开道林纸平装本	1.3元	1976年版第一次印刷	不详	无	有	42题47首
	1976年8月	同上	840×1530 16开宣纸线装本(函套)	20元	1976年版第一次印刷	300	无	有	同上
1981年版	1981年9月	上海人民美术出版社	690×1380 16开宣纸线装本	15元	1981年版第一次印刷	500	有	有	46题51首
	1981年9月	北京人民文学出版社	64开宣纸袖珍装本	无定价	1981年版缩影第一次印刷	不详	有	有	同上
	1983年9月	上海人民美术出版社	787×1092 36开道林纸袖珍平装本	1.05元	1981年版缩影第一次印刷	7 000	有	有	同上
1991年版	1991年8月	上海人民美术出版社	787×1092 24开胶版林纸精装本	12元	1991年版第一次印刷	6 600	有	有	46题51首
	1991年8月	上海人民美术出版社	787×1092 24开胶版林纸平装本	7元	1991年版第一次印刷	6 600	有	有	同上
1998年版	1998年1月	上海人民美术出版社	690×1380 16开宣纸线装本(函套)	无定价	1998年版第一次印刷	700	有	有	46题51首
	1998年1月	上海人民美术出版社	69×1380 16开宣纸线装本(平装)	无定价	1998年版第一次印刷	700	有	有	同上

表 2　鲁迅诗稿各版本选诗情况对比

1998年版	1991年版	1981年版	1976年版	1961年版	1959年版
自题小像	有	有	有	有	有
自题小像	有	有	有		
自题小像　赠冈本繁	有				
哀范君三章	有	有	有	有	有
哭范爱农	有	有	有		
哀范君三章　三章之三	有				
梦	有	有	有		
爱之神	有	有	有		
桃花	有	有	有		
他们的花圈	有	有	有		
人与时	有	有	有		
我的失恋　四首之四	有	有	有		
题赠冯蕙熹	有	无题（杀人有将）	无题（杀人有将）	有	
赠邬其山	有	有	有	有	有

续表

1998年版	1991年版	1981年版	1976年版	1961年版	1959年版
送O.E.君携兰归国 赠小原荣次郎	有	有	有	有	
送O.E.君携兰归国 赠小原荣次郎	有	有	有		有
无题（惯于长夜） 赠许寿裳	有	有	有		
无题（惯于长夜）	有	有	有	有	另版
赠日本歌人 赠升屋治三郎	有	有	有	有删题赠	有删题赠
无题（大野多钩棘） 赠内山松藻	有	有	有	有删题赠	有删题赠
无题（大野多钩棘） 赠熊君喆	有	有	有	有删题赠	
湘灵歌 赠松元三郎	有	有	有	有删题赠	有删题赠
无题（大江日夜） 赠宫崎龙介	有	有	有	有删题赠	有删题赠
无题（雨花台边） 赠柳原烨子	有	有	有	有删题赠	有删题赠
送增田涉君归国	有	有	有	有删题赠	有删题赠
无题（血沃中原） 赠高良富	有	有	有	有删题赠	有删题赠
偶成 赠沈松泉	有	有	有	有删题赠	有删题赠
自嘲 赠柳亚子	有	有	有	有	有

续表

1998 年版	1991 年版	1981 年版	1976 年版	1961 年版	1959 年版
自嘲　赠杉本勇乘	有	有	有		
自嘲	有	有	有		
教授杂咏(四首之一至三)	有	合并为一题	合并为一题	合并为一题	有
教授杂咏(四首之三,四)	有	四首	四首	四首	
所闻　赠内山美喜子	有	有	有	有删题赠	有删题赠
所闻	有	有	有		
无题(故乡黯黯锁玄云)	有	有	有	有	有
无题(皓齿吴娃唱柳枝)	有	有	有	有	有
无题(洞庭浩荡楚天高)	有	有	有	有删题记	
无题(洞庭木落楚天高)	有	有	有		有
答客诮	有	有	有		有
答客诮　赠郁达夫	有	有	有	有删题赠	
答客诮　赠坪井芳治	有				
答客诮　赠辛岛骁	有	有	有		

续表

1998 年版	1991 年版	1981 年版	1976 年版	1961 年版	1959 年版
赠画师　赠望月玉成	有	有	有	有删题赠	有删题赠
二十二年元旦　赠台静农	有	有	有	有删题赠	
二十二年元旦	有	有	有		有
无题（敢遣空城在）	有	有	有	学生和玉佛	
题《呐喊》　赠山县初男	有	有	有	有删题赠	有
题《彷徨》　赠山县初男	有	有	有	有删题赠	有
悼杨铨　赠许广平	有	有	有	有	有
题三义塔　赠西村真琴	有	有	有	有	有
题三义塔	有	有			
无题（禹域多飞将）　赠黄萍荪	有	有	有	有删题赠	有删题赠
悼丁君　赠周陶轩	有				
悼丁君	有	有	有	另版	
赠人（明眸越女）	有	有	有	有	
赠人（秦女端容）　赠山本	有	有	有		有删题赠

· 269 ·

续表

1998 年版	1991 年版	1981 年版	1976 年版	1961 年版	1959 年版
赠人（秦女端容）	有	有	有	另版	另版
无题（一支清采） 赠土屋文明	有	有	有	另版	另版
无题（烟水寻常事） 赠黄振球	有	有	有	有	另版
报载患脑炎戏作 赠台静农	有	有	有	有删题赠	有
无题（万家墨面没蒿来） 赠新居格	有	有	有	有删题赠	有
秋夜有感 赠张梓生	有	有	有	有删题赠	有
题《芥子园书谱三集》赠许广平	有	有	无题（十年携手共艰危）		
亥年残秋偶作 赠许寿裳	有	有	有	有	有
李贺《感讽》五首之三	有	有	有	有	
《诗经·小雅·采薇》 赠永持德一	有	有	有	有	
陆机《吊魏武帝》	有	有	有		
司马相如《大人赋》 赠孙斐君章矛尘	有	有	有	有	
钱起《归雁》 赠本间久雄	有		有		
钱起《归雁》 赠长尾景和	有	有	有	有删题赠	

续表

1998年版	1991年版	1981年版	1976年版	1961年版	1959年版
钱起《归雁》 赠林芙美子	有				
钱起《归雁》 赠中村亨					
老子《虚用成象韬光篇》 赠长尾景和	有	有	老子语	老子语删题赠	
李白《越中览古》 赠松元三郎	有	有	有	有删题赠	
李白《越中览古》 赠杉本勇乘	有	有			
欧阳炯《南乡子》 赠肉山松藻	有	有	有	有删题赠	
李贺《南园》十三首之七 赠冈颂栖	有	有	有	有	
何瓦琴句 赠瞿秋白	有	有	有	有	
《楚辞·九歌礼魂》 赠土屋文明	赠廖葛民	有	有		
项圣谟《题大树风号图》 赠南宁博物馆	有	有		有删题赠	
项圣谟《题大树风号图》 赠杨霁云	有	有			
金刚经句 赠高良富眉山	赠高富眉山				
郑思肖《锦钱余笑》 赠增田涉	有	有	有	有删题赠	
郑思肖《锦钱余笑》 赠徐訏	有	有	有	有	
郑思肖《锦钱余笑》 赠金村铱研	有	有	有	有删题赠	

续表

1998年版	1991年版	1981年版	1976年版	1961年版	1959年版
李贺《绿章封事》 赠徐訏	有	有	有	有删题赠	
刘长卿《听弹琴》 赠增井经夫	有	有	有	有删题赠	
钱起《湘灵鼓瑟》 赠冯宝符	有	有	有	有删题赠	
陶潜《归园田居游斜川》 赠许广平	有	有	有	有	
杜牧《江南春》 赠浅野要	有	有	有	有删题赠	
李贺《开愁歌》	有	有	有	有	
夏穗卿诗			夏曾佑诗	有	有
			阻郁达夫移家杭州	有	有
			一二八战后作	有	
			赠蓬子	有	
初版后记				1961 版后记	
再版后记			1976 版后记		
三版后记		1981 版后记			
四版后记	1991 版后记				

注释

① 据周国伟记载,当年陈毅题字时有钤"陈毅之印"朱印白文印章。周国伟:《鲁迅著译版本研究编目》,上海文艺出版社 1996 年版,第 334 页。此印与陈毅的题签一起被用于 1961 年版及其后所有《鲁迅诗稿》的封面。据查馆藏,这封题签信函的陈毅题字处无"陈毅之印"。

② 上海鲁迅纪念馆编:《四十纪程》,上海鲁迅纪念馆 1990 年版,第 105 页。

③ 周国伟:《鲁迅著译版本研究编目》,第 335 页。

④ 叶淑穗:《几部鲁迅手稿影印集出版的缘起及其历程》,《上海鲁迅研究》总第 82 辑,第 66 页。

冯雪峰《鲁迅和他少年时候的朋友》："小童书"对话"大时代"

章　炜

　　中华人民共和国成立以后,少年儿童读物奇缺,种类、数量、质量都远远不能满足需求,解决这些问题成为少年儿童教育事业中的一项紧迫的任务。儿童文学"写什么"以及"如何写",都是作家需要思考的。"鲁迅"作为民族精神象征和文化符号的意义,提供了不可取代的精神资源,成为建国后儿童文学创作重要的叙事资源。1951年,冯雪峰创作的《鲁迅和他少年时候的朋友》一书出版,行文策略与内在文化理念与整体的文学气脉紧密联系。冯雪峰将鲁迅作品作为"元叙事",融会了鲁迅个人的经历和时代思想,建构了"少年鲁迅"形象,深刻回应着彼时中国的历史情境与意识形态召唤。

　　儿童文学中的"鲁迅"形象是一个值得关注的研究课题,少年儿童的文学读物中如何介绍鲁迅,如何与社会实践相勾连,又如何在与时代进行"对话"等,都是亟须深化的重要命题。在以往的研究中,少年文学中的鲁迅形象塑造的定位、品格与精神质地等问题往往被忽略。本文试图在史料搜集和整理的基础上,以"少年鲁迅"作为新的研究视角,对冯雪峰塑造的少年鲁迅形象进行分析与反思,探寻中华人民共和国建国初期少年时代英雄人物塑造的内在逻辑,为考察十七年鲁迅形象的建构提供更多位的认知和更开阔的视野。

一、作为文化想象的"少年鲁迅"

中华人民共和国成立后,象征着中国有待萌发的蓬勃生命力与面向未来的希望的少年儿童群体成为整个社会的热点和关注所在。儿童文学被视为党和国家建设中不可或缺的重要组成部分,其公共言说的地位、影响和作用,在建国初期的儿童文学创作中表现得极为显著。在新中国知识和生活的起点上,儿童文学重塑民族国家的主体意识也显得越来越迫切,亟须花大力气发展已成为普遍性的社会呼吁。

1950 年 10 月,冯雪峰"担任设在上海的鲁迅著作编刊社社长兼总编辑"①,鉴于出版条件的限制和年轻的职业儿童文学作家还未成长起来,冯雪峰秉持了"五四"以来的"双肩挑"传统。1951年 1 月,冯雪峰为少年儿童撰写了小童书《鲁迅和他少年时候的朋友》,被列为"中国少年丛书"系列之一,由青年出版社出版②。全书仅 9 000 余字,并配以 13 幅吴为创作的绘图。从文化的连续性和整体性考虑,塑造"少年鲁迅"有着明确的价值意义。作为弘扬民族精神和时代精神的重要文化资源,"鲁迅"已经成为一面旗帜。"鲁迅"作为集体文化符号,在公共场域中的地位、影响格外明显,形成一种开放的意义经验,得到了大力的推崇,成为少年儿童读物中理想的建构原点与重要的叙事资源。少年时代的鲁迅有过什么样的朋友,受到过什么样的影响,同样处在"小时候"的少年儿童读者来说,更贴近他们的生活引起情感共鸣,有效弥合了"代际问题"所带来的冲突,弥合了英雄人物与普通人生活之间的距离。

冯雪峰将"少年鲁迅形象"的塑造深刻嵌入 1949 年以后中国文化的底色,蕴含着一种"对大政治的关切",做了一次有力的推陈出新,促使少年儿童深化对"英雄"和"伟人"的理解,并保有正确的价值判断。"重新认识"少年鲁迅,也是对鲁迅在道德、精神符号的再次确认,对树立新中国儿童文学的"新观念"发挥了巨大的作用。

《鲁迅和他少年时候的朋友》出版后,颇受欢迎。1951年1月初印2 500册,后多次再版重印。根据公开资料显示,中国青年出版社③对《鲁迅和他少年时候的朋友》的印量达138 000册。④1955年,《鲁迅和他少年时候的朋友》的版权移交给1952年12月成立的专业的儿童读物出版机构——少年儿童出版社。1955年5月—1956年5月,仅一年时间《鲁迅和他少年时候的朋友》在少年儿童出版社进行了6次印刷,第6次印数为271 221—321 220。因为良好的口碑,"新疆人民出版社于1955年出版维吾尔文版。延边教育出版社于1955年出版朝鲜文版"⑤。1974年普及文化服务社在新加坡引入出版《鲁迅和他少年时候的朋友》⑥。1981年,中国少年儿童出版社重新发行出版《鲁迅和他少年时候的朋友》。2016年6月人民文学出版社出版的《冯雪峰全集》(第一卷)将《鲁迅和他年少时代的朋友》收录其中,足见这本小童书的重要意义。

二、如何建构"少年鲁迅"

如何言说"少年鲁迅"才能引发少年儿童获得现实感受?如何通过少年鲁迅形象的建构书写新中国的时代之声?冯雪峰首先在创作方法论上运用了新方法,选择了鲁迅的经典作品作为元叙事来塑造"少年鲁迅"形象。冯雪峰进入鲁迅自传体色彩的作品文本内部,对经典文本《呐喊》中的《故乡》和《社戏》中的内容进行合并、交叉、扩延和伸缩,保留了鲁迅作品中风土人情的描摹与记录,以温情的笔调,刻画了少年时代鲁迅和他的农家朋友的形象。《鲁迅和他少年时候的朋友》有意识地与鲁迅的作品、个人经历形成"互文式"关联。冯雪峰对这些文学素材进行重新编码赋予新的生命力,再现了少年鲁迅与闰土、双喜等伙伴的情感联系,雪地捉鸟、下河捞鱼、瓜田刺猬等鲜活、充满童趣的生活片段给新中国的少年读者的感染和熏陶。冯雪峰营造的代入感满足了少年儿童的体验,呈现出新景观。

《鲁迅和他少年时候的朋友》风格清新可喜,作为新中国的儿童文学,将"新"突出体现在英雄形象的演进及其与人民的关系,明显区别于之前的历史观念。冯雪峰将鲁迅和少年时的朋友群像塑造与"劳动人民"进行同构,鲁迅与劳动人民的联系作为形象塑造的一个重要方式方法,由此,为形成这一叙事线索的价值标准对素材进行取舍和描述,从意象到题材、主旨形成新的结构。《鲁迅和他少年时候的朋友》开篇这样描写:"在鲁迅的许多小朋友中间,对鲁迅最重要的还是要算几个劳动人民的小孩子……这些小朋友给了他非常大和非常好的影响。"⑦行文中更是赞叹:"这些农民是这样的好!这些农民的儿子是这样的好!"⑧在结尾处,"爱劳动人民,和劳动人民在一起"给予"少年鲁迅"新的定位和坐标:"鲁迅在少年时候,就接近过这样好的农民和农民的儿子……鲁迅因此在心里种下了爱劳动人民的思想种子,心中时时有劳动人民的面孔,并且学习劳动人民的重视朴厚和优美的品质,使他自己终身成为人民服务,而终于成为一个伟大的人民文学家。"⑨

冯雪峰以"儿童"的方式增补了一种集体的日常生活中的政治性,让文本的革命和进步的力度感愈加明显,文本中隐含了作品基本的价值立场——阶级立场,以鲁迅经典作品作为底本,消解了时代带来的紧迫感。但事实上,鲁迅原作中的气韵和精髓已经在新时代的文本转换中被遮蔽了。《故乡》《社戏》采用了"归来—离去"的模式进行"还乡书写",重点"不是二十年前故乡的生机勃勃……但令人震惊的却是时光在消蚀着这一切美好"⑩,为"离乡"铺垫了诸多伏笔。不同于鲁迅创作召唤的挽救垂危国家命运,冯雪峰写作的时代语境已经完全不同。冯雪峰保留了鲁迅作品中对于故乡民风民俗和少年伙伴们田园牧歌式的书写,鲁迅作品闰土、双喜等作为"农民的孩子"的身份并没有改变,但是在人物格局设计和阶级地位情感表达上都有着明显的价值偏向。鲁迅自传文本中的"我"与玩伴,形成"一个新形式的想象的共同体"⑪,"我"被置换为少年时代的鲁迅,将和劳动人民在一起的童年经历内化为鲁迅的人格深处,成为潜移默化铸造着鲁迅的人生哲学与情感方式的重要因素。鲁迅与农家伙伴们的交往,体现出十七年英雄书写的共同逻辑,从启蒙话语置换为革命和国家话语,上升至民族精神建构的高度。

冯雪峰的这本小童书有着明确的意味指涉和信念表达,打破原有社会层级序列,阶级出身的问题尤其重视,几乎成为一种叙事自律。冯雪峰的文本将鲁迅的真实经历与鲁迅的经典作品的两个交际网络中定位"少年鲁迅"形象,继而打开与文本外历史话语的联结。1951年初,青年出版社在全国范围内的营业处有北京、上海、西安、重庆、广州、沈阳、汉口、太原、济南、福州和无锡。作为儿童读物重要销售途径的新华书店网点的布局,生活在城市中的少年儿童能够先接触到新出版的儿童读物。"少年鲁迅"作为一个镜像,回答了新制度、新国家"主体是谁"的问题,"农民"成长为阶级的主体。"少年鲁迅"作为一个重要符号,完成了"多交劳动人民的小朋友,多向他们学习各种新的知识"这个行为的典范性和崇高性。

三、新闻媒介与文艺奖项所表征的"小童书"

形象作为一种话语建构物,其生成和传播与特定的历史、社会语境紧密相关。作为新中国儿童文学"新思想"的典范之作,《鲁迅和他少年时候的朋友》有着鲜明的时代内涵,发扬"多和劳动人民的小朋友和爱人民的精神"⑫的传统。新闻媒介成为儿童文学与大时代发生关联的重要耦合点,在文学文本叙述之外,落实了"少年鲁迅"的意义建构。儿童文学新气候、新作为正在逐渐形成,中国当代儿童文学的范畴、边界、标准、品格以及知识化的生产机制等问题,在观念层面为中国当代儿童文学开辟了新的知识秩序。重要报刊的推荐对于儿童文学的定调和评价,不仅对文学文本的内容进行了注脚和深化,同时意味着新的评判尺度的诞生,将其安置在了主流话语体系和革命谱系当中。

1951年3月3日《光明日报》的《读书与出版》栏目(第九期)推荐了"中国少年丛书"中的两本小说,一本是《桌椅委员》;另一本为冯雪峰的《鲁迅和他少年时候的朋友》。《光明日报》讨论了作品的艺术标准等一系列问题,有着精神和感情的双重指向,"鲁迅为什么骨头最硬,为什么能够成为伟大的文学家、思想家、革命家,和鲁迅少年时候所接触的朋友是有关系的"[13]。这篇文章颂扬了"少年鲁迅"正是在和那些可爱的劳动人民的孩子们不断接触、一起成长,"在心里种下了对劳动人们深厚的爱,培养起了为人民服务的崇高的思想和感情。"[14]新中国的新儿童文学不能再用纯粹的流派体系和风格标准来解读文学作品,少年儿童是祖国的未来,是社会主义的接班人,儿童文学以"培养儿童为人民服务的新民主主义革命思想和国民公德"[15]为中心任务,与时代的文艺机制相呼应,是否符合主流意识形态成为衡量作品是否有意义的重要标杆。

重要文学奖项的评选结果促进未来的儿童文学创作作出一定调整,产生一定的实践效应。1954年,冯雪峰的《鲁迅和他少年时候的朋友》与张天翼的儿童小说《罗文应的故事》、高士其的科学文艺《我们的土壤妈妈》、秦兆阳的童话《小燕子万里飞行记》、郭墟的儿童故事《杨司令的少先队》,共同荣获了第一次全国少年儿童文艺创作评奖(1949—1953)一等奖。全国性的重要儿童文艺奖项对《鲁迅和他少年时候的朋友》等文本的确认和加持,将其打造为书写规范和样本,实现了在儿童文学中对于主流精神的接力,尊重政治或者革命的正当性因素,成为新中国儿童文学的起源叙事。

四、"少年鲁迅"与社会主义接班人

"少年儿童"作为一个有效的历史和文化概念怎样影响和改变了中国当代文学中的社会和政治想象？具有新型国民素质的"少年儿童"在国家建设与发展中具有重要意义。冯雪峰不仅是单纯地履行"文化将领"应尽的义务和责任，以面向少年儿童写作为镜面，折射出冯雪峰此时的创作心态和时代语境。"儿童文学"是冯雪峰与新政权、新制度之间发生化合作用的"催化剂"，重视少年儿童的精神成长，小童书作为"媒介"，建立起一套新的、阶级的观念和规范，生成了一个新的逻辑链条。"少年鲁迅"被整合至国家话语与革命主题之下，建构成为少年儿童群体所共识、共用、共享的文化符号，寄予对社会主义接班人的殷切期盼。

儿童文学不仅面向特定读者，与中国历史语境发生互动，不同的历史阶段以及不同的话语建构下，鲁迅形象表征出不同的文化意义。在冯雪峰出版《鲁迅和他少年时候的朋友》之前，面向少年儿童创作的鲁迅故事也有好几种，其中不乏大家作品。1936 年张天翼在《新少年》刊物上发表了文章《鲁迅先生是怎样的人》，是中华民族多灾多难引起的回声，文本中强调了鲁迅作为"民族魂"的群众性和战斗性，"是我们大众的老师，民族的老师"[16]。刊登在1939 年《中学生》杂志第 10 期上的《少年鲁迅》[17]，节录《近代中国社会变革的默史》原稿第一章第一节，以"自然界的天真与当时人类社会的矛盾的表现"。孙犁的《少年鲁迅读本》[18]从资料中提取和阐发，以鲁迅先生少年时的事迹，编写成课文。这些作品集中在"评传""传""生平故事"等类型。

文艺作品激发革命情感有两条基本途径：一条途径是充分表现被压迫、被剥削的苦难，激发革命的壮志，上述文本遵循了第一条基本途径；第二条是通过美好的启示，激发革命热情。冯雪峰无疑选择了第二条途径,唤起少年儿童对民族、国家的认同。冯雪峰的独特之处在于将鲁迅个人经历、经典文本融会成儿童写作中的元叙事,以少年鲁迅作为参照性的自我认同和自我陈述。对于文化英雄"凝视和膜拜的态度更加强化了民族国家认同"[19]。鲁迅形象的建构与劳动人民的关系得到有力积极的塑造,可归为"主旋律"概念下的英雄叙事,直接反映时代现实需要。"鲁迅"的炼成,"和劳动人民在一起"成为重要的支点。《鲁迅和他少年时候的朋友》达成了与时代共时态的同构关系,以契合政治选择和集体性的意识形态,将主题升华到了探索历史必然性与社会主义新儿童的人格崇高性讨论,实现与大时代进行有效对话。农民成为阶级的主体,劳动人民的孩子是最聪明、最伶俐的。"要多学习鲁迅,多交劳动人民的小朋友,多向他们学习各种新鲜的知识",有着明确的指涉。鲁迅少年时代的成长环境、结交的好友,奠定了鲁迅成为"精神战士"的基础,树立了典型的价值和教化作用。"鲁迅"形象由此获得新阐述与新演绎,成为对社会主义接班人的行为范畴和生活习性的规范。

如何评价冯雪峰《鲁迅和他少年时候的朋友》文本的意义生产,创作的局限与真诚,是一个需要正视的问题。冯雪峰这本小童书出现在建国初期的意义,超出了形式、风格的层面,将少年、儿童纳入进了国家呼吁体系。"少年鲁迅"的形象建构体现了社会发展的当下性和国家形象的代表性,实现了从抽象理念到具体化、现实化的过程。冯雪峰"鲁迅"象征符号被儿童文学征用,从而达到了塑造政权合法性,形成新的群体认同的效果。"重新认识"少年鲁迅,是对鲁迅在道德、精神符号的再次确认,也是对新中国少年儿童群体的期待和对社会主义接班人的塑造。

结　语

鲁迅形象随着时代的变动展现出不同的特质。还原、挖掘中华人民共和国成立初期"鲁迅"作为一种文化符号在儿童读物中的呈现,为研究鲁迅提供一种认知路径和参照。《鲁迅和他少年时候的朋友》体现出时代召唤下,冯雪峰对文学素材进行的过滤和创作心态的变化。冯雪峰身处新时代,力图摆脱陈规,实现文本与时代之间的密切互动。在十七年的时间维度上,儿童文学创作取以人民的立场,建构更多元的鲁迅形象,积极介入社会主义建设,形成一种公共情怀和集体文化想象。冯雪峰的实践体现了公众话语、人民史观的运用在儿童文学创作中有着深刻的变化,也诠释了十七年儿童文学新的艺术意志和方向。

（中国传媒大学人文学院）

注释

① 包子衍:《雪峰年谱》,文艺出版社 1985 年版,第 7 页。

② 1950 年,党中央把发展青少年儿童读物出版业的任务交给了团中央。团中央成立了团中央出版委员会,由李庚担任主任,着手在北京组建青年出版社。1950 年 1 月,团中央在北京创办青年出版社。

③ 青年出版社 1953 年与开明书店合并组建中国青年出版社。

④ 详情参见 1955 年 1 月少年儿童出版社首次出版的《鲁迅和他少年时候的朋友》版权页。

⑤ 王泉根:《百年中国儿童文学编年史》,湖南少年儿童出版社 2017 年版,第 313 页。

⑥ 许通元:《鲁迅与东南亚的相关专著与单篇论文、翻译作品机大专学位论文》,王润华、潘国驹编:《鲁迅在东南亚》,新加坡八方文化创作室 2017 年版,第 411 页。

⑦ 冯雪峰:《鲁迅和他少年时候的朋友》,青年出版社 1951 年版,第 1 页。

⑧ 冯雪峰:《鲁迅和他少年时候的朋友》,第 16 页。

⑨ 冯雪峰:《鲁迅和他少年时候的朋友》,第 16—17 页。

⑩ 林岗:《"故乡"的百年变迁——读鲁迅、丰子恺、薛忆沩同名作〈故乡〉》,

《小说评论》2021 年第 4 期。

⑪ ［美］本尼迪克特·安德森著,吴叡人译:《想象的共同体:民族主义的起源与散布》,上海人民出版社 2005 年版,第 45 页。

⑫⑬⑭⑮ 友群:《介绍"中国少年丛书"中的两本小书》,1951 年 3 月 3 日《光明日报》。

⑯ 张天翼:《鲁迅是怎样的人》,《新少年》1936 年第 9 期。

⑰ 欧阳凡海:《少年鲁迅》,《中学生》1939 年第 10 期。

⑱ 晋察冀教育阵地社 1946 年出版《少年鲁迅读本》,后由新儿童社(1949 年)和知识书店(1950 年)再版。

⑲ 史静:《主体的生成机制——"十七年电影"内外的身体话语 》,北京大学出版社 2014 年版,第 8 页。

从馆史资料看鲁迅铜像翻铸一事

童 煜

我馆老同志虞积华先生,于1951年建馆时来馆工作,亲身参与和见证了我馆的发展。2005年,虞老在《上海鲁迅研究》上发表了一篇《追忆鲁迅铜像翻铸记》,回忆了鲁迅墓前白色水泥鲁迅坐像变成铜像的过程。文末言:"这一上世纪,'化腐朽为神奇'的一事,离现在已有四十多年了,馆内有的参与其事的同志,有的已经谢世,有的离开纪念馆,后来的同事对此事不甚了了,留下这些片言只语,权为后人存照。"[①]

现据馆藏鲁迅墓相关资料,对鲁迅铜像翻铸一事做一些补充。

一、鲁迅水泥坐像翻铸铜像的原因

鲁迅白色水泥坐像翻铸为铜像,有四个原因:(一)白色水泥的鲁迅坐像放置在露天,出现裂痕,难以洗刷灰尘,颇不庄严;许多国际友人、首长和群众建议将水泥像改铸为铜像。[②](二)按照国际惯例,将水泥像改制为铜像,以示庄重和永久。(三)肖传玖教授认为原来水泥坐像就是临时性的、过渡性的,好处是可以先征求意见。想创作一个大理石或者是花岗石坐像,但后来那样大的原料很难找,而且制作又需要很长时间,所以也就搁下了。[③](四)1961年是党的诞生40周年和鲁迅诞生80周年,也是上海鲁迅纪念馆新馆和鲁迅新墓建成开放的第一个五年。1961年1月,上海市文化局领导视察我馆和鲁迅墓,结合社会反响和上海鲁迅纪念馆新馆、鲁迅墓的实际,提议可否对水泥鲁迅坐像用其他材料翻铸进行论证并进行陈列改建。

综上可以看出:(一)1956年新建鲁迅墓前之白色水泥鲁迅坐像,原本就是临时性、过渡性的;(二)时间节点上,1961年,适逢党的诞生40年、鲁迅诞辰80年和鲁迅逝世25年,且国务院3月公布第一批全国重点文物保护单位,鲁迅墓为其中之一;(三)上级单位指示、社会各界反映和国际惯例,鲁迅墓前坐像应该改为永久性的材质;(四)水泥坐像难以维护,无法彻底改观裂缝、尘土等影响观瞻的问题。

由此,鲁迅墓前水泥坐像翻铸铜像一事,天时、地利、人和,鲁迅水泥坐像翻铸铜像一事(包括陈列改建一事)提上了馆的议事日程。但是,改为铜像的关键前提,就是原材料"铜"的落实。当时,新中国经济实施"第二个国民经济发展五年计划",金属材料在当时十分紧缺,在这种社会大背景下,鲁迅水泥坐像翻铸铜像,"铜"材料的到位,才是此事得以展开的基础,那么翻铸铜像的"铜"材料从哪里得来呢?

二、铜像材料的来源

据虞老回忆:"上海鲁迅纪念馆的同志曾在原东海舰队司令部南面的大华果园内发现有座日寇侵沪时修建的遗迹,内有一碑,碑上有一铜麒麟。"④

虞老回忆的大华果园,其正式名称是上海大华农场。周正先生在《上海大华农场兴衰史与八玄园》一文中,有较为详细的考证:

大华农场位于上海市虹口区广中路、水电路西侧,始建于

1930 年,是上海近代史中重要的园艺农场之一。其变迁历经坎坷,上海沦陷时期被日军占领部分土地,在农场东北侧建起一座八玄园,是侵华日军在沪暴行的重要罪证。这座占地五百余亩的大型农场,就是如今上海军事体育俱乐部的所在地,地址是广中路 444 号。

1938 年,日本驻沪海军陆战队为纪念在战争中阵亡的官兵,在原五卅烈士墓东北的土地,兴建八玄园(又称战迹礼拜所;日方正式名称为海军上海战表忠塔苑;通称海军表忠塔园),园内建造石塔一座,塔顶安放铜制貔貅。国人见貔貅类似于麒麟,故民间称为麒麟塔,该塔高约 30 米。

全面抗战胜利后国民政府接收包括麒麟塔在内的八玄园,归大华农场,1958 年,改名虹口果园。⑤

根据虞老先生的回忆、周正先生的地址考证和馆藏资料,铜像材料的来源就很清楚了。首先是我馆同志去大华农场发现日军纪念塔上有一个铜麒麟,然后向上级反映,可否将一个日寇遗迹的铜麒麟,调拨我馆用于鲁迅墓水泥坐像翻铸铜像,最后由市人委领导批准,将虹口区大华农场内麒麟塔上的一只铜麒麟,调拨给本馆。至此,鲁迅墓水泥坐像翻铸铜像的关键点,"铜"材料的到位,得以落实。就此,翻铸方案的制定和实施成为需要解决的问题。

三、鲁迅铜像翻铸方案

在《关于制作鲁迅铜像的请示报告》(1961 年 1 月 24 日报上海市文化局)中,上海鲁迅纪念馆初步拟定了制作鲁迅铜像方案,具体如下:

(1)内容:鲁迅墓前坐像和陈列大厅屏风前鲁迅胸像,均改制作铜像;(2)式样:原来式样制作;(3)制作工程:由美术设计公司具体负责,由我馆与上海离心机铸厂接洽,签订合同,供应铜的原料,委托该厂负责铜像制作过程;(4)步骤和方法:确定先制作陈列室大厅屏风内的鲁迅胸像,俟成功后再制作鲁迅墓前的坐像。坐像除藤椅腿是实心,其余内里也是空心,铜壳的厚度7—8毫米,内有铜骨支架;(5)日期:3个月;(6)制作工程费:铜自备(约有3吨),共计4 000元左右;(7)其他:动工前及制成后,由局请原作者肖传玖同志来馆,在技术问题上一起讨论,并做鉴定。

上述报告中可以看出,为铜像翻铸,馆内十分谨慎,经过馆内多次讨论决定。首先,先浇筑1956年陈列展厅序厅的石膏鲁迅胸像(肖传玖教授创作,1961年陈列改造翻制铜像),然后再浇筑鲁迅水泥坐像藤椅上的一只手,最后再浇筑整体鲁迅铜像。也就是在鲁迅胸像和坐像"一只手"成功后,才能整体浇筑铜像。至此,上海大华农场日军纪念塔上的"铜麒麟"被分成三件"铜质"鲁迅艺术品。

由于水泥材质和铜像材质的重量相差很大,虽然鲁迅铜像的上半身是空心的,内用铜骨支架,但整体重量要比原来的水泥坐像重许多。因此,鲁迅坐像基座的改造,就成为整个方案内的一个重要环节。为此,美术设计公司在民用设计院设计基座的前提下,由民用设计院出具图纸,在陈植院长的主持下,3个坐像基座改造方案出炉了。

我馆的同志和美术设计公司的专业人员,赴杭州,带着铜像方案和基座方案征询了周建人省长和肖传玖教授。

四、方案论证实施

翻阅馆史资料,方案论证实施有三件事需要交代:(一)1961年7月10日赴杭州征求周建人省长和肖传玖教授的意见;(二)1961年7月18日专家讨论会;(三)许广平信。

(一)征求意见

1. 对基座的意见

周建人省长:认为新基座比原来基座好。

肖传玖教授：对新基座表示满意、赞同，但认为还可以在正面稍稍放宽一些，使竖的感觉不太明显突出，对于基座下部凹线认为还可以稍狭一些、浅一些。

对新基座上花纹的做法，字的位置，石头分块及铜像本身底座的改薄，都没有提出意见来。

2. 对坐像位置的意见

周建人省长：认为底座放在草坪中间自然一些，如放在草坪外面，与草坪的关系可能有问题，六小块草坪似点缀物，不太好。

肖传玖教授：完全同意把草坪改狭一些，坐像放在草坪中间，这样对墓地整体性来说较完整。坐像四周围以经常修剪得非常整齐的冬青或黄杨，以代替现在的木栏杆。

对于铜像的浇铸，肖传玖教授谈得最多，他提出五点意见：

（1）他说明原来石膏像是临时性的、过渡性的，好处是可以先征求意见。他又讲他后来想创作一个大理石或者是花岗石坐像，放在墓地看起来效果一定比现在这个好，而且和墓地建筑色调很调和。但后来那样大的原料很难找，而且制作又需要很长时间，所以也就搁下了。现在浇铸铜像还是可以的，因为像的背景是天空，是淡的，铜像本身有色，看起来效果还可以，如果后面背景是绿的树木，那效果就很不好了。（2）谈到从石膏改成铜的，因为色彩不同，可能效果就不同，所以今年3月份到上海修改了一次，但因那时学校正忙开学，很急促，修改后效果到底如何，他个人没有来得及看。如果在寒假中来修改就好了（当时我们向他表示那次通知他太晚了，表示歉意）。（3）看到铜像试验的一只手的草样后，认为基本没有走大样，但还不够标准，要求砂要细，尽可能浇得一点不走样；又谈到铜像的厚度（1.5厘米）似乎嫌厚了些，不过他讲如果因为技术问题我们还是宁愿厚些，费一部分铜，而保证质量是第一，所以厚度就不一定再更动了。（4）铜像的涂色问题，希望美术设计公司和离心厂同志很好研究，什么样色调最好。仍可以以这只手做试验,涂色看一下。第五,铜像完工时间最好提前,原定 8 月底可能太紧,应留有余地,铜像翻好后,他要再看一看,可能有小的地方还要修改一下。

最后肖传玖教授表示将于 7 月中旬到北京开会后到上海具体看一下铜像,并共同研究关于涂色的问题。

(二)专家讨论会

7 月 18 日,由市文化局出面,我馆邀请 16 位专家到馆,召开"鲁迅坐像浇铸铜像、坐像基座设计工作和馆基本陈列的总体设计、陈列形式问题"的审定讨论会。来馆的专家有:美协沈柔坚、蔡振华,作协叶以群、孔罗荪、杜宣,民用设计院陈植、曹伯慰,市园林处程诸珂,虹口区建设局刘德懋,虹口公园马建青、杨在朝,出版局丁景唐,美术设计公司刘杰,上海离心厂张书记、曹厂长、张杏生。专家们就翻铸方案进行了细致周到的论证,最终意见是:坐像位置仍在原地,将原来草坪 10 米×17.5 米改为 8 米×17.5 米,使草坪两边各缩窄 1 米,以改变过道在外宾献花圈时狭窄而人员拥挤的状态。

(三)许广平的信

许广平 1961 年 8 月 8 日致上海鲁迅纪念馆信说:"7 月 21 日你馆寄来鲁迅像的修改计划,关于美术方面,我是外行,不敢置辞,但第二、三方案,塑像设在草坪外,就可能被参观园游群众的顽童们或好意的人们在塑像周围站、立,甚或似北京颐和园的铜牛、狮子一样,在像旁或像上,或被顽童抚摸,手印斑斑,似失尊严感,所以如塑像设在草坪外时,则像外应设法围以短栏,稍加限制游人活动,这情况是推想的,未必准确,还请你们最后考虑为荷。"

许广平给纪念馆的信,李浩在《凡我所知愿努力以赴——读许广平致鲁迅纪念馆信》[6]有过全面的论述,在此不再赘述。

仅从以上三件事来看,社会各界非常重视我馆的铜像翻铸工作。得益于各方的齐心协力,方案经过多次修改,听取专业建议,严把各个工艺环节,使得鲁迅铜像翻铸得以成功实施。

鲁迅墓的整修工作,也得到了社会的关注。1961 年 8 月 26 日《新民晚报》刊文:《纪念鲁迅先生诞辰八十周年和逝世二十五年:全面整修鲁迅墓》。记述了这次整修的主要工程:将墓前原有的白色水泥坐像改为铜像,基座将用四块福建泉州的花岗石铸成采用鲁迅先生生前亲自设计的"坟"的封面。之后,《解放日报》又报道云:整修后铜像左右的过道都进行了拓宽,周围铺上名草和名贵的瓜子黄杨。这几天,园艺工人们还在目前四周遍植鲁迅先生生前喜爱的花木,如广玉兰、夹竹桃、桂花紫丁香等。[7]

最后,用许广平 1964 年 11 月 10 日致上海鲁迅纪念馆信作为本文结尾:虹口公园的鲁迅像,现在换成铜铸的,比原来的要好得多了!

注释

① 虞积华:《追忆鲁迅铜像翻铸记》,《上海鲁迅研究》第 16 辑(2005 年)。
② 1961 年上海鲁迅纪念馆报上海市文化局《上海鲁迅纪念馆为纪念鲁迅诞辰八十周年将鲁迅墓前鲁迅水泥坐像改铸为铜像事由》。
③ 1961 年《上海鲁迅纪念馆为鲁迅墓前鲁迅铜像浇铸铜像事访问周建人省长和浙江美术学院肖传玖教授(原石膏像的作者)的谈话记录整理》。
④ 虞积华:《追忆鲁迅铜像翻铸记》,《上海鲁迅研究》第 16 辑(2005 年)。
⑤ 周正:《上海大华农场兴衰史与八玄园》,《都会遗踪》第 31 辑。
⑥ 李浩:《凡我所知愿努力以赴——读许广平致鲁迅纪念馆信》,上海鲁迅纪念馆编《许广平纪念集》,百家出版社 2000 年版,第 60—65 页。
⑦ 参见《鲁迅铜像昨日安装》,《解放日报》1961 年 9 月 20 日。

从"积铁成象"玩具说开去

杨　琳

翻开鲁迅之子周海婴著的《鲁迅与我七十年》,开篇第一句就是"我是意外降临于人世的。原因是母亲和父亲避孕失败"①。1929年9月27日,许广平经历了二十几小时阵痛的至暗时刻,在医生使用产钳的帮助下,产下了一名男婴。鲁迅把这个在上海出生的婴儿,取名为"海婴"。这名字读起来悦耳,字也通俗,却绝不会雷同。对于海婴这个名字,鲁迅的态度并不肯"自专自是",如果海婴长大后不喜欢这个名字,自己随便改过也可,从中我们兴许能读出鲁迅对海婴的养育态度和理念,即推崇"儿童中心主义"。鲁迅曾在《我们现在怎样做父亲》中说道:"一切设施,都应该以孩子为本位。"②从理论上肯定了儿童的特殊性,站在儿童的立场,尊重儿童的自然属性的人,提出父母对子女的教育要从爱的天性出发,使子女"健全的产生,尽力的教育,完全的解放"③。

在上海鲁迅纪念馆藏文物中,保存着几十件海婴婴幼儿时期的玩具,可爱又另类,有属于益智类玩具范畴的"积铁成象"、九连环、智力套圈,也有象棋、骰子和类似飞行棋的桌游玩具,更有小哑铃、乒乓板、玻璃弹珠、望远镜等体育锻练用具。玩具品质之高,品类之全,堪称是蒙台梭利教具在中国早期传播的成功案例。在众多玩具中,"积铁成象"有着独特的研究价值,它见证着鲁迅与瞿秋白的革命友谊。鲁迅在1932年12月9日的日记中写道:"下午维宁及其夫人赠海婴积铁成象玩具一合。"鲁迅将这套玩具命名为"积铁成象",铁材制成的可搭成火车、飞机、起重机等各种形象。据说瞿秋白夫妇赠送的这套舶来品价格不菲,生活艰苦但用昂贵的价格买下这套玩具送给海婴,寄托了两位革命前辈坚信革命成功后,国家必有一番大规模的建设,而建设工作不能没有人才,所以对下一代必须及早给以科学技术教育,以备将来深造之用。可见,玩具是做给小孩玩的,然而大人也未始不可以玩;玩具是为小孩而做的,但因此也可以看出大人们的思想。

"积铁成象"玩具介绍

19 世纪德国著名幼儿教育学家弗里德里希·福禄贝尔提出自然主义教育,重视儿童的自主活动,认为游戏是儿童的内在本能,这种本能可以激发儿童探索的主动性,并创制了很多有益的教具"恩物"(gift)。而后,蒙台梭利教具继起,又有梅楷那教育玩具,引起一般教育界之研究,认为一种最有价值之教育玩具也。⑤1917 年,中国近代著名教育家侯鸿鉴先生在《教育杂志》上详细介绍了梅楷那机械玩具(梅楷那,"Meccano",是机械玩具公司的品牌名),他认为这套机械学玩具"胜于夫来佩而之恩物,蒙铁锁利亚之教具多矣"⑥。

侯鸿鉴在文章中详细介绍了梅楷那机械玩具零件的种类、名称、效用、示范、配合和拆卸方法,"即此四十余种之机件,可装置各种机器约二百种"⑦,与鲁迅所称的"积铁成象"含义基本相同,也是后来被广泛称呼为"积铁"的东西。"积铁",是一种儿童玩具,一种富有教育意义的技术科学玩具,是许多式样不同的铁块(包括一些轮子和螺钉),孩子们可以用来构成各式各样的模型的。⑧"积铁"玩具的正式命名于 20 世纪 40 年代,经郑兆良研究制作,将此类玩具国产化后才被广泛使用。此前,由于"积铁"属舶来品,价格高昂,知晓度、普及率不高,玩家将此类比"积木"。积木是指许多式样不同的木块堆成各式各样的东西,此种玩具是铁质的,在原理上也是同样,大约就称呼"积铁"了。

海婴玩的"积铁成象"玩具考证

在上海鲁迅纪念馆陈列展厅中展示的"积铁成象",为谢旦如先生捐赠,这是一套由吉尔伯特公司(THE A.C. GILBERT CO.)生产的"THE NEW ERECTOR"(建筑模型)玩具,主体为银色的铁质零件。

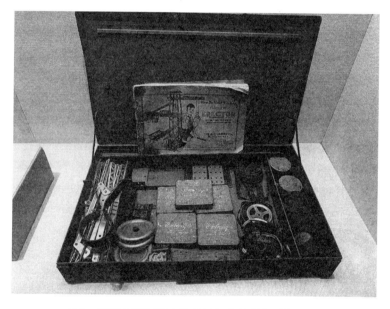

图1 谢旦如捐赠给上海鲁迅纪念馆的"积铁成象"

但根据周海婴的回忆,他玩的"积铁成象"零件全部漆以红绿两色,布满均匀的圆孔,以备搭积时穿固螺丝之用。而在许广平女士捐赠给我馆的海婴玩具中,有一辆"小铁车",车身虽有锈迹,但依然可以看出红色的车轮和绿色的轴杆。红色的车轮上有9个孔洞,以十字形均匀分布,孔洞连成的线将车轮切割为4个扇形,细圆柱孔又均分每个扇面,这样的车轮共有 4 个。两根绿色的轴杆均匀分布着孔洞。零件里还有两块布满孔洞的红色梯形铁片、一块红色长方形铁片和一个黑色滚轮。这套玩具制作精良,零件除表面锈迹外,形状完好。

图 2　许广平捐赠给上海鲁迅纪念馆的海婴玩具(红绿配色零件)

20 世纪 30 年代,铁质的机械玩具非常罕见。据考证,当时能在市面上买到的铁质玩具有三种,一种是前文提到的由美国人吉尔伯特(A.C.Gilbert)制作的建筑模型铁质玩具,商标为 Erector。一种是梅楷那机械玩具,是 1898 年由一位充满想象力的英国人弗兰克·霍恩比(Frank Hornby)为他的孩子们发明的第一件以螺栓、螺母拼接的金属插件玩具,而后,这种玩具以梅楷那为品牌随着法属殖民地的扩张畅销于全世界。第三种是 1917 年《教育杂志》上介绍的魄里来斯机械玩具(primus),但这款机械玩具并无详细介绍,无从查证。这三种铁质的机械玩具都是能够让孩子得以复制现实生活中让他们着迷的机械、车辆和建筑的模型组装玩具,基于一组可互换的标准部件,包括穿孔金属板、条带、支架、螺母和螺栓,以一种简单、富有教育意义且趣味兼备的方式诠释了机械工程原理。侯鸿鉴称梅楷那机械玩具是"幼稚教育之最新玩具,工业教育之最初基础,机器世界之最良模型"。梅楷那玩具公司已有 100 余年历史,现仍然生产销售铁质机械拼搭玩具。20 世纪 20

年代,是梅楷那玩具公司不断开拓新市场、巩固既有市场份额的时期。1926 年,一个巨大的外观性的改变让这家公司迎来了之后的黄金发展期,梅楷那公司将玩具零件的颜色作了重大改变,大胆使用了较深的酒红色和瓶绿色。

Publicity booklet from 1927 showing the 'New Meccano' parts in red and green.

图 3　1927 年梅楷那品牌产品宣传册(红绿配色零件)

铁质玩具是西方工业化的产物,国内引进介绍"积铁"玩具的屈指可数,而海婴"小铁车"玩具的零件和梅楷那玩具品牌的零件,无论是在材质、颜色、形状还是零件的开孔方式上都完全吻合。所以,根据周海婴关于"积铁成象"的回忆文字以及上海鲁迅纪念馆藏海婴的"小铁车"文物,可以进行大胆猜测,这辆"小铁车"正是由瞿秋白夫妇赠送给周海婴的"积铁成象"零件拼搭而成,是梅楷那品牌的玩具。

从瞿秋白赠送给海婴的这套"积铁成象"玩具,能一窥这位无产阶级革命战士的教育思想。"积铁成象"在拼搭时,是需要多个零件组合,搭建成一种模型。简单的模型如天平、椅子、跷跷板需用到三四种零件,复杂的模型如火车、飞机、起重机等需要几十种零件拼搭而成。可以根据说明书拼搭,也可以自由发挥。如自由发挥,则儿童首先需在脑中构建模型的概样,谨慎选择零件,整个拼搭过程又极其考验耐性,充分运用脑力、眼力、手力和专注力。拼搭不易,拆卸更是需要根据图纸分拆,否则并不能顺利复原。

瞿秋白作为创办上海大学的中坚和苏区教育工作的首任教育部长,他的思考与探索是开创性的。瞿秋白在为中央文委起草的《苏维埃的文化革命》文献中就提到了儿童教育,并进行了改革人才培养模式的尝试,他所主持颁布的苏区《小学课程教则大纲》设置了一套兼顾德智体美劳诸多的课程,具体体现了培养全面发展新人的先进教育思想。他倡导"自动与创造地发展"教育方法,主张采用启发式,充分发展儿童自动的能力和创造性,反对旧时教育的一味灌输的机械记忆。提倡采用"混合和统一教授的方法",重视事物的联系与变化的现实,反对对科学知识的孤立分割和呆板僵化。他指出"小学的一切课目都应当与游艺有相当的联系,应当配合着游戏、参观、短途旅行等法教授各种常识及文字。所以,这套玩具是由瞿秋白夫妇经过精心挑选赠送给挚友孩子的,寄托了对祖国未来的殷切希望。

正像 20 世纪二三十年代这些教育先驱者所倡导的,玩具是发展儿童的情感、感觉、知识、意志等的极好的媒介物。[9]玩具能使"呱呱学步之幼儿,熟练其耳目手足心思脑力,成一种异样之习惯,渐至成人以后得一种无形之效果者,厥惟有物焉"[10]。周海婴在回忆"积铁成象"玩具时说:"这种玩具,不仅益智,而且因为它用铁材制成,经久耐用,所以我对它一直保持着浓厚的兴趣。"后来,上学后周海婴爱好理工专业,而后成为了一位无线电专家,想必和当年的这套"积铁成象"玩具的早教和启迪有一定的联系吧。

注释

① 周海婴:《直面与正视:鲁迅与我七十年》,作家出版社 2019 年版,第 1 页。

②《鲁迅全集》第一卷,人民文学出版社 2005 年版(以下各卷同,不另注),第 140 页。

③《鲁迅全集》第十六卷,第 141 页。

④《鲁迅全集》第十六卷,第 338 页。

⑤ 侯鸿鉴:《德国梅楷那教育玩具之新发明》,《中华教育界》1917 年第 6 卷第 4 期。

⑥ 同上,"夫来佩而"即福禄贝尔的音译,"蒙铁锁利亚"即蒙台梭利的音译。

⑦ 同上。

⑧《积铁(Constructor)介绍一种富有教育意义的玩具》,《儿童福利通讯》1948 年第 14 期。

⑨ 吕同璧:《儿童和玩具:玩具是儿童的必需品》,发表于《现代父母》1934 年第 2 卷第 2 期,第 18—20 页。

⑩ 侯鸿鉴:《德国梅楷那教育玩具之新发明》,《中华教育界》1917 年第 6 卷第 4 期。

鲁海漫谈

"南洋阿 Q"的当代性及其在地化的华族寓言
——以林万菁《阿 Q 后传》为例

王秀雯

　　《阿 Q 正传》的改编或改写主要是在新马地区。新马最早的
摹写版本可以追溯到絮絮在"二战"后完成的《阿 Q 传》(1950)。
紧随其后改写鲁迅《阿 Q 正传》的还有吐虹的《"美是大"阿 Q 别
传》(1958)、方北方《我是阿 Q》(1962)、丁翼的《阿 Q 外传》
(1971)、林万菁的《阿 Q 后传》(1985)、孟紫《老 Q 自供书》
(1990)、李龙的《再世阿 Q》(1994)等。这些改写小说不只是阿 Q
生命在南洋的简单延续,也印证了鲁迅笔下的阿 Q 具有跨国境、
跨时代的经典性意义。然而,学术界如今将新马作家改写《阿 Q
正传》的作品作为研究对象的数量相对较少,可考证的少数文章
有南治国的《旅行的阿 Q——新马华文文学中的阿 Q 形象谈》、张
松建的《国民性、个人主义与社会性别:新马华文作家对鲁迅经典
的重写》、朱崇科的《论鲁迅在南洋的文统》和姚刚的《对身份认知
的思考——论"再世阿 Q"的形象建构及隐喻》等。这些论文多数
是综合研究,缺乏对某一文本的细读分析,所以本文选择其中很有
代表性的林万菁的《阿 Q 后传》作为研究对象,通过互文性理论概
念,挖掘其与鲁迅《阿 Q 正传》存在的对话关系,借以了解南洋作
家重写阿 Q 形象的意图,进而找到鲁迅及其作品之于新马华文文

学和当代南洋华裔社会的意义。

一、阿 Q 的前世今生："南洋阿 Q"与"未庄阿 Q"

林万菁的微型小说《阿 Q 后传》完成于 1984 年 11 月,原载于 1985 年 6 月的香港《香港文学》第 6 期,后收录 2010 年出版的《新加坡当代华文文学作品选·小说卷上》。《阿 Q 后传》(简称"南洋阿 Q")主要承接鲁迅《阿 Q 正传》(简称"未庄阿 Q")中阿 Q 说过的一句话"过了二十年又是一个……"所埋下的伏笔,试图描述阿 Q 在重生后所经历的种种,从而完成对鲁迅笔下阿 Q 的命运的续写,为重生的阿 Q 列一个"后传"。在《阿 Q 后传》中,"南洋阿 Q"对于自己平白无故被送上法场,又莫名其妙再生一头雾水,但吊诡的是他会本能地告诉别人自己转过二十次"胎",还"坚持他是周令飞的父亲的父亲笔下的阿 Q"①。擅于沾沾自喜的阿 Q 似乎还是和原来在未庄的那个他没多大区别,然而待人处事的态度和适应能力却产生变化。重生后的阿 Q 依旧成为他人欺负的对象,与阿 Q 擦肩而过的人会"伸手往阿 Q 头上胡乱地摸摸,极使劲地压,阿 Q 不但不回手,连一点避讳的观念都没有了"②。重生的阿 Q 被放置在一个从未接触过的摩登社会中,对于身边的新兴事物都充满好奇,却又是一副悠然自得的样子:

> 阿 Q 好像对什么都很满足似的,对于电动扶梯、透明电梯、地铁、摩天大厦、电脑、机器人、试管婴儿、假人、儿童娱乐场所内的假猩猩、自动提款机等等,都挺熟悉。也许他在重生前获得了足够的了解,也许他在重生前憬然地大彻大悟。
>
> 阿 Q 的适应能力确乎较从前强得多了。③

阿 Q 适应能力的增强,说明阿 Q 也是"与时俱进"的,但这"进"似乎不是进步,而是一种不假思索的"拿来主义"。此外,"南洋阿Q"还被改写成一个即使知道自己是鲁迅笔下的阿Q,但对于与自己有关的"阿Q主义"却一无所知的人物。重生后的阿Q很想有一个家,但周遭的人们对于他从前"与尼姑庵夹缠不清的风波"一事都心知肚明,于是认为他"太没教养""是一个失败者,一个应该立刻被淘汰出去的冗余的人""有邪祟念头的人"④。这些突如其来的恶意评价让阿Q摸不着头脑,导致他陷入对生命价值的怀疑之中。苦恼的事情不止于此,后来又一场悲剧出现在他的生命中。这次的他不是被送上法场,而是被送进神经病院,还被医生警告"不能用自己的阴影荼毒人心",更甚的是人们还认为他是一个"语言,或者言语,已经过时"了的"外星人"⑤。阿Q对于前前后后发生在他身上的事自然是不明所以,无处申辩的他也逐渐变得神志不清,最终成为了一个"植物人"(vegetable)⑥。阿Q在南洋的故事就这样戏剧性地迎来了结局,令人唏嘘不已。

林万菁的《阿Q后传》显然是在鲁迅《阿Q正传》的基础上进行"消化""加工"后的一次南洋式续写,两者之间的关系可以看作是小说主人公阿Q的前世与今生。《阿Q正传》的"未庄阿Q"只关心眼前一些鸡毛蒜皮、无关紧要的小事,比如身上捉的虱子是否比王胡多,虱子咬在嘴里的声音是否比王胡响,进城之后的关注点放在城里人将长凳称为条凳,煎鱼用葱丝,女人的走路也扭得不很好,被冤枉画押时,也同样只在意自己所画的圆圈圆不圆等,全然不在意事情发生的本质性问题。"南洋阿Q"同样继承了"未庄阿Q"的衣钵:

> 阿Q摸摸脑后的辫子,怎的只剩了一条短短的猪尾巴,而且是卷曲的。
>
> 他不晓得当下流行的正是头发冲刺、剪不断理还乱的"傍客"(punk)装。他只记得大清年头总该垂一条长长的油亮的黑辫子。

他很后悔。

他后悔服刑那天,在刽子手向他下手的时候,自己慌张到没有把头调整好位置,以致重生到时候,辫子走了样。

阿Q毕竟是阿Q,凡事都会仔细想想。⑦

醉心于想事情的"南洋阿Q"在重生之后的第一时间,便是摸摸自己脑后的辫子,"他后悔服刑那天,在刽子手向他下手的时候,自己慌张到没有把头调整好位置,以致重生到时候,辫子走了样",足以见得"南洋阿Q"一如既往地不去思考自己为何被冤枉,乃至被送上法场等问题的真正原因,倒是对于一些次要问题十分关注。但这一描写与《阿Q正传》中阿Q的结局有出入。"未庄阿Q"最终不是死于被砍头,而是死于被枪毙,不存在"把头调整好位置"的问题,所以这段改写与原文不符。这可能不是林万菁的笔误,而是有意为之。由于"南洋阿Q"全然忘记了自己前世的死因,"只记得大清年头总该垂一条长长的油亮的黑辫子",却发现如今的自己"只剩了一条短短的猪尾巴",因此"南洋阿Q"想当然地以为前世的自己是被砍头而死的,这也说明了重生后的阿Q依然是麻木健忘的。无独有偶,"未庄阿Q"从来不管"敌手如虎,如鹰"或"如羊,如小鸡",更不在乎没有敌手和朋友的自己是否会"孤零零,凄凉,寂寞"等问题,"他是永远得意的"⑧,而"一向没有计较成功与失败的念头"的"南洋阿Q"在这点上与"未庄阿Q"如出一辙:尽管重生的消息"引不起半丁点'热潮'",却不妨碍他"乐得寂然地踱着、踱着"⑨。

从互文性来看,"南洋阿Q"与"未庄阿Q"既有相似之处,自然也有不同之处。"未庄阿Q"善于利用"精神胜利法"来化解生活中的不公平待遇,即使被人们当作笑话来看热闹,或是遭遇赵太爷、王胡和钱太爷的大儿子等人的侮辱,他都用自己引以为傲的方法来转移心情;而"南洋阿Q"在被周围的人胡乱摸头时,不仅不像"未庄阿Q"想着如何回手,而且毫不避讳。"南洋阿Q"似乎遗忘了自己身上发生过的事情,不像前世那般欺负比自己弱小的人。正是由于对自己的历史一无所知,所以重生后的阿Q也就完全不在乎是否与他人一决高下了。

> 他压根儿不知道他的名字被人们利用,他也压根儿不知道什么是"阿Q念头"或"阿Q观"或"阿Q世界",以至于"阿Q主义"。
> 他连这些与自己有关的历史都一无所知,又怎么可能跟其他的非阿Q族类一较高低呢?[10]

林万菁在小说中将以上阿Q的表现视为其在南洋的进化,这事实上是一种讽喻:"南洋阿Q"看似进化,实则严重退化。鲁迅笔下的"未庄阿Q"做过许多令人嘲笑和唾弃的事情,其形象也不算正面,但"未庄阿Q"身上并非全是缺点。尽管强烈自尊心作祟的"未庄阿Q"在遇到某些难堪不已的时刻,往往选择用"精神胜利法"来逃避,但是在面对他人给予的不公平待遇时,也会表现出不服输的样子,反而说明"未庄阿Q"有着自主的反抗意识;"南洋阿Q"则与之相反,不但性格大变,而且完全丧失了自我意识,变成一个木偶般的人物。[11]

《阿Q后传》全文篇幅并不长,故事情节之间的衔接也较为薄弱,主要表现了"南洋阿Q"在当代都市生活中所展现的心理活动。通过一系列的互文分析来看,"南洋阿Q"并非是对"未庄阿Q"的简单续写,而是结合了当代南洋的社会现状,对鲁迅笔下的阿Q形象进行创造性改写。

二、当代背景下"南洋阿Q"的边缘化存在

在《阿Q后传》中,有不少人物出现在"南洋阿Q"的身边,对

阿Q形象的塑造起到了重要的作用,比如对报纸上的头条新闻——阿Q死去或阿Q时代是否过去的问题兴致很高,却对阿Q重生消息不感冒的读者;与阿Q擦肩而过,起初没察觉阿Q的存在,后知后觉发现以后对着阿Q大叫一声,甚至伸手往阿Q头上胡乱摸摸的人;因阿Q在未庄闹出的风波,认为阿Q太没教养、失败、冗余甚至有邪祟观念的人;认为阿Q有病,将其拖进神经病院的街上的闲人;警告阿Q不能用自己的阴影荼毒人心的医生等。⑫

不宁唯是,"大起来,和阿Q一样"⑬的小D,以及新登场的小D儿子也在小说中占据了一定的位置。在《阿Q正传》中,"未庄阿Q"总是对于小D谋了他的饭碗⑭一事耿耿于怀,以至于他们一见面便快要为此事而大打出手;在《阿Q后传》中,"南洋阿Q"在重生后"第一件要做的事是找小D"⑮,但他不知道小D已经不在人世的事实,也不清楚小D还有一个在当地开了一间咖啡店的儿子。虽然"南洋阿Q"与小D儿子从未谋面,但小D儿子在此处的出现却有特殊的含义。

> 小D的儿子在自己的咖啡店里听到了数以万计的关于阿Q的评论,以至于评价。可惜阿Q与小D的儿子无缘,始终没有会面。⑯

在小说最后阿Q被关进精神病院时,不明所以的小D儿子与在咖啡店的旁观者一样,冷漠地将阿Q当作一种茶余饭后的谈资来看待,却不关心导致阿Q悲剧的潜在原因。小D儿子一众人等对"南洋阿Q"的消极态度,不仅加剧了阿Q的边缘化,还象征着一种精神痼疾在当代社会中的繁衍遗传。鲁迅曾对这一现象表示担忧:"我还恐怕我所看见的并非(阿Q)现代的前身,而是其后,或者竟是二三十年之后。"⑰鲁迅并不希望阿Q者之流在未来出现,可惜事实不如他所愿,阿Q时代没有死去,甚至比他预言的

"二三十年之后"的时间还要往后延。

在当代的背景下,藐视"南洋阿Q"的人们仍然没有充分地意识到自己身上有着阿Q式的国民劣根性,更甚者,还宣称"凡是阿Q或阿Q的子孙们,都是(人们)最大的敌人",并大言不惭地警告"阿Q不能用自己的阴影荼毒人心",认为阿Q的"罪太大了"⑱。认识"南洋阿Q"的人们之所以不能接受阿Q的存在,想要驱逐阿Q,是因为自诩为上等人的他们看见阿Q时,眼前浮现的却是自己的身影。阿Q及其所谓的"阴影"成为了人们不敢面对过去及其黑暗心理的一种心病。在这点上,林万菁有意地向鲁迅的写作方法靠拢,目的也是为了"使读者摸不着在写自己以外的谁,一下子就推诿掉,变成旁观者,而疑心到像是写自己,又像是写一切人,由此开出反省的道路"⑲。这里的"读者"除了是作品受众,还隐含了作者本身。不管是鲁迅还是林万菁,实际上都处于国民性的话语场中,小说人物形象的非典型化有助于作者把握"自己"和"一切人"在现实中整体的生活态度,从而完成改造国民灵魂的写作意图。

个体的边缘意识与群体,乃至时代环境息息相关。有着强烈现实关怀的作家往往通过作品中人物的心理机制问题,进一步反映现实社会中常见的政治问题和文化问题。弗雷德里克·詹姆逊(Frederic Jameson)相信"个人独特命运的故事总是第三世界公众文化与社会严峻形势的一个寓言"⑳。他非常重视第三世界的文学与政治文化的"寓言式共振"的特殊效果,并将《阿Q正传》视为是一个中国文化的民族寓言。

> 阿Q在寓言的意义上就是中国本身。然而使整个问题复杂化的是他的迫害者——那些懒汉和恶霸,他们从惹恼阿Q一类悲惨的受害者中寻欢作乐,在寓言的意义上,他们也是中国。……阿Q是被外国人羞辱的中国,一个熟识自我辩护

的精神技巧的中国……在另一个意义上,迫害者也是中国,是《狂人日记》中可怕的人吃人的中国,狂人无力的反应是等级制度下弱者与更下等的人不自觉的迫害。㉑

詹姆逊认为"未庄阿Q"及其"迫害者"都是中国,但两者在寓言上的存在形式不尽相同:"未庄阿Q"是被外国人羞辱的中国,而他的"迫害者"是可怕的人吃人的中国。与西方传统寓言的一维见解不同,《阿Q正传》有着能够同时容纳多重解释的寓言结构。简单来说,《阿Q正传》没有固定的寓言指向性,复杂人物与典型的对应关系一直处于变换的状态。尽管詹姆逊曾因夸大鲁迅文化生产的政治性而受到质疑,但在某种意义上来说,他对鲁迅小说的阐释仍然富于启发。从第三世界理论对《阿Q正传》进行解读,有助于发掘文本内部具备的民族寓言的属性,同时从反西方中心主义的话语出发,也揭露了第三世界的政治、经济和文化等层面受到第一世界"资本的不同阶级或有时被委婉称为现代化的渗透"㉒。不妨大胆地假设,《阿Q后传》是一个有关南洋社会的族裔寓言。"南洋阿Q"可以视为被羞辱的南洋,但较之"未庄阿Q"有着本质上的区别,即不再以反抗的姿态来应对他人的羞辱。"迫害者"依然自以为是等级制度下的上等人,继续对弱者与下等人施加迫害。在寓言的意义上,"南洋阿Q"及其"迫害者"都是南洋本身,具体意指病态的南洋社会,普遍存在着心理边缘化的问题。

像《阿Q正传》这样的微型小说,在1980年代的南洋盛行一时,尤以新加坡为代表㉓。当时的一些新马华裔作家倾向于用篇幅短小的微型小说,对社会事件的发生进行隐晦的追问与表达,如对国家意识、传统文化和民族语文问题的关注,对西方文化虚荣和堕落一面的指责,对南洋华人国民劣根性的暴露等㉔。林万菁笔下的阿Q故事的写作背景正好是1980年代的新加坡。当时的新加坡处于经济腾飞时期,是一个从第三世界跻身第一世界行列的新兴国家,但林万菁与其他的新加坡作家一样,仍然对其身处的时代环境抱有不乐观的态度,并用微型小说这一新兴文体进行反话语的创作。究其缘由,除了从文本书写中进行挖掘,还需要回归到林万菁这位作者本身。通过观照林万菁及其笔下的阿Q同处的历史语境,从而考察作者为何要重新书写与鲁迅不一样的阿Q故事及其文本寓言背后的深刻内涵。

三、"南洋阿Q"在地化的华族寓言

为了洞悉"南洋阿Q"这一形象的建构过程,我们先要了解创作《阿Q后传》这篇小说的作者。林万菁(Lim Buan Chay),新加坡籍华裔作家兼学者,1951年生于新加坡,祖籍广东潮安,先后获得南洋大学中文系学士和硕士学位、新加坡国立大学博士学位,目前仍从事与文学有关的教学工作。在创作《阿Q后传》的同一时间段,他还著有《鲁迅修辞方法研究:从技巧到规律》(1984)[㉕]、《〈阿Q正传〉三种英译的比较》(1985)、《从阿Q精神说起——纪念文学巨匠鲁迅逝世50周年》(1986)等与鲁迅相关的纪念文章和研究著作。值得注意的是,林万菁在创作《阿Q后传》的四年前曾写过一篇《鲁迅,人中之杰——纪念鲁迅逝世44周年》(1980),从中可以得知林万菁对于鲁迅《阿Q正传》有着自己的一番见解:"他的代表作《阿Q正传》,今天已经有很好的翻译本,学校课本也多采入作为教材;可惜的是,一般学生由于对有关的时代背景及创作过程了解不够,只将阿Q当为笑柄,至于阿Q精神的实质就似懂非懂。其实,鲁迅往往寓讽刺于幽默,充分利用象征手法,表达出弦外之音、言外之意,如果不详细地去了解阿Q的出身和生活背景,自然对《阿Q正传》不能具体地了解,也就不明白鲁迅塑造阿Q的真正意义了!"[㉖]

那么,林万菁为何要为已经成为不朽的阿Q重新列传,难道只是想和鲁迅在《阿Q正传》的序中强调的做法一致？抑或是为了让更多人关注和了解鲁迅笔下"阿Q精神的实质"？林又何以在其小说中表达自己的观点？这一系列问题牵涉林万菁及其笔下的"南洋阿Q"同处的1980年代的新加坡。当时的新加坡自1965年脱离马来西亚起就成为一个实行资本主义共和制的国家，正值商品经济蓬勃发展的黄金阶段，生活在星岛的人们的生活水平得到大幅度的提升，新兴事物也在不断涌现，林万菁可以说目睹了新加坡成立的历史。虽然那时候的新加坡和亚洲的其他国家一样摆脱殖民统治的经历，成为了一个独立国家，但同时期生活在当地有一定数量的华人却仍然自称是英联邦的人，成天以自己能够操着一口新加坡式英语（Singlish）为自豪，安逸享乐到了极点，渐渐遗忘和舍弃自身华侨的移民身份，乃至丧失对生命价值的追寻，活在一个精神虚无的物质世界里。

不同于其他作家的改写版本中明晃晃地将崇洋媚外、数典忘祖、拜金主义、贪图美色等各种主题标签贴在阿Q身上，林万菁并没有在小说中直接道明自己的想法，这也难怪第一次阅读《阿Q后传》的读者较难领会小说作者想要表达的主旨。在写作《阿Q后传》的同年（1984），林万菁正在研究鲁迅修辞方法，并提出和效仿鲁迅"内摄兼外铄"的修辞风格来进行文学创作㉗。在《阿Q后传》中，他便有意采用令人眼前一亮的概括性词汇，将有深刻内涵的立意藏于文字深层，富有言外之意。这篇小说所展示的内容像是冰山一角，待他人仔细揣摩文本深层的指向性。叙事的支离破碎、场景的片段化、情节的不连贯性，也让小说沾染上黑色幽默的色彩。小说中的"南洋阿Q"常年在都市社会中漫无目的地来回踱步，时而陷入苦闷的沉思，好似一个都市的漫游者，而这样的阿Q反映的正是一大部分南洋华人颓靡的精神状态。重生后的阿Q有着卷曲的猪尾巴造型的短头发，身着"傍客"（punk）装，对外来引进的科技产品和新鲜事物皆欣然接受，但却不关注事情发生的根本问题,对于自己身处的窘境也全然不知。身处新世界的华人们与阿Q一样在面对眼花缭乱的新鲜事物时,也免不了受到西化、物质化氛围的影响,同时摒弃了自身族裔的历史传统,成为一个个拜倒在"洋鬼子"之下行尸走肉的势利者。林万菁在文中毫不忌讳地将那些以"洋鬼子"自尊的华人的结局,大胆地描述为像阿Q那样患上可怕的遗忘症,到最后变成个神志不清的"植物人"(vegetable)。

这一悲剧性结局的书写并非夸大其词。自20世纪70年代起,早已取得自治政权的新加坡华人总理李光耀在华裔人口占总人口75%以上的新加坡,借着功利主义的说辞,下令实施以英语作为新加坡当地不同族裔的共同语,接着又以煽动华文沙文主义的莫须有罪行为由,逮捕了当地华文报刊,即《南洋商报》的总编和主笔等人,并且在1978年发起"推广华语运动"的"以华制华"的手段来消除华裔的方言。1980年,在打击华语教育政策的思维作用下,新加坡本土政府宣布关闭东南亚第一所也是唯一一所华文大学、南洋大学㉓,引起南洋华人社会一片哗然。作为在1978年毕业的南洋大学中文系硕士研究生,林万菁对此也感到义愤填膺。他在小说中巧用"语言,或者言语,已经过时"了的"外星人",隐喻那些在当时被政府强制闭校,被迫失去学习机会,乃至失去自我话语权的华校生,进而将矛头直指当时打击华语的新加坡本土政府,由是小说讨论的范围便扩展至南洋华人的华文教育被无理由政治化和自我身份认同问题。如上一系列的事情不只象征着1980年代南洋华人中西文化两头不到岸的尴尬遭遇,更是无奈地宣告了南洋华人在不同种族共同生存的土地上是离散的族群、时代的缩影和政治博弈的牺牲品的事实。

在这些林林总总的事件中,我们可以发现囿于生长环境和国家的政策规划,不少生长在别国的华人就像重生后的阿Q一样,失去自身的华族认同感,以至于彻底忘记自己身上所流淌的中国人的血液,最终不可避免地沦为被南洋本土其他种族所瞧不起的崇洋媚外的人。林万菁不只是将"南洋阿Q"作为纯粹的笑柄来看待,还着重描绘了周围人对于阿Q的木然态度,便是要警示南洋华人不要对不正常的社会现象视若无睹,更不要落井下石,否则人人都会成为阿Q那样的"外星人"和"植物人",极具反讽意味。《阿Q后传》不仅是当时新加坡畸形的社会状况的镜像反射,还传达出作者对殖民文化语境下国民性问题和华裔未来的深刻忧虑,可以视为林万菁式在地化的华族寓言。林万菁顺着鲁迅改造国民精神主题的话语,创造出属于自己对于海外华裔社群的国民性的新解读,其想法与鲁迅《阿Q正传》里反封建的思想主旨不尽相同。林万菁更多在于用"南洋阿Q"这一反面形象来揭示当代南洋华人的失语和失根之痛,警醒处于族裔认同危机的语境下的海外华人莫忘传统、莫忘本。他认为可悲之处在于"精神胜利法"在几十年后的南洋地区依然受用,似乎套在中国人骨子里的麻木不仁、自欺欺人、逆来顺受等劣根性之顽固依然无法完全去除,最终竟走向了"以华制华"的地步,故他想借"南洋阿Q"之口用力地呐喊出自己真切的反精神奴役的心声。

鲁迅用阿Q这一人物来作为中国国民劣根性的典型进行严肃批判,林万菁则是借鲁迅的阿Q作为一个镜像参照的主体,集中反讽新加坡乃至海外华人群体身上同样存在国民劣根性的事实,将"精神胜利法"扩展至国际种族问题,可见阿Q形象之典型在世界各国具有一定的普遍性,"阿Q相"是人类普遍弱点的一种。《阿Q后传》的创作时间距离《阿Q正传》的发表已然有半个世纪之久,但林所发现的海外华人群体日趋西化的现象至今仍然存在,小说中对于这些现象的大胆讽刺和尖锐批判,具有一定的共时性。在时间纵轴和空间横轴构成的坐标系上审视"南洋阿Q"的横空出世,不仅意味着新马华文文学界对越界跨国的阿Q原型的重新定位,还显示了阿Q精神的文学叙事在当代的南洋社会,依然有着相当高的适配程度。尽管新马作家习惯以鲁迅的经典之作为蓝本,借鉴鲁迅的创作艺术手法和风格,但他们改写的内容却呈现出一道带有南洋味道的风景线,赋予阿Q别样的异域色彩。华裔作家们不忘自己背负着中华民族的使命,试图以小说写作的途径来唤醒在海外的华人对自身命运的关注,这样的反文化侵略精神令人肃然起敬。

结 语

作为南洋社会的一个特殊群体,新马华人时常会经受来自身份认同问题的考验。海外华人在生于斯长于斯的土地上应如何自处是每个时代华人念兹在兹的话题所在。马来亚华裔作家章翰曾说过:"鲁迅是对马华文艺影响最大、最深、最广的中国现代文学家。"[29]作为全球华文文学大家庭中不可或缺的一员,新马华文文学具有与中国一脉相承的文化亲缘关系,必然承接了中国现代文学遗留下来的时代产物,将中国现代文学的领军人物鲁迅身上宝贵而高尚的精神传播至新马。《阿Q后传》不是唯一改写阿Q形象的文本,"南洋阿Q"与"未庄阿Q"一次次的对话,可视作前后呼应的复调。林万菁在从《阿Q正传》的文本基础上提出一番新的解读,不失为突破对阿Q形象的传统建构的明智之举。通过观察在不同时期鲁迅精神的感召下,南洋作家不间断地阅读和重新书写鲁迅作品的文化现象,不难发现鲁迅及其作品之于新马华文文学的重要性及其在当代南洋华裔社会所产生的深刻影响。

(上海交通大学人文学院)

注释

①②③④⑤⑥⑦⑨⑩⑪⑫⑮⑯⑱ 林万菁:《阿Q后传》。转引自王润华、潘国驹:《鲁迅在东南亚》,新加坡八方文化工作室2017年版,第379—

382 页。

⑧⑭ 鲁迅:《阿 Q 正传》,《鲁迅全集》第一卷,人民文学出版社 2005 年版(以下各卷同,不另注),第 523、529 页。

⑬⑲ 鲁迅:《寄〈戏〉周刊编者信》,《鲁迅全集》第六卷,第 155、150 页。

⑰ 鲁迅:《〈阿 Q 正传〉成因》,《鲁迅全集》第三卷,第 397 页。

⑳㉑ 弗雷德里克·詹姆逊:《鲁迅:一个中国文化的民族寓言——第三世界文本新解》,孙盛涛、徐良译,《鲁迅研究月刊》1993 年第 4 期。

㉒ 张京媛:《新历史主义与文学批评》,北京大学出版社 1993 年版,第 234 页。

㉓㉔ 王列耀:《八十年代新加坡华文微型小说的一种文化策略》,《世界华文文学坛》2000 年第 2 期。

㉕㉗ 林万菁:《鲁迅修辞方法研究:从技巧到规律》,新加坡国立大学中文系博士学位论文,1984 年。该论文是林万菁后来的研究专著《论鲁迅修辞:从技巧到规律》(万里书局 1986 年版)的雏形。林万菁在《鲁迅修辞方法研究:从技巧到规律》中总结鲁迅的语言特色和修辞手法,并提出"内摄兼外铄""曲逆律"等概念来概括鲁迅的修辞风格和特点。

㉖ 林万菁:《鲁迅,人中之杰——纪念鲁迅逝世 44 周年》。转引自王润华、潘国驹:《鲁迅在东南亚》,新加坡八方文化工作室 2017 年版,第 202—203 页。

㉘ 南洋大学由新加坡福建会馆主席陈六使和东南亚各地华人华侨众筹而成,于 1956 年 3 月正式开学,存续至 1980 年。短短的 20 多年培育出超过 1 万名毕业生,校友遍布世界各地。在 1980 年被强制闭校后,许多校友都曾参与和新加坡政府关于南大的博弈,甚至因参与学生运动而被逮捕或驱逐出境。南大被闭校一事,对新、马当地的影响一直持续至今。转引自林友顺、王建安:《南洋大学等待平反创办人陈六使公民权何时恢复?》,《亚洲周刊》2020 年第 48 期。

㉙ 章翰:《鲁迅逝世在马华文艺界的反应》,《鲁迅与马华新文艺》,风华出版社 1977 年版,第 1 页。

"异域文术新宗"的求索

——略论《域外小说集》

赵　菁

　　1906 年,鲁迅从仙台医专退学回到东京,试图通过提倡文艺运动改变国民的精神。他最初计划以创办文学刊物《新生》实现自己改良社会的理想,尽管这一设想未能实现,但利用小说改良社会的设想,在一定程度上投射在他与周作人合译的《域外小说集》中。这部译文集不仅是鲁迅、周作人早期文学活动的重要成果,在文本选择、翻译策略乃至美学追求等方面,对于周氏兄弟的文学生涯,亦具有某种起点意义。

一

　　1903—1908 年,鲁迅撰写了若干科普文章并翻译科学小说,其中最重要的翻译成果是儒勒·凡尔纳的《月界旅行》和《地底旅行》。鲁迅对科学小说的翻译,在很大程度上是对晚清主流翻译界的追随与呼应。这两部译作深受当时引领风潮的"新小说"影响。科学小说被"新小说"倡导者视作"小说全体之关键",因此成为当时翻译界关注的热门类型。鲁迅的翻译目的是希望借此帮助读者"获一斑之智识,破遗传之迷信,改良思想,补助文明"①,这一立意与新小说提倡者通过改良小说实现"改良群治""新民"的目标如出一辙。为了适应我国读者的欣赏水平和阅读习惯,鲁迅采取了晚清译界惯用的意译手法,对原作"截长补短""其措辞无味,不适于我国人者,删易少许"②,大刀阔斧地删除科普内容,并按照当时的通行做法,将基于欧洲文化背景的典故以我国本土概念、词汇替换,并用章回小说的形式结构译文。经过他的翻译,这两部作品比起科学小说,更像是传奇故事。此时,初涉译事的周作人正致力于翻译冒险小说、侦探小说,这两类小说同样深受主流市场欢迎以及"新小说"倡导者的青睐。鲁迅晚年谈及早年间翻译的科学小说,认为它们"虽说译,其实乃是改作"③;"年青时自作聪明,不肯直译,回想起来真是悔之已晚"④。鲁迅的"悔"并非到晚年才生发,紧随科学小说之后翻译的《域外小说集》,便是他重新思考翻译事业及文学观念的产物。

据陈平原先生统计,1899—1916 年最受翻译界青睐的小说来自英国、法国、日本、美国,这四个国家的作品超过翻译总量七成⑤。从 1906 年《地底旅行》出版到 1909 年周氏兄弟译罢《域外小说集》的三年间,这一比例更是接近 3/4。从小说类型看,受小说界革命影响,当时最流行的是政治小说、科学小说、侦探小说、爱情小说等⑥。尽管此时已有若干直译作品出现,但盛行的翻译方法仍然是译者对原文任意增删修改的译述式意译。尽管小说在晚清翻译界独领风潮,但局促的文学视野、对热门的国家和叫座的小说类型的一味追捧、肆意删改原作的意译风潮,让周氏兄弟敏锐地觉察到翻译界的"迟莫之感",决意在《域外小说集》里"宁拂戾时人"⑦,也要让"新纪文潮,灌注中夏"⑧。

经由《域外小说集》的序言、略例和广告,鲁迅阐释了这部作品的生成。关于选篇原则,鲁迅概括为"文术新宗","各国竞先选译,斐然为文学之新宗,我国独阙如焉"⑨,即选择被其他国家广泛翻译,但在我国尚付阙如的新兴作品。对于编译《域外小说集》的目的,鲁迅以"籀读其心声,以相度神思之所在"⑩归纳,强调小说对读者精神世界的作用。值得注意的是,无论希望利用新的小说类型弥补我国文坛不足,还是对小说教化功能的期待,在一定程度上可以看作是对晚清"新小说"倡导者关于引进西方小说以实现我国"小说全体"、利用小说"改良群治"等诉求的延续与超越,而并非决然的断裂。如果进一步引申,鲁迅留日期间产生的利用文学改造国民性的理念,纵然直接与"弃医从文"的经历有关,论及文学观和翻译观,也不应忽视"小说界革命"造成的影响。在翻译方法上,《域外小说集》采取了文言文直译。鲁迅晚年谈及《域外小说集》曾表示:"当时中国流行林琴南用古文翻译的外国小说,文章确实很好,但误译很多。我们对此感到不满,想加以纠正,才干起来的。"⑪直译的目的首先是为了避免讹误,但这并不是他第一次直译,有研究者注意到"古雅直译的翻译方法……始终存在于鲁迅的传统翻译观之中"⑫,他最早的译文《哀尘》便采取了文言文直译的方式⑬。尽管鲁迅在接下来翻译科学小说时采取了意译,但《哀尘》的文言文直译的方法,在6年之后的《域外小说集》中得到了更加彻底的运用⑭。鲁迅在直译与意译之间的摇摆,连同他文学兴趣的变化,是他文学生涯初期探索与尝试的体现,《域外小说集》也是这一过程的重要成果与见证。

二

《域外小说集》当时销量不佳,已出版的两册在东京、上海两地分别各卖出20册上下,后续出版计划随之夭折。因此有学者认为它在当时翻译界的影响甚微,并且"读者寥寥,它的文学价值几近没有实现"⑮。诚如学者们所言,《域外小说集》读者缺席,影响有限,在当时也并未实现周氏兄弟寄托其上的"新纪文潮,灌注中夏,此其滥觞矣"的雄心壮志,但它的"潜文本"性质,在一定程度上仍然能够启发我们用另一个视角理解这部我国"第一个外国短篇小说集的单行本"⑯,即将其置于周氏兄弟的翻译乃至整个文学生涯中理解。

《域外小说集》为周氏兄弟自筹经费出版,这种出版方式能够让他们与当时翻译小说的流行趋势保持一定距离,较为完整地实践对于"译文集"的诸多理念与设想。周氏兄弟原计划用一系列短篇小说译文集来介绍欧洲最新短篇小说,并在两册《域外小说集》后附篇目预告,虽然这一庞大的出版计划中道崩殂,很多小说在当时并未翻译,但它们仍然能够反映周氏兄弟对"异域文术新宗"的认知与接纳。

在周氏兄弟的出版构想中,拟选译的国家有 11 个,全部为欧洲国家,以俄国作家作品为最多;涉及作家 21 位,绝大多数活跃于19 世纪中期至 20 世纪初。从"新译预告"看,这一系列选集将以短篇小说为主,兼顾中篇乃至长篇小说。在篇目选择上则表现出与世界文学潮流保持同步的强烈愿望:"以近世小品为多,后当渐及十九世纪以前名作。"⑰对"文学之新宗"的追求又直接影响到他们对作家国别的选择:"近世文潮,北欧最盛,故采译自有偏至"⑱;为突出"域外"在地理和文化上的普遍性,又将视角扩大至"南欧暨泰东诸邦"⑲。基于这一原则,《域外小说集》以俄国、东欧、南欧作品为多,兼有一小部分英、法、美等在晚清翻译界较为热门的国家作品。

周作人回忆他们从翻译最叫座的作品转向冷门作家作品,除了兴趣使然,也有经济上的考虑。特别是《劲草》因已有译稿而被退稿的经历,让他们"稍为改变方针,便是去找些冷僻的材料来,这样就不至于有人家重译了"⑳,于是"设法购求古怪国度作品,大抵以俄国,芬兰,匈牙利,罗马尼亚,新希腊为主,其次是丹麦瑙威瑞典荷兰等"㉑。但需要特别指出的是,即使如周作人所言,关注冷门作家作品有译稿易售的考虑,实际上周作人在回忆文章中也提及当时"日本翻译俄国文学的风气不发达"㉒。在整个弱小民族文学资源、翻译资源匮乏的环境下,周氏兄弟仍然对冷门作家作品持续关注、用心搜求,则足以证明他们的选择更多地来源于自发的动力,而不仅仅为了卖稿。

尽管《域外小说集》的序言、广告将这些作品的特征总结为"异域文术新宗""新纪文潮""近世小品",多次强调其"新",但"五四"之后,周氏兄弟回顾以《域外小说集》为表征的早年翻译时,不约而同地又将这些作品称作"弱小民族文学"[23],认为它们反映了"在殖民主义下挣扎着的民族"的"叫喊复仇和反抗"以及"被压迫者的善良的灵魂,的酸辛,的挣扎",它们在"一部分中国青年的心中……容易惹起感应"。实际上通读《域外小说集》会发现"压迫—反抗"的主题并不足以涵盖全部篇目,而诸篇的差异性也远大于共性。周氏兄弟对于《域外小说集》中的"压迫—反抗"主题经历了再发现、再总结的过程,这在一定程度上与"五四"文学观念中的启蒙话语密不可分。"被压迫民族"和"弱小民族"的定义,更多地来自地域、国别与民族的角度,而非小说内容。

鲁迅在编译《域外小说集》时的评价,似乎更接近所选小说最显著的共性,即"结构缜密,情思幽眇"[24]。这一特征在鲁迅翻译的3篇小说《谩》《默》《四日》中表现得更为突出。《谩》和《四日》均为第一人称叙事,前者展示主人公因爱生疑、因疑生恨至癫狂、冲动之下杀害爱人的心理过程;后者是一篇反战题材意识流小说,通过一名伤兵的视角,展示其挣扎求生的4天内的所思所想。《默》用一个家庭的悲剧表现人与人之间的隔膜和孤独带来的压抑与痛苦。这几篇小说故事性较弱,长于抒写人物的心理活动,注重以意象烘托氛围和情绪。大体而言,《域外小说集》情节完整、连贯的传统短篇小说数量不多,更多的是展现生活片段的"横截面"式小说,突出人物主观感受的心理小说和抒情色彩浓郁的诗化小说,它们具有强烈的主观性和内倾性,这正是20世纪文学一大特征。从这个角度看,《域外小说集》较为清晰地呈现出19世纪末至20世纪初欧洲小语种国家文学风貌。但是正如鲁迅多年以后在《域外小说集》重新出版时所言,这些作品"所描写的事物,在中国大半免不得很隔膜",短篇小说"以为他才开头,却已完了"[25]的形式越发加剧了陌生感。翻译采取的古文在表现现代人思维以及西方生活情境方面存在天然的限制,造成"句子生硬,'诘誳聱牙'"㉖的阅读体验。对于当时惯于阅读情节跌宕、故事完整的长篇小说翻译小说的主流读者,《域外小说集》的小说类型、写作手法、故事情节都与他们熟悉的模式背道而驰。尽管《域外小说集》的古文直译诚然大为失败,但它仍然标志着鲁迅翻译方法的转变:他告别了"截长补短""删易少许"的意译,回到"任情删易,即为不诚"的直译,并在后续的翻译生涯中不断实践与捍卫。

在译文集的编辑体例上,周氏兄弟同样通过《域外小说集》进行了初步的尝试。1907 年初,周作人在翻译《红星佚史》时曾将关于古希腊埃及神话的人物介绍等背景知识作为附注,但出版方商务印书馆却把这些"苦心搜集的索引式附注,完全删去了";"似乎中国读者向来就怕'烦琐'的注解的,所以编辑部就把它一股脑儿的拉杂摧毁了……译者无法抗议"㉗,周作人的回忆流露出对读者片面追求小说的娱乐性和出版方刻意迎合读者趣味的不满。周氏兄弟自费出版的《域外小说集》则恢复了增加附录信息的体例,在小说正文后加入"杂识"和"略例"两种附录。"杂识"紧扣文本和作家,梳理作者生平介绍与评价、作品涉及的文化背景等。"略例"则更偏重具体操作层面,事无巨细地解释了选篇思路、人名地名的音译手法、标点符号在语义表达和情绪传达方面的作用、注释方法乃至版式、装帧等的说明。两种附录具有补充信息、帮助读者理解作品的作用,不仅显示了周氏兄弟对于翻译的规范性、学术性的坚持与追求,也表现出他们意欲借此培养或者革新读者阅读习惯的意图,这同样与他们借文艺"转移性情,改造社会"的构想相关。

三

在《域外小说集》序言中,鲁迅指出当时翻译界的"迟莫之感",周氏兄弟通过《域外小说集》对当时翻译的诸多反省,同样指向曾经亦步亦趋追随晚清译界的旧我。

对于自己的翻译工作,鲁迅多次将其视作必将消亡的"过渡阶段",自己的翻译是为了抛砖引玉,将更优秀的作家作品引入文学界,作为"泥土"和"梯子",召唤更优秀的译者、译文。在《"硬译"与"文学的阶级性"》一文中,他认为:"世间总会有较好的翻译者,能够译成既不曲,也不'硬'或'死'的文章的,那时我的译本当然就被淘汰,我就只要来填这从'未来'到'较好'的空间罢了。"㉘类似的表述还有"我很不满于自己这回的重译,只因别无译本,所以姑且在空地里称雄。倘有人从原文译起来,一定会好得远远,那时我就欣然消灭。"㉙有研究者从"中间物"意识对鲁迅的翻译思想与实践进行了富有启发性的探讨㉚,本文不再赘言。尽管《域外小说集》销量不佳,鲁迅也认为它"委实配不上再印",但他更意识到"只是他的本质,却在现在还有存在的价值,便在将来也该有存在的价值"㉛。他的追求最终在"五四"时期得到了回应。鲁迅回忆早年间的文学活动,认为自己"注重的倒是在绍介"㉜,在这一层面上,《域外小说集》实现了鲁迅的期待。1924 年重印《域外小说集》时,他仍然寄希望于未来:"其中许多篇,也还值得译成白话,教他尤其通行。"㉝实际上,《域外小说集》是鲁迅成名后唯一重新出版过的留日时期的翻译作品,足见鲁迅对这些欧洲小说的珍视以及这部译文集的特殊意义。

如果将《域外小说集》置于鲁迅的文学生涯,它承前启后的意义更为鲜明。鲁迅对欧洲小语种国家文学的兴趣在《摩罗诗力说》中已初露峥嵘,此篇文章中提及的作家,如来孟尔多夫、凯罗连珂等,已列入《域外小说集》的翻译计划。在《文化偏至论》中,鲁迅将 19 世纪欧洲文学特征概括为"以改革而胎,反抗为本",此文撰写于《域外小说集》翻译、出版期间,两者在主题与立意上构成了某种"互文",共同体现了鲁迅当时的文学观。尽管《域外小说集》的很多尝试俨然超越了时代所能理解、接纳的范畴,但它在

"审美与道德欲求上的超前"㉞意识,在"五四"时代终于发挥出开一代之先河的巨大能量。周氏兄弟对人道主义的提倡,转化为新文学第一个十年最重要的文学观念——"人的文学"。另外,有研究者评价《域外小说集》的一大意义是"蓄积并整理了周氏兄弟的新文学理念,使他们刚刚介入五四,便双双成为五四新文学的重镇"㉟。具体到翻译领域,周氏兄弟在晚清便予以介绍的弱小民族文学,随着以启蒙为主题的时代文学观念的更新,成为"五四"时期翻译界关注的焦点。《域外小说集》对现代短篇小说形式的探索,通过鲁迅的创作,对我国小说现代化进程产生难以估量的影响。周氏兄弟在新文学第一个10年的翻译成果,如《现代小说译丛》《竖琴》《一天的工作》《点滴》等,在文本选择、翻译策略、编辑体例甚至书籍装帧等方面,同样以《域外小说集》的实践为基础。

《域外小说集》初版未售出的书和纸板因寄售处失火被毁,让鲁迅一度以为"这过去的梦幻似的无用的劳力,在中国也就完全消灭了"㊱。正是这些"梦幻似的无用的劳力",不仅显现出周氏兄弟作为译者的自觉意识形成,更预示着翻译界、文学界进入新旧嬗变的转型期,眼界开阔、外语能力强、对文学的态度更为审慎严肃的新一代翻译家、文学家即将登上历史舞台。

(北京鲁迅博物馆文物资料保管部)

注释

① ② ㉒ 鲁迅:《〈月界旅行〉辩言》,《鲁迅译文全集》第 1 卷,福建教育出版社 2008 年版,第 6 页。

③ 340506 致杨霁云,《鲁迅全集》第十三卷,人民文学出版社 2005 年版(以下各卷同,不另注),第 93 页。

④ 340515 致杨霁云,《鲁迅全集》第十三卷,第 99 页。

⑤ 详见陈平原:《20 世纪中国小说史》,《陈平原小说史论集》中册,河北人民出版社 1997 年版。

⑥ 郭延礼：《中国近代翻译文学概论》，湖北教育出版社 1998 年版，第 31 页。

⑦⑰⑲ 鲁迅：《〈域外小说集〉略例》，《鲁迅译文全集》第 1 卷，福建教育出版社 2008 年版，第 106 页。

⑧⑨ 鲁迅：《〈域外小说集〉第一册》，《鲁迅全集》第八卷，第 455 页。

⑩ 鲁迅：《〈域外小说集〉序言》，《鲁迅译文全集》第 1 卷，福建教育出版社 2008 年版，第 105 页。

⑪ 320116 致增田涉，《鲁迅全集》第 14 卷，人民文学出版社 2005 年版，第 196 页。

⑫ 罗寰宇：《传统与现代的紧张感——〈域外小说集〉前后鲁迅的翻译与创作心理》，《鲁迅研究月刊》2011 年第 2 期。

⑬ 《哀尘》由日文转译，熊融、戈宝权两位先生曾对比法文版，均认为"除一处可能出于日译本误译外，几乎是逐字逐句的直译"。详见熊融：《关于〈哀尘〉、〈造人术〉的说明》，《文学评论》1963 年第 3 期；戈宝权：《关于鲁迅最早的两篇译文——〈哀尘〉、〈造人术〉》，《文学评论》1963 年第 4 期。

⑭ 王宏志对鲁迅直译—意译—直译的转变亦有精彩讨论，见王宏志：《民元前鲁迅的翻译活动——兼论晚清的意译风尚》，《鲁迅研究月刊》1995 年第 3 期。

⑮㉞㉟ 杨联芬：《〈域外小说集〉与周氏兄弟的新文学理念》，《鲁迅研究月刊》2002 年第 4 期。

⑯ 顾钧：《周氏兄弟与〈域外小说集〉》，《鲁迅研究月刊》2005 年第 5 期。

⑱ 鲁迅：《〈域外小说集〉略例》，《鲁迅译文全集》第 1 卷，福建教育出版社 2008 年版。实际上在《域外小说集》中，北欧的作品只有两篇。

⑳ 周作人：《知堂回想录》，群众出版社 1999 年版，第 189 页。

㉑ 周作人：《鲁迅的青年时代》，河北教育出版社 2002 年版，第 128 页。

㉓ 见鲁迅《上海文艺之一瞥》《"题未定"草》《〈竖琴〉前记》《祝中俄文字之交》等文章；以及周作人《夜读抄》《黄蔷薇》等。本段相关引文不再单独标注出处。

㉔ 鲁迅：《〈域外小说集〉第一册》，《鲁迅全集》第八卷，第 455 页。

㉕ 鲁迅：《〈域外小说集〉序》，《鲁迅全集》第十卷，第 178 页。

㉖㉛㉝㉟ 鲁迅：《〈域外小说集〉序》，《鲁迅全集》第十卷，第 177 页。

㉗ 周作人:《知堂回想录》,群众出版社 1999 年版,第 186—187 页。

㉘ 鲁迅:《"硬译"与"文学的阶级性"》,《鲁迅全集》第四卷,第 215 页。

㉙ 鲁迅:《〈俄罗斯的童话〉小引》,《鲁迅全集》第十卷,第 442 页。

㉚ 崔峰《翻译家鲁迅的"中间物"意识——以鲁迅早期翻译方式的变换为例》,《中国翻译》2007 年第 6 期。

㉜ 鲁迅:《我怎么做起小说来》,《鲁迅全集》第四卷,第 525 页。

作为中学教员的鲁迅先生

王志彬

1910年周树人30岁,距离他用鲁迅为名发表《狂人日记》还有将近10年的时间。1910年7月他辞去浙江两级师范学堂的教职。这是他的第一份工作,他自1909年8月结束留日生活,在杭州浙江两级师范学堂担任生理学和化学教员,编有《生理实验术要略》等讲义。

辞职后他回到故乡绍兴。他并没有得闲多久,8月份他收到入职绍兴中学堂的邀请。他在给相继从日本留学归国,一起在杭州浙江两级师范学堂的同事许寿裳的信中说:"今年秋故人分散尽矣,仆无所之,惟杜海生理府校,属教天物之学,已允其请。"①鲁迅的落款是七月十一日,公历是1910年8月15日。因为同在绍兴,也为生计考虑,周树人接受了教职。但很快他就意识到这并不是自己愿意做的事情,首先就是前校长蒋氏,去得干净,不仅没有和新校长杜海生有交接,而且在留下的文件中竟然没有一件是关于教务的,"即时间表亦复无有,君试思天下有如此学校不?"所以,他很快就滋生了另谋生路的打算,他问许寿裳"他处有可容足者不?仆不愿居越中地,留以年秒为度"②。

可是,周树人并没有立即找到容身之处,而是在绍兴中学堂坚持了一年多。这一年多可以分为两个阶段:

从1910年9月至1911年7月,属于第一个阶段,他完成与杜海生订立的一年之约,7月份辞职。

1911 年 10 月 10 日,辛亥革命爆发,革命风潮很快波及全国,绍兴也属其中,革命后,绍兴中学堂无人主持校务,学生力请前任监学周树人回校主持工作。周树人留校监学几周,属于第二阶段。

在绍兴中学堂,学生都称呼周树人为"豫才先生"。肤色一般,头发、眉毛、胡须都非常之黑,豫才先生个子不高,但走起路来,挺胸直腰,很有精神,比之于教授经学、修身的那些弯腰驼背的先生,风度自是不同。

豫才先生与众不同的地方首先就是他的头发,那个时候老老少少,脑袋顶上都拖着一根辫子,没有辫子就被当作是"革命党",属于犯上作乱之流,从国外回来的先生,包括当时的监督陈子英先生都装上了一条假辫子,惟独鲁迅没有。

周树人担任监学,类似于学生处主任,同时兼任生理卫生课。这跟他在仙台跟随藤野先生学医的知识有关。他上课从不看书,也不主张学生眼睛盯着书本。"豫才先生讲课生动,口齿清楚,听他的课,思想不会开小差的,学生往往恨下课钟响得太早。豫才先生年纪介轻,学问有介深,记性有介好,我真当佩服煞哉。"[3]这段话出自宋崇厚的回忆,宋崇厚 1909 年进入绍兴中学堂读书,1913 年 7 月毕业。

有时候周树人会带领学生去远足。1911 年的春天,绍兴府中学堂师生一起去绍兴名胜禹陵,"豫才先生穿着黑马褂长袍子,走在队伍的前面……一路上,军乐队一边走,一边奏乐,蛮神气"[4]。在大禹庙的台阶上,师生一起拍摄了一张照片,这张照片现存绍兴鲁迅纪念馆。

周树人是留日学生,接受了西方的新潮思想,反对死记硬背《左传》《周礼》等,也不喜欢孔子诞辰的"谒圣"盛典,但是历来如此,他干涉不了,也绝不参加。

根据清末《绍兴府中学堂章程》对学生入学标准的规定,第三章写"学生年龄定十四岁以上,十八岁以下为合格"[5],而 1933 年 10 月 1 日出版的《中学生》杂志上刊载了胡愈之的一篇文章《辛亥革命与我》，里面他说自己 1911 年的春间，去投考绍兴府中学堂，"据说当时学校当局怕事，以身材短小作为录取新生的标准，以为人小一定是不会闹风潮的。而我却是全校中生得最短小的一个，所以便被录取了。（这还是最近听鲁迅先生——当时绍兴府中学堂的监督——说的，以前我还不知道）"⑥

越是怕事，就越是有事。在 1910 年 11 月，杜海生诬指学生舞弊，在校门口贴了一张布告，内容是要求全体学生重新考试，重新编组班级，如果成绩不合格，就得留级、退学。一则为了立威，二则借此礼送积极分子出校。学生不干了，起了风潮，提出了一个口号"砸掉监督室，驱逐杜海生！"杜海生并不是什么好人，鉴湖女侠秋瑾之死就和他脱不了干系，据说他就是向清廷告密的人之一。杜海生容不得进步学生的行为和思想，就来了这样一手，要将"害群之马"开除。杜海生表面上气势汹汹，扬言要开除一批闹风潮的学生，实际上外强中干，怕得要死，见学生越来越强势，向省提学使告状并搬来救兵，两位大员一番训话，学生被吓得不行，准备遵照大员要求交出校务会关防印，周树人走上前来，说："关防交出去，等于取消校友会。要不要交出？你们要仔细考虑一下。"⑦周树人的提醒让学生明白了其中的利害关系，一下子强硬起来，两位大员只好溜之大吉，杜海生也只好溜之大吉。周树人因为此事，被当局所注视。

杜海生走了，陈子英是校长。这位新校长与周树人是老相识，他们相处得如何呢？

1911 年 1 月 2 日给许寿裳的信中说："仆归里以来，经二大涛，幸不颠陨，顾防守攻战，心力颇瘁。今事已了，正可整治，而子英渐已孤行其意。"⑧"二大涛"首先指的是 1909 年 11 月在浙江两级师范学堂的"木瓜之役"，新上任的校长夏震武，因为顽固守旧，被进步师生成为"夏木瓜"，上任第一天要求教员"谒圣"，教员需要在孔子像前下跪，引起巨大的反抗，最后夏木瓜自动辞职。第二件就是绍兴中学堂的杜海生事件。陈子英的行为处事,也引起了周树人的为难,"与子英共事,助之往往可气,舍之又复可怜,左右思惟,不知所可。""越中理事,难于杭州……今读史数册,见会稽往往出奇士,今何不然?"⑨

1911 年 4 月 12 日给许寿裳信:"越校甚不易治,人人心中存一界或。"⑩

1911 年 4 月 20 日给许寿裳信:"仆今年在校,卒卒鲜暇,事皆皆琐末猥杂,足浊脑海,然以饭故,不能立时绝去,思之所及,辄起叹喟。"⑪

中学老师凡事琐屑,又遇上一个独断专行的校长,周树人过得并不痛快。他这一时期遇到了日本留学期间的同学范爱农,两个人经常一起喝酒骂人使气,当年的"仇敌",因为人生境遇的改变,有了和解,他们都是被乡人目为"异类",一起傻笑,一起谈理想,然而现实太残酷。周树人终于在 1911 年的 7 月主动辞职。在 7 月 31 日给许寿裳的信中他表达了自己的坚决辞职:"中学事难财绌,子英方力辞,仆亦决拟不就……"⑫

然而,仅仅过去两个月多一点,周树人又被学生推上了绍兴中学堂监学的位置。不过,这一回,他并没有在这个位置上待太长时间,很快就被任命为绍兴山会初级师范学堂监督,他请来范爱农做监学。

作为中学教师的周树人,起点很高,一上来就是校级领导,所教授的也是新式学问,他的行为处事到处都透着一个"新",是接受西方先进知识思想影响的结果。只是,1910 年前后的中国还处于新与旧剧烈碰撞的时期,占主流和领导地位的往往是"旧",周围都是旧人,他所能做的事情也有限。教育是启蒙的起点,但这是一道窄门,必须从这道窄门冲决出去,看见更大的天地,过上更广阔的生活,让周树人成为鲁迅,他才可以点燃更多的人,让启蒙不只限于一个班级、一所学校,而是一个群体,整个中国,乃至世界;不是只限于一时,而是长久。

隔了110年,在时间的这一端,追溯周树人做中学老师的岁月,在一个新旧交错的时代里,在谋生与畅意之间,他的艰难和努力显得那样真实,那样动人。尽管这一时期他存留下来的文字有限,他的所作所为都是零星的回忆和记录,但是周树人身上的维新启蒙的思想,他的爱憎分明,他对学生的护犊之情……一直都在。

鲁迅在启蒙,他的文字承担着启蒙的任务,而作为老师肩负的就是启蒙的任务。在中学和你一起读鲁迅,感知鲁迅笔下的文字,感受他的生死爱欲,领受他深刻的思想,诗人一样的情思,阅读鲁迅,不仅是个体内在的求知需要,精神世界建构的需要,更是我们观照时代、观照社会的需要。

(北京四中语文组)

注释

①②《鲁迅全集》第十一卷,第333页。

③④⑦ 宋崇厚回忆,裘士雄整理:《鲁迅先生在绍兴府中学堂》,《宁波师专学报》(社会科学版)1979年7月。

⑤⑥ 张强英:《鲁迅谈绍兴府中学堂的一件往事》,《鲁迅研究动态》,1985年3月。

⑧⑨《鲁迅全集》第十一卷,第341页。

⑩《鲁迅全集》第十一卷,第346页。

⑪《鲁迅全集》第十一卷,第347页。

⑫《鲁迅全集》第十一卷,第348、349页。

编　　后

　　1931 年，鲁迅邀请内山完造之弟内山嘉吉担任授课老师，向在沪的木刻爱好者讲授创作木刻作品技艺，以这次为期 6 天的暑期木刻讲习班为标志，鲁迅所倡导的中国新兴木刻运动由此展开。今年正是中国新兴木刻运动 90 周年。《鲁迅对于木刻青年的培养和帮助》概述了鲁迅对木刻青年的帮助；《一木一石——鲁迅倡导中国新兴木刻运动中赖少其》则聚焦于赖少其对于木刻认识的变迁；《简论陈烟桥版画作品中的鲁迅形象》如题所示，是为专论；《木刻"怪人"的执着耕耘——北京鲁迅博物馆藏马达抗战木刻作品与马达其人其事》则从作品论人。

　　在鲁迅举办暑期木刻讲习班的 10 年前，他创作的《阿 Q 正传》于 1921 年 12 月起在《晨报副刊》上连载。《21 世纪以来〈阿 Q 正传〉研究述评》概要回顾了 2000 年以后的《阿 Q 正传》研究成果，基本呈现了 20 多年来《阿 Q 正传》研究的独特性。《理想生命形式的探寻》《论鲁迅〈野草·复仇〉的生命坐标》《论鲁迅〈过客〉中的"知—行"困境》三文作者都是同济大学鲁迅研究中心的研究生，他们对于《野草》的研究，既有因承，也有新的阐发。《21 世纪上海鲁迅形象的重构》"从城市文化研究的学术范式出发，对 21 世纪上海鲁迅形象的重构做了一次共时性的梳理"，作者认为"鲁迅形象作为一个概念，其认识、研究仍要经历发展，现在的问题在于如何让这一概念重构工作与当今的现实发生联系，使得其真正得到超越学术圈内部讨论的传播，以让学术工作介入进现实空间"，确实是值得进一步思考的。

　　《鲁迅同时代人——〈浙江潮〉同人考述》通过资料汇集和梳理，概要地介绍了《浙江潮》同人的情况，这些对于研究鲁迅留日时期的社会交往具有价值,将鲁迅作为团体中一员进行考察,我们将会发现之前所忽略的因素。《就几篇疑似陈望道早年佚文的推敲》利用现有资料仔细地考辨了陈望道的早年佚文,对于研究社会主义理论在中国的传播具有价值。

《坠入"困顿"后的鲁迅家靠什么维持生计?》以翔实的资料梳理了经历"科场案"变故的周家的经济状况,是为由"虚"回到"实"的研究成果,这一梳理有助于更深入的探讨鲁迅早年思想的演变以及家庭对鲁迅的影响。中国济难会是鲁迅到达上海后加入的第一个革命团体,《鲁迅与中国济难会(中国革命互济会)的人和事考述》比较详尽地考察了相关人和事,更为明晰地展现了鲁迅与中国革命者和革命团体的关系。《从"平面的'画像'"到"立体的'塑像'":两代"启蒙者"的接力》主要梳理了许幸之与《阿Q正传》的话剧改编的事实,是考察鲁迅作品的社会传播的最新成果。绍兴三味书屋的《松鹿图》是大部分人耳熟能详的一幅画,但细究起来却总有说不清之处《三味书屋〈松鹿图〉作者生平、创作年代考》比较好地解决了这一问题。潘世圣为本辑提供之前未有中文版的森三千代的回忆文《鲁迅先生的印象》,是一篇很好的侧记。

今年,上海鲁迅纪念馆编著《鲁迅图传》出版,陈漱渝在《一部具有开拓性的图传——评上海鲁迅纪念馆编著〈鲁迅图传〉》中给予中肯的评价:"关于本书的文字部分,我仅粗读一过,总的印象就是诚实可信。在这里,我没有使用'祛魅解构''四维空间''宏大叙事''视域融合''现代转型'一类新锐词汇,有些读者可能会认为我的评价不高。其实,'诚实可信'才是我心目当中史传类作品的最高境界。……对鲁迅作品的阐释空间可能无限广阔,一千个读者心目当中也允许存在一千个鲁迅,但在19世纪80年代至20世纪30年代客观存在过的鲁迅毕竟只有一个,而鲁迅研究的历史已超过了一个世纪。谁人笔下的鲁迅更能逼近历史上那个鲁迅,那谁人撰写的鲁迅传记就更符合存真求实的要求,不知这种理解能否成立?"台湾学者林明理《寻找恬淡中的感性——以〈鲁迅图传〉为视角》从另一角度评价了这部作品,是为鲁迅阐释的无限性的一个文本。上海鲁迅纪念馆所编的《鲁迅诗稿》是上海鲁迅研究鲁迅集手稿、文本、资料研究的一个重要成果,也是学术成果社会化转化的经典案例。《上海鲁迅纪念馆编〈鲁迅诗稿〉出版概览》从出版角度给予梳理,比较清晰地呈现了学术研究和社会化转化的历史路径。《从馆史资料看鲁迅铜像翻铸一事》《从"积铁成象"玩具说开去》皆是对文物的相关资料的再梳理与解读,挖掘了文物的文化内涵。

《"南洋阿 Q"的当代性及其在地化的华族寓言》通过对林万菁《阿 Q 后传》的解读与阐述,再次实证了马来亚华裔作家章翰所断言的:"鲁迅是对马华文艺影响最大、最深、最广的中国现代文学家。"

编　者
2021 年 12 月

《上海鲁迅研究》编辑部

地址:上海市甜爱路 200 号　上海鲁迅纪念馆

邮编:200081

电话:021-65878211, 021-65402288×215

传真:021-56962093

电邮:shlxyj@aliyun.com

《上海鲁迅研究》投稿须知

本刊热诚欢迎海内外作者投寄稿件。为保证学术研究成果的原创性和严谨性,倡导良好的学术风气,推进学术规范建设,请作者赐稿时务必遵照如下规定:

第一,所投稿件须系作者独立研究完成之作品,对他人知识产权有充分尊重,无任何违法和违反学术道德等内容。按学术研究规范,认真核对引文、注释和文中使用的其他资料,确保准确无误。如使用转引资料,应注明转引出处。本刊采用文末注方式,引文出处请遵照**"作者:《篇名》,《集名》第×卷,××出版社××××年版,第×页"**格式。人民文学出版社 2005 年版《鲁迅全集》(十八卷)是鲁迅引文的标准版本。

第二,凡向本刊投稿,须同时承诺该文未一稿两投或多投,包括局部改动后投寄其他报刊,并保证不会将该文主要观点或基本内容先于《上海鲁迅研究》在其他公开或内部出版物(包括期刊、报纸、专著、论文集、学术网站等)上发表。如未注明非专有许可,视为专有许可。

第三,所投稿件应遵守国家相关标准和出版物法规,如关于标点符号和数字使用的规范等。

第四,本刊整体版权属《上海鲁迅研究》所有,未经许可,不得以任何方式复制、选编。经我社许可需在其他出版物上发表或转载的,须特别注明"本文首发于《上海鲁迅研究》"字样。

第五,本刊实施专职编辑三级审稿与编委审稿相结合的审稿制度。作者投稿后,如需撤稿,请及时通知编辑部,编辑部将视编辑该稿情形后,答复作者。

第六,来稿论文要求格式规范,项目齐全。提供:**真实姓名,联系方式(含邮编),电子信箱,身份证号码、作者开户银行并支行名(支行名称请务必提供)及账号(支付稿酬所需)。**作者如对稿酬有疑问者,敬请致电出版社。

第七,本刊有权对来稿做文字修改。

第八,本刊已加入"中国知网"(光盘版)电子期刊出版系统,作者的著作权使用费与本刊稿费将一次性给付,如作者不同意编入该数据库,请提交论文时向本刊说明。凡在投稿时未作特别声明的,本刊将视同作者已认可其论文编入有关电子出版物。

第九,稿件一经采用,即付稿酬(限常住中国大陆地区作者)并寄样刊2册。

如违背上述规定,给《上海鲁迅研究》造成任何不良影响,由作者承担全部责任。

图书在版编目(CIP)数据

上海鲁迅研究. 中国新兴木刻运动九十周年 : 总第
93 辑 / 上海鲁迅纪念馆编 .— 上海 : 上海社会科学院
出版社,2022
ISBN 978-7-5520-3827-9

Ⅰ.①上… Ⅱ.①上… Ⅲ.①鲁迅研究—文集 Ⅳ.
①K825.6-53

中国版本图书馆 CIP 数据核字(2022)第 114068 号

上海鲁迅研究·中国新兴木刻运动九十周年(总第93辑)

上海鲁迅纪念馆 编
责任编辑:章斯睿
封面设计:贾川琳
出版发行:上海社会科学院出版社
　　　　　上海顺昌路 622 号　邮编 200025
　　　　　电话总机 021-63315947　销售热线 021-53063735
　　　　　http://www.sassp.cn　E-mail:sassp@sassp.cn
照　排:南京理工出版信息技术有限公司
印　刷:上海新文印刷厂有限公司
开　本:890 毫米×1240 毫米　1/32
印　张:10.75
字　数:276 千
版　次:2022 年 8 月第 1 版　2022 年 8 月第 1 次印刷

ISBN 978-7-5520-3827-9/K·654　　　　　定价:88.00 元